KB261523

아담의
오류

아담의 오류
던컨 폴리의 경제학사 강의

1판1쇄 | 2011년 5월 2일
1판3쇄 | 2012년 7월 10일

지은이 | 던컨 폴리
옮긴이 | 김덕민, 김민수

펴낸이 | 박상훈
주간 | 정민용
편집장 | 안중철
책임편집 | 최미정
편집 | 윤상훈, 이진실
제작·영업 | 김재선, 박경춘

펴낸 곳 | 후마니타스(주)
등록 | 2002년 2월 19일 제300-2003-108호
주소 | 서울 마포구 합정동 413-7번지 1층 (121-883)
전화 | 편집_02.739.9929 제작·영업_02.722.9960 팩스_02.733.9910
홈페이지 | www.humanitasbook.co.kr

인쇄 | 천일_031.955.8083 제본 | 일진_031.908.1407

값 15,000원

ISBN 978-89-6437-133-6 93320

이 도서의 국립중앙도서관 출판시도서목록(CIP)은 e-CIP 홈페이지(http://www.nl.go.kr/ecip)에서
이용하실 수 있습니다(CIP제어번호: CIP2011001737).

아담의 오류

던컨 폴리의 경제학사 강의

던컨 폴리 지음 | 김덕민, 김민수 옮김

후마니타스

감사의 글 7
서문 8

1장 **아담 스미스의 비전**　　　　　　　　　　　— 15
분업 20 | 가치론 29
자본축적 47 | 보이지 않는 손과 국가 53
스미스의 화폐론 60 | 아담의 오류 다시 보기 63

2장 **음울한 학문**　　　　　　　　　　　　　　— 67
스미스에 대한 재검토 68 | 맬서스와 인구 69
맬서스 『인구론』의 배경 70 | 맬서스의 가설과 그 함의 72
맬서스의 논리 80 | 맬서스 이후의 인구와 식량 81
리카도와 성장의 한계 87 | 리카도의 노동 가치론 88
축적과 정상상태 97 | 기계에 대한 리카도의 관점 110
아담의 오류와 빈곤의 정치경제학 113

3장 **가장 엄격한 비판**　　　　　　　　　　　— 115
역사 유물론과 자본주의적 생산양식 120 | 상품과 가치론 130
자본주의적 착취와 축적 145 | 축적, 기술 변화, 이윤율 저하 156
시초 축적 161 | 사회주의로의 이행 162
마르크스와 프롤레타리아혁명 169
20세기의 마르크스주의 이론과 사회 변화 181

4장 한계주의자들 — 193

아담의 오류에는 새로운 신발이 필요하다 196 | 한계주의 197
가격은 어디서부터 오는가? 207 | 한계주의와 사회 후생 212
한계주의, 고전학파 경제학, 그리고 시간 215
베블런과 과시적 소비 217

5장 허공의 목소리 — 221

존 메이너드 케인스 223 | 케인스 시대의 세계 자본주의 225
세의 법칙과 자유방임 227 | 노동시장과 실업 232
기대와 화폐 236 | 자본주의의 운명 244
복잡성 대 집산주의 246 | 기술의 예언자 256

6장 거대한 환상 — 261

거울보기 263 | 두 개의 팔을 가진 경제학 265
아담의 오류에서 탈출하기 274 | 아담의 저주에 맞서기 278

더 읽어 보기 281
부록 287
옮긴이 후기 301
찾아보기 308

● 일러두기

1. 외래어 고유명사의 우리말 표기는 국립국어원의 외래어 표기법을 따랐다. 그러나 관행적으로 굳
   어진 표기는 그대로 사용했으며, 처음 나온 곳이나 필요한 경우 원어를 병기했다.
2. 책이나 신문 등은 겹낫표(『 』), 논문은 큰따옴표(" ")를 사용했다.
3. 본문에서 사용하고 있는 [ ]는 저자의 첨언이며, 독자의 이해를 돕기 위한 옮긴이의 첨언인 경우
   [옮긴이]로 표기했다. 단, 긴 설명을 요하는 옮긴이 주는 각주로 처리한 뒤, 옮긴이 표시를 했다.

이 책을 쓰도록 처음 제안했던 사람은 나와 20년 이상을 행복하게 작업해 온 하버드대학교 출판부의 마이클 아론슨이다. 그의 격려와 지원, 그리고 제안이야 말로 매우 귀중한 것들이었다. 다양한 판본의 초고를 읽고, 개선을 위해 많은 조언을 해준 쉬잔 드 브뤼노프, 니콜라스 폴리, 제럴드 폴리, 토머스 마이클, 로즈메리 왈처, 그리고 마틴 와이츠먼에게 감사하고 싶다. 메리 엘렌 기어는 이 책의 모든 내용을 꼼꼼히 살펴봐 주었다. 이 책은 실비아 휴렛의 제안으로 시작된 "정치경제학의 이론적 기초"라는 강의를 위한 연구와 저술로부터 시작되었다. 컬럼비아대학교의 버나드 칼리지와 뉴스쿨 인문대학의 유진 랭 칼리지의 강의에 참여한 학생들은 질문과 토론, 그리고 보고서들을 통해 이 책을 쓰는 데 큰 도움을 주었다.

사람들은 가끔 나에게, 교육은 받았지만 비전문가들인 사람이 경제학에 입문할 수 있는 좋은 책을 추천해 달라고 한다. 이런 질문은 날 난처하게 만들기도 한다. 경제학 개론 과목에서 소개되는 수많은 개론서들이 있지만, 대개의 경우 힘들게 더듬어 가며 보아야 하는 그림과 그래프로 가득 차 있어, 책으로 읽기에는 마땅치 않다. 나는 보통 뉴스쿨대학교의 동료였던 로버트 하일브로너Robert Heilbroner의 『세속의 철학자들』*Worldly Philos-ophers*[장상환 옮김, 이마고, 2005_옮긴이]을 추천하고 있다. 아마도 하일브로너의 능숙한 솜씨로 이런 문제들을 해결하는 것이 더 나을지도 모르지만, 여러분이 들고 있는 이 책도 나의 관점에서 경제학의 핵심 이념들을 설명하려는 하나의 시도라고 할 수 있다. 경제학과 관련된 책은 그곳에 삽입된 방정식들로 말미암아 독자의 절반을 잃게 된다는 격언에 따라 심화 학습을 바라는 학생들을 위한 방정식과 그래프들은 모두 부록에 넣었으며, 주체할 수 없는 호기심이 생기지 않는 한, 건너뛰어도 된다.

나는 오랫동안 컬럼비아대학교의 버나드 칼리지에서 "정치경제학의 이론적 기초"Theoretical Foundation of Political Economy라는 과목을 가르쳤다. 이 과목의 주제는 실비아 휴렛Sylvia Hewlett의 참신한 아이디어에서 비롯되어, 경제학과 내에서 이루어진 토론들 그리고 학생들에게 나의 해석과 함께 아담 스미스Adam Smith, 토머스 맬서스Thomas Malthus, 데이비드 리카도David Ricardo, 칼 마르크스Karl Marx, 윌리엄 스탠리 제번스William Stanley Jevons, 칼 멩거Carl Menger, 존 베이츠 클라크John Bates Clark, 마지막으로 존 메이너드 케인스John Maynard Keynes의 원문을 발췌해 읽도록 한 나의 아이디어에서 진전된 것이다. 이 과정을 통해 학생들은 단지 그래프와 정보들의 나열 형태가 아니라 일관된 대화의 형태로 경제학을 이해하고자 하는 자신들의 욕구를 만족시켰고, 또한 경제학적 언어와 아이디어의 흐름을 추적할 수 있는 일종의 지도를 얻을 수 있었다. 그 후 나는 강의 내용을 집필했고, 그것이 이 책의 근간을 이루고 있다. 이후에 나는 뉴스쿨 인문대학이 있는 유진 랭 칼리지에서 소스타인 베블런Thorstein Veblen, 프리드리히 폰 하이에크Friedrich von Hayek, 그리고 조지프 슘페터Joshep Schumpeter를 포함시켜 이 강의를 확장했다. 학생들의 좋은 반응으로 매우 보람을 느끼게 되었고, 더 많은 참고 문헌을 추가했다.

하지만 이 책이 전형적인 경제 사상사 책은 아니다. 이 책은 역사적 관점을 사용해 복잡한 일련의 아이디어들을 일관되고 이해하기 쉬운 이야기로 조합했다. 물론, 이는 경제학사에 대한 많은 양의 독서와 강의 경험을 필요로 하는 것이지만 나는 이런 광범위하고 큰 노력을 요하는 주제에 대한 학식이 깊지도 않고 전문가조차 아니다. 하지만 나는 여기저기에서 문제시되는 저자들의 텍스트를 넘나들며 작업해 왔고 논쟁들 배후의 논쟁들과 때때로는 정치경제학적 지식이 등장하게 되는 무의식적 지반에 대해 내 나름대로의 가상적인 재구성을 추구해 왔다. 이는 내가 경제학을 다루는 방식이기도 하고, 뻔뻔스럽게도 나 자신의 목적을 위해 정치경제학 역사의 위대한 인물들을 최대한 활용하는 것이기도 하다. 이 점에서 독자들의 주의가 필요하다.

이 책의 제목에 대해서 세 가지 정도의 의문이 생길 수 있다. 첫째, 내가 말하는 "아담 스미스의 오류"란 무엇인가? 아담 스미스는 자신의 저서 『국부론』 *The Wealth of Nations*에서 여러 가지 타당한 발언들을 했다. 예를 들어 이기심이 인류에게 강력한 동기를 부여하는 힘(그게 유일한 것은 아니지만)이라는 것은 의심할 바 없이 진실이다. 또한 경쟁적 자본주의 시장을 통한 이기심 추구가 물질적 부를 생산하고 혁신적인 기술 변화를 촉진하는 (반드시는 아니더라도) 강력한 메커니즘이라는 것도 사실이다. 경쟁적 시장을 통해 이기심을 추구하는 것이 모두 윤리적으로 나쁘다는 주장은 결코 옳지 않을 것이다. 나는 "아담 스미스의 오류"라는 말을 통해, 이처럼 이미 많이 논쟁이 되었던 주장보다는, 좀 더 미묘한 어떤 것을 말하고자 한다. 내가 보기에, 그 오류는 경제적 삶의 공간을 그 밖의 나머지 사회적 삶의 공간으로부터 분리할 수 있다는 생각에 자리 잡고 있다. 여기서, 경제적 삶의 공간은 객관적 법칙에 따라 사람들이 결과적으로 사회에 이익이 되는 이기심을 추구하는 공간이며, 그 밖의 사회적 삶의 공간은 그런 이기심의 추구로 인해 윤리적 문제가 발생할 수도 있고, 다른 목적과 관련해서는 [이기심의 추구가_옮긴이] 불리하게 작용할 수도 있는 공간이다. 훨씬 혼란스럽고, 덜 규정적이며, 도덕적 문제를 내포하는 정치[학_옮긴이], 사회 갈등, 그리고 가치들로부터, 그 자체의 특수한 조직화 원칙을 가진, 경제 영역의 이와 같은 분리가 학문 영역으로서의 경제학과 정치경제학의 토대를 이루고 있다. 따라서 내 생각에 "아담 스미스의 오류"는 정치경제학과 경제학의 핵심이다. 위대한 경제학자들의 주장을 잘 이해하기 위해서는, 그들의 주장을 이와 같은 수상쩍은 분할의 맥락에서 살펴볼 필요가 있다. 사실, 내가 이 책에서 보여 주려고 하는 것처럼, 정치경제학과 경제학은 그 핵심에 있어 사회적 삶에 대한 이와 같은 이원론적 관점을 화해시키려는 노력이다.

둘째, 아담 스미스가 이런 오류를 저질렀다는 것이 사실인가? 아담 스미스를 전문적으로 연구하는 학자는 『국부론』에 의거해 이런 사실을 나보다 더욱 설득력 있게 설명할 수도 있다. 인간의 행위에 강력한 동기를 부여하는 이기심에 대한 논의(제1권, 2장)에서 출발해 검소한 소유주wealth-owner를 공적 기여자로 묘사하고(제2권, 3장), "보이지 않는 손"에 대한 유명한 주장에서 절정에 이르는(제4권, 2장) 순서로 말이다. 하지만 나는 『국부론』을 읽은 사람들이라면 누구나 스미스가 (내가 그의 오류라고 지칭한 렌즈를 통해) 세계를 잘 보여 주고 있다고 믿으며 책을 덮는다는 것이 좀 더 진실에 가까울 것이라고 주장하고 싶다. 스미스는 너무나도 영리하고 교활해서 자신의 오류를 날 것 그대로 보여 주지 않는다. 실제로 경쟁적 이기심을 스스로 조절한다고 했던 아담 스미스의 정치경제적 세계는 셀 수 없이 많은 가치 의존적인 정치적 사건들과 제도들에 크게 의존하고 있다. 예를 들어, 그는 정치와 경제의 상호 작용에 대한 균형적 관점을 제시하는 것으로 자유방임의 원리를 수정하고 있다. 그러나 스미스는 자신의 책에서 순수하게 경제적인 원칙들 — 사적으로 소유된 상품을 위한 경쟁 시장 속에서 사익을 추구하는 개인들의 상호 작용으로부터 도출된 — 에 대한 검토에서 출발하는 것이 옳다고 전제하고 있다. 내가 이 책에서 보여 주려한 것처럼, 아담 스미스의 후계자들이 이루어 낸 연구와 발견들은 정치경제적 문제에 대한 스미스의 개념화에 이미 내재해 있다.

셋째, 내가 생각하고 있는 "오류"는 정말 오류인가? 나는 이 책에서 제시한 가설이 논쟁적일 것이라 생각한다. 아담 스미스의 직접적인 후계자이자, 주요 지적 산업으로 발전해 온 현대 경제학은 구체적으로는 경제적인 공간과 좀 더 광범위한 사회·정치적인 영역 사이의 분할이라는 생각을 깊숙이 내포하고 있다. 경제학 교육은 내가 아담 스미스의 오류라고 부른 세계관을 지속적으로 강화한다. 이는 경제적 법칙과 원칙들의 철학적 기초를 다루는 과정에서도 이따금씩 이루어지지만, 경제학의 모형과 일반적 원리들에 내재된 암묵적 가정들을 다루는 과정에 훨씬 더 만연해 있다. 경제학자들은 흔히 학생들에게 "경제학자처럼 생각하라"라고 가르치면서 자신들의 이런 측면들을 드러내곤 한다. 이런 점에서 내 책은 이런 관점에 대한 짧은 기소장이다. 많은 사람들이 경제학자처럼 생각하기가 매우 어렵다는 사실에 나는 개인적으로 감사하고 있다. 이 책에서 나는 경제학자들의 사고방식이 사회에 대해 생각하는 그 어떤 사고방식보다 가치 의존적이며, 위험한 판단 실수를 초래할 수 있다는 것을 보여 줄 것이다.

나는 근본적으로 경제학이, 가장 흥미롭고 추상적인 수준에서 보면, 연역적이거나 귀납적인 과학이 아니라 사변적인 철학 담론이라고 생각하며, 그 점을 강조하기 위해 이 책에 "경제 신학economic theology에 대한 안내서"라는 부제를 붙였다. 나는 이와 관련된 논거들을 비교하고 분류하는 관점으로 "아담 스미스의 오류"라는 아이디어를 사용했다. 아담 스미스의 저작이 지닌 가장 중요한 측면은 경제가 작동하는 방식에 관한 구체적 설명이 아니라(물론 그에 대한 많은 것들을 알려 주긴 했지만), 우리가 자본주의적인 경제적 삶에 대해 어떻게 생각하며 그것이 우리에게 주는 복잡하고도 모순적인 경험에 대해 어떤 태도를 취하는 것이 온당한지에 대한 논의다. 이는 사실이 아니라 신념과 믿음, 따라서 신학적인 것에 대한 논의다(또는 이데올로기적인 것이지만, 마르크스주의적 사회과학이 애용하는 이 용어는 내가 꺼리는 매우 논쟁적인 태도들을 수반한다).

내 생각에 이는 매우 흥미로운 이야기다. 나는 이것들을 가르치고 보완하며 논의하고 반성하는 데 내 생의 대부분을 보냈다(또는 낭비했다). 나는 여기서 제기한 질문들에 최종적인 해답을 가지고 있지는 않다. 하지만 그런 질문들이 중요하고도 피할 수 없는 것이라 생각한다. 보이지 않는 손이 여러분을 진리로 인도하길 바란다!

1장

아담 스미스의 비전

1776년 아담 스미스의 『국부론』 출간은
정치경제학의 전환점을 의미한다. 스미스 이전에 정치경제학은 공공 정
책, 특히 공공 재정 문제에 주로 관여하면서, 최고 통치자들[1]이 어떻게 시
장의 부 창출 능력을 자신들의 직접적인 이익에 맞도록 조작하고 유도할
수 있는지를 조언하는 역할을 했다. 스미스는 어떻게 사회가 생산적으로
기능할 수 있는지를 살펴보고 시장과 같은 경제 제도와 개인들의 삶 사이
의 관계와 같은 좀 더 큰 문제를 포괄하기 위해 관점을 확장했다. 이런 단
계를 거치면서, 스미스는 비록 최초는 아니지만, 근대사회를 두 개의 영역
으로 나누어 보는 방식을 공고히 했다. 이 두 영역 가운데 하나는 개인들
이 주도하고 상호 작용하는 경제적 영역으로, 사익 추구의 유익한 결과를
보증하는 비인격적인 법칙에 의해 지배된다. 다른 하나는 이기심이 가져
오는 사회적 결과들에 대한 의식적인 균형을 필요로 하는 영역으로, 이는
정치·종교·도덕적 상호 작용을 포함하는 그 밖의 사회적 삶의 영역이다.
이런 분할이 정치경제학과 경제학을 분과 학문으로 성립시킨 자유주의적

---

1 옮긴이_sovereign governments는 대체로 주권 정부로 번역되지만, 아담 스미스 이전의 주
  권 정부는 주로 군주와 치안판사 등으로 구성된 최상층 통치자들이 중상주의를 이끄는 형태
  였고, 정치경제학자들이 주로 이들의 직접적 이익을 위한 조언을 했다는 점에서 이런 의미를
  분명히 하기 위해 "최고 통치자들"로 번역했다.

경제 세계관의 토대가 된다.

아담 스미스는 글래스고대학교 출신으로, 후에 같은 대학의 도덕철학 교수가 되었는데, 그 후 그는 도덕철학에서 정치경제학[2]으로 관심을 돌리게 되었다. 그는 18세기 중반 유럽의 자유주의적이고 진보적인 사상의 온상이었던 스코틀랜드 계몽주의자의 일원이었다. 1759년 『도덕 감정론』 *The Theory of Moral Sentiments* 출간 이후에, 스미스는 후원자의 도움으로 대학 강의에서 은퇴해 여행을 하며, 외국의 주요 정치경제학자들과 만날 수 있었는데, 이 만남에서 그는 『국부의 본질과 원인에 대한 연구』 *An Inquiry into the Nature and Causes of the Wealth of Nations*[이하 『국부론』_옮긴이]에 대한 작업을 진전시킬 수 있는 많은 아이디어를 얻게 되었다.

스미스는 최초의 정치경제학자도 아니었고, 그와 그의 책을 유명하게 하고, 영향력 있게 만든 경제생활과 경제정책 사상의 선구자도 아니었다. 게다가 현대 경제학자들은 아담 스미스를 [정치경제학의_옮긴이] 창시자로 여기는 경향이 있지만, 정치경제학에 대한 그의 사고는 기술적인technical 측면에서 대단한 것도 아니었다. 스미스는 도덕철학자였고, 그가 우리의 상상력에 강력한 영향을 미칠 수 있었던 것은 상호 관련된 두 가지 목적을 자신의 저작 속에서 성취했기 때문이었다. 그는 자본주의사회가 어떻게

---

2 옮긴이_대체로 아담 스미스, 데이비드 리카도, 토머스 맬서스(존 스튜어트 밀까지 포함하는) 등이 대표하는 고전학파 경제학을 정치경제학이라 부르는 경향이 있다. 우리나라에서는 마르크스의 경제학 비판까지 포함해 정치경제학이라 부른 경우도 있다. 이 책에서 저자인 던컨 폴리는 대체로 현재 우리가 접하고 있는 경제학(Economics)의 원류가 되는 고전학파 경제학을 정치경제학이라 부르고, 한계주의 이후의 현대 경제학을 단순히 경제학이라고 부르기도 한다. 그 외에도 경제와 정치(또는 윤리) 사이에서 벌어지는 대립과 모순을 어떤 식으로든 담고 있는 사상적 조류를 정치경제학이라고 부르기도 하고, 한계주의와 같이 순수경제학의 모습을 지니고 있는 사상에 대해서는 단순히 경제학이라 부르기도 한다.

발전할 것인지에 대한 명쾌한 관점을 제시했는데, 그것은 그의 동시대인들이나 그 후세들보다 비판의 잣대에 더 잘 대응할 수 있는 비전이었다. 그는 또한 자본주의로 말미암아 나타날 수 있는 문제들 ― 자본주의가 강요하는 자기중심적이며, 적대적이고, 비인격적인 사회적 관계들 속에서 어떻게 선한 사람이 되고, 선한 도덕적 삶을 영위할 수 있을 것인가에 대한 문제 ― 을 누구보다도 직접적으로 다루었다. 스미스는 분명 자본주의가 이기심을 그 대립물(타인에 대한 배려와 봉사)로 전환시킨다는 명백히 자기 모순적인 통념을 역설했다. 그는 우리가 자본주의적인 소유관계의 규칙들 안에서 이기적인 존재가 됨으로써 실제로는 동료 인간들에게 선한 존재가 될 것이라고 주장한다. 이런 놀라운 주장을 통해 스미스는 자본주의사회에 출몰하는 도덕적 양가성과 고통으로부터 우리를 구원하려고 했던 것이다.

이것이 아담 스미스의 오류다. 많은 이들은 아담 스미스의 오류를 자본주의의 근본 제도들, 사적 소유 그리고 시장을 적극적으로 뒷받침하거나 용인하는 합리화 장치로 사용한다. 그러나 그것은 논리적으로 오류에 빠진(스미스가 주장했다고 알려진 것들 중에 많은 것들처럼) 주장이고, 결국엔 도덕적으로나 심리학적으로도 만족스럽지 못한 주장이다.

스미스는 우리가 직접적이고 구체적인 악을 받아들이면, 이로 말미암아 간접적이고 추상적인 선이 뒤따를 것이라고 주장한다. 이 점에서 그는 도덕적 오류를 범하고 있다고 할 수 있다. 또한 스미스나 그의 계승자들은 모두 사적인 이기심이 어떻게 공적인 이타심으로 전환될 수 있는지를 엄밀하고 확고하게 입증할 수 없었다. 이 점에서 이들은 논리적 오류를 범하고 있다. 나아가 스미스적 합리화 과정은 자본주의적 발전이 가져오는 현실의 결과들, 특히 자본주의 발전 과정에서 발생하는 비용을 약자들에게 부과하는 문제와 한 사회 속에서 사람들을 서로 갈라놓는 극심한 불평등의 재생산이라는 문제들을 전면적으로 부인하도록 요구한다는 점에서 심리학적 결함을 지니고 있다.

아담 스미스가 자본주의의 작동을 현명하고, 때때로 통찰력 있는 관찰로 포장해 사람들에게 보여 주기에, 이와 같은 오류는 더욱 매력적이고 위험하다. 그는 이런 관찰을 통해서 기술 진보, 소득분배, 자본축적을 통한 경제 발전, 인구 증가와 같은 정치경제학의 주요 주제들을 다룬다. 결국은 정치경제학 분야에서 아담 스미스를 계승하고 있는 이들의 노력에도 불구하고, 아담 스미스의 저작에 담겨 있는 경제학의 유의미한 의미들을 철학적 혼란으로부터 가려내고, 그가 주장하는 과학적 진리의 핵심을 도덕철학으로부터 분리해 낼 수 있는 방법은 없다. 앞으로 우리가 보게 되겠지만, 스미스 이후에 정치경제학과 경제학은 이 두 가지 사고방식[도덕적 주장과 과학적 주장_옮긴이]을 계속해서 조합한다. 따라서 아담 스미스의 오류는 단지 스미스의 모호한 도덕적 주장에만 있는 것이 아니라 자본주의적인 경제적 삶과 그것으로부터 유래하는 관계를 바라보는 방식에도 있는 것이다. 마르크스와 같은 자본주의 비판가들조차도 아담 스미스의 오류가 가진 이런 측면에 굴복하고 말았다.

나는 도덕적 주장과 과학적 주장이 얽혀 있는 이런 문제를 고려할 때만 정치경제학과 경제학이 무엇을 말해야만 하는지에 대해 배울 수 있을 것이라 생각한다. 만일 당신이 경제학을 배우고자 한다면, 그 과정에서 경제 신학을 배우게 될 것이다.

분업

아담 스미스는 국부의 원천에 관한 논의를 분업 개념으로 시작한다. 그는 유용한 생산이 일련의 분절된 작업들로 분해되는 것을 분업이라 불렀는데, 이 각각의 작업들은 서로 독립적으로 달성될 수 있는 것들이다.

스미스는 분업의 일차적 효과가 노동일 또는 시간당 유용한 가용 산출물의 평균량을 뜻하는 노동생산성의 증대에 있다고 보았다. 노동생산성은 기본적으로 어떤 특정한 재화(핀, 밀, 집, 자동차, 교육)를 생산하는 데 필요한 노동량과 산출물의 비율로 측정된다. 따라서 기업이나 국가, 또는 전체 세계에서 노동생산성의 기본 척도는 생산된 밀의 양을 생산하는 데 드는 총노동시간으로 나누거나, 또는 생산된 자동차의 수를 자동차 생산에 들어간 총노동시간으로 나누는 통계적 형태를 취한다.

노동생산성과 그 증가율은 각기 다른 생산물을 생산하는 부문마다 다르기 때문에 종종 전체 경제에 대한 노동생산성의 평균 또는 지수를 구해야 할 때가 있다. 경제학자들은 현재 시장가격에서 모든 부문의 산출물의 가치(국내총생산GDP)를 구하고 (물가 상승을 감안한) 실질 GDP를 구하기 위해 기준 연도의 가격지수로 이를 나눈다.[3] 따라서 노동생산성은 한 경제의 실질 GDP를 노동일이나 시간, 혹은 고용된 노동자 수로 측정된 총투입 노동으로 나눔으로써 측정될 수 있다.

따라서 스미스는 노동생산성을 결정하는 중요한 요소가 분업의 정도

---

3 이런 유형의 가격지수를 정의하기 위해서는 여러 부문의 가격 변화에 주어지는 가중치를 명기해야 한다. 광범위하게 사용되고 있는 가격지수는 GDP 디플레이터인데, 이는 현재 가격에서 기준 연도의 생산물 가치와 기준 연도 가격에서 그 가치를 비교하는 것이다.

이고, 분업의 증가는 개별적 부문과 전체 경제 모두에서 노동생산성의 두드러진 증가로 이어질 수 있다고 주장한다.

분업의 이점

스미스는 노동자의 숙련도 증대, 하나의 작업에서 다른 작업으로 이동할 때 발생하는 시간 손실의 감소, 특정 작업에 전문화된 기계의 발명 등 분업이 노동생산성을 증대시키는 세 가지 방식을 보여 주고 있다.

노동자의 숙련도는 노동자가 자신의 모든 시간을 한 가지 작업에만 지출함에 따라 그 작업에 극도로 익숙해질 수 있기 때문에 상승한다고 가정되어 있다. 한 분야의 전문가의 작업 속도와 초보자의 작업 속도를 비교해 본다면 누구나 이 효과를 느낄 수 있을 것이다. 그러나 과도한 전문화는 노동자의 권태, 피로도의 증대 및 작업으로부터의 소외를 초래할 수 있으며, 이는 노동자의 산출량 감소로 이어질 수 있다.

작업 간 이동으로부터 발생하는 시간의 손실을 줄이는 것은 분업의 이점이긴 하지만 제한적인 중요성을 가진다. 왜냐하면 이런 이점은 작업 간 이동이 상대적으로 덜 빈번해져야 실현되는데, 이를 위한 노력을 기울이는 과정에서 준비 비용[자재나 부품을 회사 자체적으로 생산할 때 제조에 필요한 공구의 교체, 작업자의 교체, 원료의 준비 등에 소요되는 비용_옮긴이]이 발생하기 때문이다. 예를 들어, 핀을 만드는 노동자는 철사로부터 핀을 잘라 내는 데 하루를 보내고, 다음 날은 잘라 낸 철사를 날카롭게 하는 데 하루를 보냄으로써 동일한 작업 동선 속에서도 한 작업에서 다른 작업으로 이동할 때 발생하는 시간 손실을 피할 수 있을 것이다.

반면, 기계의 사용을 통해 분업을 무제한적으로 증대시킬 수도 있다.

도구와 기계는 각각의 생산공정에서 노동자의 효율성을 극대화하도록 전문화될 수 있다. 예를 들면, 금속가공에서 한 노동자는 전문화된 줄과 지그[절삭 공구를 정해진 위치로 이끄는 장치_옮긴이]로 기어와 캠을 깎는 데 매우 능숙해질 수 있지만, 선반과 또 다른 전문화된 절삭 도구들을 통해 더욱 큰 노동생산성을 얻을 수 있을 것이고, 다이스 틀[나사를 깎는 도구_옮긴이]이나 특정한 형태를 생산하는 데 적합한 타출 기계stamping machines를 사용함으로써 더욱 큰 노동생산성을 얻을 수 있다. 그리고 기계들을 컴퓨터로 통제함으로써 생산성을 이보다 훨씬 더 높일 수 있다.

따라서 분업은 완전히 새롭게 전문화된 작업의 출현을 야기하고, 완전히 새로운 생산물의 생산을 가능하게 할 수 있다. 예를 들어, 납땜인두로 만든 회로 배선 대신 현대적 기계를 이용해 실리콘칩 위에 집적회로를 새길 수 있다. 특수한 기능을 가진 통합 전자 회로를 거래하는 시장의 등장으로 완전히 새로운 생산수단을, 궁극적으로는 완전히 새로운 상품을 만들 수 있게 된다.

아담 스미스는 우리가 기술 변화 — 새로운 상품과 기존의 상품을 생산하는 새로운 수단의 등장 — 라고 생각하는 것의 대다수는 그 근저에 분업이 있으며, 따라서 기술 변화는 지속적인 경제 발전 과정의 예측 가능한 결과라고 생각했다는 점에 주목해야 한다. 현대 경제학자들은 이를 전문용어로 "내생적 기술 진보"라고 부른다.

개별적 분업과 사회적 분업

스미스는 유명한 핀 공장 사례를 통해 분업이 개별 공장 또는 작업장에서 발생한다는 점을 시사했지만, 분업이 전체 경제 또는 사회의 수준에서도 발생한다는 점을 분명히 하는 좀 더 폭넓은 논의도 제기했다. 개별적 분업은 어떤 작업장에서의 생산이 핀 공장의 라인과 같이 전문화된 작업으로 분화되는 과정이다. 사회적 분업은 하나의 복잡한 생산과정의 상이한 단계들이 서로 다른 기업이나, 심지어 다양한 지역에 의치한 생산 지점들로 분화될 수 있는 과정이다.

현대의 전자 장비 생산을 생각해 보면, 우리는 사회적 분업이 이루어지고 있다는 점을 알 수 있다. 컴퓨터나 계산기는 대체로 기존의 집적회로 칩을 핵심 부품으로 사용해 디자인된다. 따라서 컴퓨터 제조자는 사실상 칩의 생산을 완전히 다른 기업에 하청을 맡긴다. 게다가 칩 제조 단계는 전 세계에 퍼져 있을 수도 있는데, 말하자면 로직 칩 디자인은 텍사스에서, 피지컬 칩 디자인과 에칭 공구 제작은 매사추세츠에서, 실제 에칭과 칩의 제작은 대만에서, 그리고 핀과 연결선을 에칭된 회로에 붙이는 것은 필리핀에서 이루어진다.

사회적 분업은 분권화된 거래나 사회적 메커니즘 혹은 더 빈번하게는 이 둘의 조합으로 뒷받침될 수 있다. 19세기 미국의 철도 건설은 부분적으로는 시장 상황에 대한 자발적 반응이었지만, 동시에 철도 건설사에 대한 토지 형태의 실질적인 보조금 제공을 포함한 강력하고 효과적인 국가 운송 정책에 의해 추동되었다. 철도를 통해 사회적 분업을 더욱 개선할 수 있었기 때문에(예를 들어, 한 지역에 밀 생산을 집중하고, 다른 지역에는 우유 제조장과 과일 생산을 집중화함으로써) 시장은 철도의 발전을 촉진했지만, 이 국가적 경제 형태의 대체적인 윤곽을 마련한 것은 연방 정부의 정책이었다. 1960년 이후 일본의 극적인 경제 발전은 통상산업성(Ministry of International Trade and Industry, MITI)을 통한 사회적 분업 계획과 개별 기업들의 시장을 매개로 한 노력이 결합된 결과였다.

　　스미스는 분업이 조절되고 촉진되는 주요한 수단으로 시장과 시장 교환을 강조하는 경향이 있다. 그의 설명에 따르면, 인간은 물물교환의 경향, 즉 서로 교역을 하려는 경향이 있는데, 이것은 분업을 가능하게 하고(왜냐하면 생산자들이 시장에서 그들이 생산한 것을 교환함으로써 자신들의 실제 소비 욕구를 충족할 수 있기 때문에), 동시에 분업을 촉진한다(왜냐하면 전문화한 생산자들이 시장에서 교환되는 것을 더 많이 생산하기 때문에). 그러나 스미스는 닭이 먼저냐, 달걀이 먼저냐 같은 문제, 즉 물물교환을 하려는 인간의 성향이 분업을 낳는지, 아니면 분업이 인간에게 교환을 강제하는지에 대한 문제는 해명하지 않은 채 남겨 놓았다.

분업과 시장의 크기

스미스는 분업의 증가를 통해 노동생산성이 향상된다는 생각을 정립한 후, 분업이 대체로 시장의 크기에 의해 규정된다고 주장한다. 이를 현대적인 언어로 표현하면, 규모에 따른 수익의 증대, 즉 생산 규모가 증가함에 따라 생산 비용이 감소하는 경향이라고 부를 수도 있다. 이것은 정치경제학에서 가장 중요하고, 또 널리 알려져 있는 주제다. 많은 생산 라인에서, 매우 많은 양의 생산물을 생산할 수 있는 거대한 생산 설비를 갖추게 되면, 단위 비용을 낮추는 것이 가능하다. 결과적으로 더 낮은 가변 비용에 의해 높은 고정 설비 비용이 상쇄되고, 각 생산물 단위당 높은 이윤이 달성된다. 헨리 포드Henry Ford가 20세기 초에 시작했던 자동차 대량생산이 좋은 예다. 포드는 조립 생산 라인 방식을 통해 당시의 경쟁자들이 생산한 수제 자동차들보다 단위당 적은 비용으로 자동차를 생산할 수 있었다. 하지만 포드가 공장 비용을 회수할 수 있었던 것은 매우 많은 자동차를 판매함으로써만 가능했다.

한 산업에서 생산 규모는 시장의 크기, 즉 그 산업이 판매할 수 있는 생산물 단위 수에 달려 있다. 이어서 생산 규모는 소비자의 수, 소비자의 소득, 수요 패턴, 그리고 시장을 공유하고 있는 생산자들의 수에 의존한다. 한 산업의 생산물을 구매할 수 있는 잠재적 소비자의 수는 인구 증가와 생산품을 더 많은 사람들이 이용할 수 있도록 해주는 운송 기술의 발전에 의해 증가될 수 있다.

소비자의 소득과 수요 패턴은 잠재적인 생산물 시장의 크기에도 중요한 영향을 미친다. 경제 발전 과정에서 임금과 이윤이 증가하고, 토지를 비롯한 천연자원들에 대한 임대료가 증가함에 따라 같은 수의 소비자들이라도 다양한 종류의 재화와 서비스를 더 많이 구매할 수 있기 때문에 더 많은 생산 설비를 유지할 수 있다. 게다가 경제 발전은 국지적으로 생산된 재화에서 대량생산된 재화로 수요 패턴이 이동하도록 한다. 이런 현상이 일어나는 이유는 분명하지는 않지만, 이런 현상이 경제 발전 과정에서 반복적으로 발생하는 것은 분명하다. 이런 수요 패턴의 변동은 또한 시장의 크기를 확대한다.

생산 설비의 크기, 그리고 그 결과로 달성할 수 있는 분업의 정도는 시장에 참가하고 있는 기업의 수에도 의존한다. 거의 동일한 크기의 소규모 기업들 1천 개가 시장에 참여하고 있다면, 각 기업들의 생산 설비의 평균 규모는 다섯 개나 열 개 정도의 기업만이 시장에 존재할 때보다 훨씬 작은 규모가 될 것이다. 이것이 기업 인수 합병의 주요 동기 가운데 하나인데, 많은 소규모 기업들은 인수 합병을 통해 더 큰 생산 설비로 더 낮은 비용을 달성하는 소수의 큰 기업들로 연합할 수 있다. 이런 현상은 합병이 한 부문에서 다른 부문으로 잇따라 일어나는 동시에, 자본주의의 발전 과정에서 지속적으로 반복된다. 미국에서 일어난 은행업의 구조조정이 한 예다. 대부분의 국가에서 소규모 은행(소매 은행)은 모든 곳에 지점을 갖춘 열 개 미만의 거대 은행으로 집중된다. 미국에서는 주간 은행 업무[4]와 여러 주에 걸친 지점 설립을 제한하는 연방법과 주 법에 따라 대부분 매우 소규모인 1만 개 이상의 상업은행이 20세기 말까지 존속할 수 있었다. 은행업에서는 규모의 경제가 중요하기 때문에, 다수의 소규모 은행이 소수의 거대 은행으로 합병되도록 강제하는 상당한 시장 압력이 존재한다. [따라서_옮긴이] 연방법과 주법은 점차 이런 합병을 허용하도록 바뀌었다. 이와 유사한 구조조정이 컴퓨터, 소매 할인 매장, 자동차 생산, 운송과 같은 산업들에서도 이따금씩 발생한다.

경제 발전의 선순환

분업과 시장의 크기 사이에서 긍정적 피드백이 발생하는데, 이 체계 안에서 분업의 증가는 비용을 낮추고, 실질소득을 증가시키며, 시장을 확대하고, 이는 다시 분업을 더욱 증가시킨다. 이 과정을 통해 경제 발전의 자기강화적인self-reinforcing 선순환이 만들어진다. 스미스는 이런 긍정적 피드백 과정이 국부의 중대한 비밀이라 주장했다. 이 선순환을 자발적으로 만들 수 있고, 이 과정이 법적·제도적 제한에 부딪히지 않도록 해주는 정책을 가진 국가들은 경제적으로 번영하고 성장할 것이다.

---

4 옮긴이_미국에서는 원칙적으로 한 은행이 한 주에서만 영업을 할 수 있도록 되어 있었다. 이런 원칙에 반해 한 은행이 여러 주에서 동시에 영업을 하는 것을 주간 은행 업무(interstate banking)라고 한다.

스미스는 확고한 경제 발전 선순환의 조건을 만드는 것이 항상 쉬운 것은 아니며, 긍정적 피드백 과정이 갖고 있는 내재적인 불안정성 때문에 때때로 관리하기 어렵다는 것을 알고 있었다. 그럼에도 불구하고 스미스는 생활수준을 높이고, 주권자의 부를 증가시키기 위해 이 선순환을 이용함으로써 궁극적인 이익을 얻을 수 있다는 신념을 가지고 있었다.

"세의 법칙"

분업의 증가와 그에 따른 노동생산성의 증가는 최소한 하나의 직접적인 부정적 효과를 가진다. 즉, 생산성이 급격히 증가하는 산업에서 노동 수요가 감소하는 것이다. 이런 효과가 나타나는 이유는 노동생산성의 증가가 시장의 확대보다 더 빠르게 일어날 수 있기 때문이다. 더 많은 생산품이 생산되고 판매된다고 해도, 노동생산성이 훨씬 더 빠르게 증가한다면, 생산품을 생산하는 데 더 적은 노동자들이 필요하게 될 것이고, 실업이 발생할 수 있다.

스미스는 분업으로 발생하는 이런 효과를 인식하고 있었지만, 나중에 "세의 법칙"Say's Law이라고 알려지게 되는 추론 방식을 토대로 하여 전체적으로 장기간에 걸친 노동의 초과 공급은 존재할 수 없다고 주장했다. 즉, 한 산업에서의 기술 변화로 말미암아 생겨난 실업 노동자들이 결과적으로 다른 산업에서 일자리를 찾을 수 있다는 것이다. 세의 법칙은 자신들이 가진 자원을 생산에 이용하려는 토지 및 자본 소유자들과 노동자들의 의지willingness가 전체 경제에서 상품 수요의 원천이라는 생각에 기초하고 있다.[5]

---

5 옮긴이_세의 법칙 자체가 공급에 의한 수요의 창출을 가정하고 있으므로, 수요의 창출은 경

현실적으로, 이런 잠재적 수요는 사용되지 않은 자원을 가진 신규 생산에 자금을 조달할 수 있는 화폐가 존재할 때만 유효할 수 있다. 스미스와 세의 법칙에 기초해 추론하는 그의 후계자들은 모두 경제의 금융 시스템이 모든 잠재적인 생산 자원들이 사용되도록 할 만큼 충분히 유연하다는 것을 가정하고 있다. 따라서 세의 법칙은 자본주의경제가 가진 금융 제도의 효율성에 대한 신념에 기반을 두고 있는 것이다.

여기서 바로 아담 스미스의 오류가 작동한다. 노동생산성 증가의 직접적인 효과는 스스로를 실업(비용)으로부터 보호하기 힘든 처지에 있는 한 집단(노동자들)에게 그와 같은 비용(실업)을 부과하는 것이다. 일반적인 도덕적 사고는 이를 나쁜 것으로 간주할 것이다. 스미스는 이런 처분을 받는 노동자들의 일부(비록 다른 이들은 그럴 수 없겠지만)가 결과적으로 다른 일자리를 찾고 더 낮은 생산품 가격이 상품 소비자들에게 이익을 가져다줄 것이라는 희망을 제시한다. 따라서 실업이라는 직접적이고 구체적인 해악은 낮은 가격이라는 간접적이고 추상적인 미덕을 달성하는 수단이다.

세의 법칙은 이 부분에서 또다시 등장하는데, 두 가지 점을 기억해 두는 것이 도움이 될 것이다. 장기적으로는 세의 법칙 같은 것이 작동할 것이다. 즉, 적어도 장기적으로는 기술 변화와 노동생산성 증가로 말미암아 실업이 꾸준히 증가하지는 않을 것이다. 반면에, 단기적으로는 기술 변화

제 내의 행위자들이 얼마나 자원을 공급하느냐에 달려 있다. 이와 같은 이론에 따르면, 실업자와 같은 유휴 상태에 있는 자원은 노동자의 자원 공급 용의가 없기 때문에 발생하는 것이다. 즉, 실업자는 낮은 임금에서는 일하기 싫고 더 높은 임금을 원하는 "자발적 실업자"다. 이와 관련된 논의는 경제학의 역사에 끊임없이 등장하는데, 이 책 201쪽의 각주 2와 5장의 케인스에 대한 논의를 참고하라.

로 말미암아 나타난 실업 노동자들이 새로운 일자리로 흡수되는 것은 매우 느릴 수 있으며, 이는 현실적인 사회·경제·정치적 문제들을 일으킬 것이다. 많은 서구 유럽 국가들에서 20세기의 마지막 30년 동안 나타났던 고질적인 높은 실업률이 그 한 예다. 따라서 세의 법칙에 대한 한 가지 중요한 문제는 우리가 어떤 시간의 척도를 보고 있는지이며, 우리는 단기적으로 발생하는 경제적 사건과 장기적으로 발생하는 경제적 사건 사이에는 분석상의 연관이 있다고 믿고 있다.

가치론

자본주의와 같은 교환에 기초한 경제 체계의 작동을 분석할 때에는, 가치와 분배에 관한 이론이 필수적으로 등장한다. 가치론은 상품들이 왜 가치를 갖는지, 상이한 상품들의 상대적 가치를 결정하는 것이 무엇인지를 설명하는 것을 목표로 한다. 분배론은 상품 가치가 소득의 여러 상이한 요소들(임금·이윤·지대)로 배분되는 것에 초점을 맞춘다.

명목 가격과 실질 가격

스미스는 자신이 상품의 명목 가격(상품과 교환되는 화폐의 양)이라고 불렀던 것과 실질 가격(상품을 생산하는 데 필요한 노동의 양)을 구분한다. 스미스의 관점에서 상품 생산에 지출되는 노동(따라서 상품에 투하된 노동)은 상품에 지불되는 최종적인 실질 사회 가격이다. 다른 말로 하면, 이런 사고방식에서는 노동이 유일하게 희소한 생산 자원인 것이다.

노동 가치론에 대한 스미스의 중요한 통찰은 인간 사회에서 부의 궁극적인 원천을 노동생산성으로 본 점이다. 초기의 정치경제학자들은 겉모양만 보고 부의 원천을 농업지대나 화폐 축적에서 찾는 오류를 범하곤 했다. 스미스는 그런 낡은 사고를 완전히 일소하고, 노동시간의 실제적 조직화와 부의 궁극적 원천으로서의 노동생산성의 결정적 역할에 초점을 맞추었다.

그러나 상품의 노동 가격에 대한 스미스의 관점은 다소 불분명한데, 그것은 상품의 노동 가격에 두 가지 의미가 있을 수 있기 때문이다. 그 하나는 상품 생산에 투하된 노동의 양이다. 그러나 일단 상품의 화폐가격이 있고 어떤 임금에서 노동이 판매되고 있다면, 우리는 그 가격에 상품을 판매한 돈으로 다시 노동을 구매함으로써 상품과 교환되는 노동량을 상품의 노동 가격으로 이해할 수 있다. 즉, 상품에 의해 지배되는 노동으로 이해할 수 있는 것이다. 자본주의사회에서 임금은 상품 가격의 일부만을 구성하고, 상품에 포함된 가치의 일부는 이윤과 지대가 되기 때문에 투하되는 노동과 지배되는 노동 사이에는 차이가 존재한다. 따라서 일반적으로 하나의 상품은 투하된 노동보다 더 많은 노동을 지배할 수 있다.[6]

만일 화폐가, 스미스가 살던 시대에 그랬듯이, 금과 같이 생산된 상품이라면, 명목 가격과 (금의 실질 가격에 의해 형성된) 실질 가격 사이에는 직접

---

6 하나의 예를 생각해 보면 이 점을 분명히 하는 데 도움이 될 것이다. 1년 동안의 노동과 20부셸의 곡물 종자가 120부셸의 곡물을 생산할 수 있다고 가정하자. 그 해의 총노동 생산물은 100부셸의 곡물이다(왜냐하면 120부셸의 수확된 곡물 가운데 곡물 종자를 대신하는 것은 20부셸이기 때문이다). 이 조건에서 100부셸의 곡물에 투하된 노동은 1년이다. 그러나 실제 농업 노동자의 임금이 50부셸의 곡물이고, 나머지 50부셸은 이윤과 지대의 형태를 취한다고 가정하자. 그러면 100부셸의 곡물은 2년 동안의 노동을 지배할 수 있다. 스미스는 실제 상품 가격의 투하 노동과 지배 노동 개념 사이를 오락가락한다.

적인 관계가 존재한다.[7] 스미스가 말하는 노동 가치론의 기본적인 관점은 노동이 이후에 화폐로 판매될 상품을 생산하는 데 지출된다는 것이다. 이런 관점에서 보면, 상품의 명목 가격은 다양할 수 있는데, 왜냐하면 상품을 생산하는 데 얼마간의 노동이 사용되고, 금을 생산하기 위해서도 얼마간의 노동이 사용되기 때문이다. 나아가, 국가정책으로 말미암아 금과 화폐 사이의 관계가 변하기도 하기 때문이다. 첫 번째 경우는 상품 생산 비용이 상승하거나 하락할 때 발생한다. 예를 들어, 컴퓨터 기술이 발전함에 따라 컴퓨터 연산 능력의 화폐 비용은 하락한다. 두 번째 경우는 이해하기가 쉽지만은 않다. 금이 더 쉽게 생산된다면(새롭고 더 싼 광산의 발견으로) 또는 더 생산하기 어려워진다면(현재 광산의 고갈로), 금이 다른 상품에 대해 갖는 상대적인 가치는 하락하거나 상승할 것이다. 이 과정은 컴퓨터의 사례와는 반대로 어느 한 상품 시장에 국한된 것이 아니라, 금 생산 비용에 적응해야 하는 모든 상품 가격들에 대해 압력으로 작용한다. 마지막 경우는 한 정부가 화폐로 교환되는 금의 양을 변화시킬 때 발생하는 국가 통화의 가치 절하나 지위 저하와 관련된다. 예를 들어, 1933년 미국은 재무성이 처음에 구매했던 금 가격인 1온스당 20달러를 1온스당 35달러로 변화시킴으로써 금에 대한 달러의 상대가격 가치를 절하시켰다. 가치 절하 뒤에는 상품의 금 가격을 유지하기 위해, 상품의 화폐가격이 상승해야 한다.

---

7 예를 들어, 탁자 하나를 만드는 데 10시간의 노동이 필요하고, 1온스의 금을 만드는 데 20시간의 노동이 필요하고, 또 1부셸의 밀을 만드는 데 5시간의 노동이 필요하다면, 2분의 1온스의 금이나 2부셸의 밀이 탁자 하나와 교환될 것이다. 1온스의 금이 20달러와 같다면(실제로 미국에서 1791년에서 1933년 사이에 그랬듯이), 탁자 하나의 가격은 10달러, 1부셸의 밀의 가격은 5달러라는 것을 알 수 있다.

시장가격과 자연가격

가치론을 논하면서 스미스는 상품의 시장가격과 자연가격을 구분하는데, 이는 이후의 정치경제학에 매우 중요한 것이다. 시장가격은 어떤 특정한 시점에서 매매를 위해 지불되는 단순한 화폐의 양이다. 그것은 공급 부족과 공급 과잉, 취향과 공급의 변화, 투기로 말미암아 상승하고 하락한다. 그러나 스미스는 시장가격을 어떤 수준, 즉 그가 상품의 자연가격이라고 불렀던 수준으로 되돌리는 경향을 갖는 중요한 힘들이 존재한다고 믿었다. 어떤 시장에서든 항상 방해물들이 존재하기 때문에, 스미스는 시장가격이 자연가격으로 자연스럽게 수렴되고, 그 상태로 유지될 것이라고 기대하지 않았으며, 대신 (뉴턴의 행성 운동의 이미지를 채택하여) 시장가격이 자연가격 주위에서 변동하거나 "구심운동"할 것이라고 믿었다.

스미스는 가치론이 자연가격의 결정과 관련이 있고, "공급과 수요"의 힘으로 말미암아 시장가격은 자연가격 주위에서 변동한다고 주장했다. 이는 공급과 수요를 시장가격의 결정 요소로 보는 현대의 가격 이론과는 다소 다르다.

스미스의 노동 가치론

스미스는 상품의 상대가격이 주로 상품 생산에 필요한 노동의 상대적 양에 의존하는 노동 가치론을 제시하면서 가치론에 대한 논의를 시작한다. 이는 노동이 상품의 실질 가격이라는 그의 주장과 일치하는 것이다.

스미스의 노동 가치론에 대한 논의는 그 이후 무수히 많은 책과 논문들의 출간을 자극했던 여러 독특한 생각과 문제들을 제기했다. 스미스 그 자신은 이런 문제들을 모두 해결하지 못했고, 사실 그 문제들 가운데 어떤 것들에 대해서는 알지도 못했을 것이다. 이 문제는 스미스가 자신의 주장을 전개하는 과정에서 이유를 설명하지도 않고 노동 가치론을 포기하고, "구성"adding-up 가치론으로 옮겨 갔다는 사실로 말미암아 더욱 복잡해진다.

스미스는 정착 농경이나 공업이 없는 수렵 경제에서 사슴과 비버를 "사냥하는 자들"에 대한 우화를 통해 노동 가치론을 설명한다. 그는 사슴과 비버 사냥꾼이 각각의 동물을 사냥하고 죽이는 데 걸리는 평균 노동시간의 비율에 상응하는 비율로 사슴과 비버를 교환할 것이라고 주장한다. 예를 들어 사슴을 사냥하는 데 하루의 노동이 필요하고, 비버를 사냥하는 데 이틀의 노동이 필요하다면, 한 마리의 비버와 두 마리의 사슴이 교환될 것이다.

이 교환 비율이 유지될 수 있는 두 가지 상이한 이유가 있는데, 이에 대한 스미스의 생각은 분명하지 않다. 첫째, 양쪽 모두 재화의 궁극적인 실질 비용은 노동 지출 비용이라고 생각한다는 점에서 이 비율을 "공정" 가격이라고 간주하기 때문에 이 교환 비율이 유지될 수 있다. 둘째, 사회 속에 사는 이들 누구나가 사슴 대신 비버를 사냥할 수 있기 때문에, 경쟁으로 말미암아 교환 비율은 노동시간의 비율로 나타날 것이다. 만일 사슴 사냥꾼이 보기에 비버 사냥꾼이 상대적인 노동시간보다 더 높은 비버 가격을 유지한다면(예컨대 사슴 세 마리와 비버 한 마리), 사슴 사냥꾼은 비버 사냥꾼과의 거래를 중단하고 직접 비버를 사냥하러 나설 수 있을 것이다. 그들이 사슴 세 마리를 잡아 한 마리의 비버와 교환하는 데 3일의 시간이 걸리고, 직접 비버를 사냥하는 데 이틀의 노동이 필요하다면, 그들은 비버를 사냥하는 것을 선호할 것이다. 물론 이 두 가지 주장은 두 번째 주장이 누구나 비용 없이 두 가지 생산 유형 사이를 오갈 수 있다는 추가적 가정을 필요로 하지만, 서로 결합하는 경향이 있다.

이 우화를 정착 농경이나 산업사회에 적용해 보면, 이는 상품의 상대적 가격은 그 상품을 생산하는 데 지출된 상대적 노동시간을 반영한다는 것을 의미한다. 각주 7[31쪽_옮긴이]의 예처럼, 한 개의 탁자를 생산하는 데 10시간의 노동이 필요하고 1부셸의 밀을 생산하는 데 5시간의 노동이 필요하다면, 탁자는 2부셸의 밀과 교환될 것이다. 그러나 우리가 원시림에 사는 사냥꾼에서 자본주의사회의 생산으로 옮겨 갈 때, 상대가격에 영향을 미칠 중대한 제도적 변화가 발생한다. 원시림에서의 사냥꾼은 사냥에 어떤 지대도 지불할 필요가 없으며, 그들은 자기 소유의 무기, 덫, 올가미를 가지고 있다. 그러나 근대 자본주의사회에서 노동자는 일반적으로 자기 소유의 생산수단을 소유하지 못하며, 지주들은 비옥한 토지를 영유하고 그에 대해 지대를 부과할 것이다. 따라서 탁자 생산에서 밀 생산으로 이동하는 것은 단순히 노동의 원료가 변하는 문제가 아니고, 자본재와 토지 역시 변화되는 것이다. 이는 하나의 생산 영역에서 다른 생산 영역으로 이동할 수 있는 노동 능력이 상품 생산에 필요한 노동의 비율로 상품들이 교환될 수 있도록 보장해 준다는 주장을 의심스럽게 한다.

부가가치 계정

스미스는 이런 난점에 대해 결론을 내리지 않고, 대신 관심을 부가가치 계정으로 돌리는데, 이는 어떤 상품의 가격이 어떻게 임금·이윤·지대로 나누어지는지를 설명해 준다. 부가가치 계정에 대한 기본적인 이해는 하나의 상품을 생산하는 기업의 소득 계산서(이는 손익계산서라고도 불린다)에서 출발한다. 기업은 판매 수입으로부터 자신들이 상품을 생산하고 판매하는 데 든 비용을 뺌으로써 1년 동안의 이윤을 계산한다. 상품 판매 수입은 네

가지 범주로 나누어진다. 즉, 투입 비용과 시장에서 다른 기업으로부터 구매한 원자재 비용, 노동에 지출된 임금, 지주에게 지불된 지대, 기업 소유주에게 남겨지는 이윤이다. 다른 한편으로 기업에서 수행된 생산성 제고 노력에 의해 부가되는 가치는 판매 수입과 구매한 투입 비용의 차이다. 기업은 구입한 투입물 가치에 이 차이만큼의 양을 추가한다. 예를 들어, 직물을 만드는 기업은 투입물로 방적사를 구매하고, 그것을 직물로 가공한다. 직물은 방적사보다 더 많은 가치를 지니는데, 그 둘의 차이가 기업의 생산 활동에 의해 부가된 가치다. 게다가 구매된 투입물에 대한 비용도 그것을 공급해 준 기업이 구매한 투입물 비용을 포함하여, 임금·이윤·지대로 나누어진다. 전체 경제로 보면, 구매된 투입물의 비용은 전체적으로 임금·지대·이윤으로 나누어진다. 따라서 스미스는 상품의 가격을 노동자·지주·생산에 참여한 자본가가 받는 임금·지대·이윤의 총합으로 간주한다.

자본주의적 기업들은 "순익"bottom line — 이윤 — 에 관심을 가질 뿐, 그들의 비용 가운데 얼마가 임금이고, 얼마가 구매된 투입물인지에는 관심을 갖지 않는다. 결과적으로 자본주의적 기업들은 부가가치에 특별한 관심이 없다. 부가가치 증대는 (이를 통해 이윤이 증대되지 않는다면) 개별 기업들에게 아무런 이득이 되지 않는다. 반면에, 경제학자들은 전체 경제의 부가가치 증대가 그 경제의 경제적 생산을 측정하는 좋은 척도이기 때문에 부가가치 증대에 매우 많은 관심을 갖는다. 한 경제의 국내총생산GDP은 기본적으로 그 경제의 부가가치를 측정하는 것이다.[8]

부가가치 계정을 사고하는 방법은 두 가지가 있다. 하나는 상품 생산

---

8 이론적으로 부가가치는 감가상각을 구매된 투입물 비용의 일부로 간주하는 반면, GDP는 생산에서 사용된 고정자본의 감가상각을 포함하고 있다는 차이점이 존재한다.

에 필요한 노동시간에 따라 생산자 가격이 결정되는 것으로 보는 것인데, 이 경우 소득 몫 가운데 하나(이윤)는 다른 소득 몫(임금과 지대)이 지불되고 남는 것이다. 이런 사고방식은 리카도와 마르크스가 추구했던 노동 가치론으로 이어진다. 다른 하나는 상품 가격이 임금·지대·이윤에 의해 결정되는 것으로 보는 것이다. 스미스는 나중에 노동 가치론을 포기하고, 이 두 번째 방식으로 상품 가격을 이해하는데, 이는 후에 구성 가치론adding-up theory of value이라고 불리는 이론으로 발전하게 된다.

스미스의 구성 가치론은 상품 생산에 필요한 노동에 자연 임금을 곱한 것과, 토지에 자연 지대를 곱한 것, 그리고 자본에 자연 이윤율을 곱한 것을 합산함으로써 상품 가격이 결정된다고 설명한다. 이 개념이『국부론』제1권의 나머지 부분을 구성한다. 스미스는 순서대로 임금 이론, 이윤율 이론 그리고 지대 이론을 설명한다. (임금·이윤·지대로) 구성된 가치의 요소들에 대한 스미스의 논의는 많은 흥미로운 통찰력을 제공하는데, 이것들은 이후에 경제학의 중요한 작업들의 토대가 되었다. 그러나 결국 임금·이윤·지대의 자연적 수준이 어떻게 결정되는지에 대한 발전된 형태의 체계적 설명을 제공하지는 못했다.

경쟁과 구심운동

스미스는 가격이 임금·지대·이윤으로 분해되는 것을 토대로 시장가격이 자연가격 주위에서 구심운동을 한다는 이론(그리고 이는 고전학파 경제학의 공통적인 이론이다)을 제시했다. 만일 상품의 시장가격이 자연가격보다 높다면, 하나 또는 그 이상의 소득 요소가 자연가격보다 높은 것이 분명하다. 예를 들어, 가구가 자연가격보다 높게 판매된다면, 가구 산업에서 임금이나 이윤(혹은 둘 다)이 그것의 자연가격보다 높을 것이다. 노동과 자본에서의 이런 초과분은 다른 부문으로부터 가구 산업 부문으로 노동과 자본을 끌어들이는 경향을 보일 것이고, 이는 가구 생산품을 증대시키고 가격을 낮출 것이다. 이것은 부정적인 피드백 과정이다. 즉, 자연가격보다 높은 가격이라는 가설적 출발점이 그 초과분을 제거하도록 강제하는 것이다.

이와 반대로 스미스는 만일 한 생산 부문의 시장가격이 자연가격보다 낮다면, 그 부문에서 노동과 자본에 돌아가는 몫은 자연가격보다 낮아질 것이고, 이는 자본과 노동이 그 부문을 떠나도록 함으로써 생산품을 감소시키고, 가격을 높이는 결과를 초래할 것이라고(그럼으로써 이 생산 부문에 남아 있는 노동자들과 자본가들의 임금과 이윤을 증가시킬 것이라고) 설명했다.

고전학파 경제학자들은 자연가격 주위에서 발생하는 시장가격의 구심운동을 끊임없는 변동fluctuation으로 본다. 시장가격은 자연가격을 쫓아다니지만, 일시적인 경우를 제외하고는 결코 자연가격을 따라잡을 수 없다. 왜냐하면, 기술 및 수요 패턴과 같은 다른 요인들이 항상 변할 것이고, 그 결과 시장가격과 자연가격 사이의 관계를 한 방향 또는 다른 방향으로 불안정하게 할 것이기 때문이다.

그러나 현대 경제학은 시장가격과 자연가격이 우연히 일치하여 시장가격을 한 방향 또는 다른 방향으로 밀어내는 잔여적인 힘들이 존재하지 않는 이상적인 가상 균형 상태imaginary state of equilibrium에 좀 더 이론적인 관심을 집중시키고 있다. 여기에 초점을 맞추는 이론적 이유가 분명한 것은 아니지만, 많은 경제학자들이 취하는 입장은 부정적 피드백이 경제를 항상 균형 상태에 가깝도록 하며, 따라서 경제의 균형 상태는 그 실제 상태에 대한 충분한 근사치가 된다는 것이다. 그러나 이들과 다른 입장을 가진 경제학자들은 우리가 관심을 가져야 하는 것은 정확하게 소득과 가격의 변화를 일으키고 있는 어떤 순간에 작동하는 힘들이며, 이런 힘들은 순수 균형 분석에서는 무시되고 있다고 하면서 이런 입장을 비판하고 있다.

임금

스미스는 다른 고전학파 정치경제학자들과 마찬가지로 (가장 빈곤한 사회 성원들을 포함한) 노동자들을 재생산하는 임금의 사회적 기능을 인식하고 있었다. 고전학파 정치경제학은 인구의 재생산과 성장을 주로 경제성장의 원인이라기보다는 경제성장의 결과로 이해한다. 임금은 노동자들이 생계 유지에 필요한 생활 수단을 구매할 수 있을 정도로 충분히 높아야만 이런 기능을 수행할 수 있다. 스미스는 임금이 오랫동안 이 수준 밑으로 떨어져 있을 수 없다고 생각했다.

스미스가 저술 활동을 하던 시기, 대부분의 도시 노동자들은 이제 막 지방에서 도시로 이주했고, 그들은 여전히 지방에 가까운 친척을 두고, 지역적 유대를 가지고 있었다. 이런 상황에서 관습상의 최저 생계 수준 이하의 임금을 받는 노동자들은 최소한 일시적으로라도 도시 노동시장을 떠나서 지방 공동체로 돌아가려고 할 것이다.

스미스는 최저 생계의 관습적 수준이 임금수준을 그 이하로 떨어지지 못하게 한다고 생각했다. 실제로 그는 혁신적이고 발전적인 자본주의경제에서는 일반적으로 임금이 최저 생계 수준보다 높다고 주장했다. 그 이유는 자본이 축적됨에 따라 보통은 더 많은 노동을 필요로 하게 되고, 이 노동은 더 높은 임금을 통해 지방으로부터 유입될 것이기 때문이다. 스미스에 따르면 자본축적을 통한 분업의 증대 과정이 임금을 최저 생계 수준 이상으로 증대시키는 경향이 있고, 따라서 노동자들은 어느 정도 기술 발전과 노동생산성 증대의 과실을 공유하게 된다(우리는 다른 고전학파 정치경제학자들이 자본주의적 노동시장의 작동에 대해 다소 상이한 관점을 가진다는 점을 보게 될 것이다).

스미스는 고임금과 노동자들의 높은 생활수준을 대규모 자본 스톡[수준_옮긴이]보다는 자본 스톡의 증가[율_옮긴이]와 연관시키고, 저임금과 노동자들의 낮은 생활수준을 소규모 자본 스톡[수준_옮긴이]보다는 자본 스톡의 감소[율_옮긴이]와 연관시킨다. 따라서 그는 빠르게 성장·번영하는 경제를 가진 한 나라가 빠르게 성장하지 않는 경제를 가진 다른 나라보다 실제 자본 스톡이 더 적더라도, 높은 임금과 임금의 상승을 보여 줄 것이라고 기대할 것이다.

스미스는 고용주들이 임금 협상 과정에서 (최소한 당시의 영국법 체제에서) 노동자들에 대해 구조적인 우위를 지닌다고 생각했다. 18세기 영국법 아래에서 노동자들의 "연합들"(즉, 조합들)은 불법이었지만, 임금을 낮추기 위한 고용주들의 암묵적 혹은 공개적인 연합에 대해서는 이와 유사한 규제가 없었다.

이런 관찰은 통찰력이 있는 것이었고 시간이 지나도 변함없이 타당한 것이었다. 그러나 불행히도 이 관찰들이 스미스가 자신의 구성 가치론을 완성시키기 위해 필요로 했던 임금의 자연 수준에 대한 실제 이론은 아니다. 스미스의 임금 이론은 한 나라에서 특정한 시기에 임금의 실제 수준을 결정하는 힘들보다, 임금수준의 동역학, 즉 임금을 높이거나 낮추는 경향을 가진 힘들을 더 직접적으로 다룬다. 스미스가 임금의 자연 수준에 의거해 상품의 가치에서 임금이 차지하는 부분을 설명하는 자신의 계획을 완성하려면, 우리에게 임금의 자연 수준을 결정하는 힘이 무엇인지를 말해 주었어야 하지만 결국에는 그렇게 하지 못했다.

이윤

자본주의적 생산은 이윤 추구를 둘러싸고 조직된다. 판매 수입에서 기업이 원료와 구매된 투입물(생산에 필요한 도구와 설비를 포함)에 금액을 지불하고, 노동자들에게 임금을 지불하고(그리고 필요하다면 지주에게 지대를 지불하고) 남는 것이 이윤이다. 매출이 큰 대기업들은 작은 기업들보다 더 많은 절대적 이윤을 갖는 경향이 있기 때문에 수익성은 두 가지 방법으로 측정된다. 첫째로 이윤폭profit margin은 판매 수입과 이윤의 비율이며, 상품의 총가격에 대한 이윤의 비율로 측정된다. 둘째로 이윤율profit rate은 생산에 투자된 자본에 대한 이윤의 비율을 표현한다. 생산에 투자된 자본은 기업이 소유한 설비와 기계의 가치, 그리고 평균적인 원자재 재고다. 이윤율은 경제학적으로 좀 더 중요한 척도다. 예비 투자자는 얼마나 빨리 자신의 부가 기업 투자의 결과로 증대될 것인지에 관심을 가지는데, 이는 이윤율에 의해 결정된다. 투자자는 실제로 이윤폭이 얼마나 되는지는 신경을 쓰지 않는다.

아담 스미스는 비록 자연 이윤율에 대한 이론을 실제로 제시하지는 않았지만, 이윤율과 시간의 경과에 따른 이윤율의 변화에 대해 여러 차례에 걸쳐 중요한 언급을 했다.

경쟁은 이윤율을 균등화하는 경향이 있다 | 스미스는 자본가들 사이에서의 경쟁이 상이한 산업에서의 이윤율을 균등화하는 경향을 상당히 강조한다. 이런 경향에 대한 스미스의 주장은 그가 자유방임 정책을 지지하는 데 있어서 핵심적인 요소이며, 이후의 경제학 이론에서 경쟁 균형 개념의 중요한 기반이 되기도 한다.

이는 다음과 같은 생각에 기초해 있다. 즉, 만일 어떤 한 산업의 이윤율이 그 경제의 평균 이윤율(스미스는 이 평균 이윤율을 자연 이윤율과 동일시하는 것 같다)보다 크다면, 자본가들은 자신의 자본을 그 산업으로 이동시키는 경향이 있다는 것이다. 그 결과 노동 역시 [그 산업으로_옮긴이] 이동할 것이고, 그 산업의 생산물이 증가하여 가격과 이윤율을 떨어뜨리게 될 것이다. 반대로 이윤율이 평균 이윤율보다 낮은 산업에서는 자본이 떠나게 될 것이고, 이로 말미암아 가격이 상승해 남아 있는 자본가들은 더 높은 이윤율을 얻을 것이다. 이런 방식으로 경쟁은 모든 부문에서의 이윤율이 균등화되도록 하는 부정적인 피드백을 제공한다. 이는 어떤 외적인 관리govern-nance도 필요로 하지 않는 자기 조절적 체계로서의 자본주의경제에 대한 스미스의 관점에서 핵심적인 부분이며, 이 자기 조절적 체계로서의 자본주의경제는 그가 자유방임적 경제정책을 옹호하는 토대가 된다.

스미스가 자본가들 사이에서의 경쟁이 이윤율을 균등화할 것으로 본 것은 분명하지만, 그가 현실의 모든 경제에서 이윤율이 완전히 균등화될 것이라고 생각했는지는 불분명하다. 그 이유는 수요와 기술의 변화 및 해외에서의 경쟁이 항상 그 경제의 다양한 부문에서의 상대적인 수익성을 변화시킬 것이기 때문이다. 이윤율의 균등화를 추구하는 자본의 이동은 자본주의경제의 신진대사에서 핵심적이지만, 부문 간에 나타나는 이윤율의 차이를 완전히 제거하지는 못할 것이다.

그러나 경쟁 과정은 분명 **평균 이윤율**이 자본주의경제의 핵심적인 조절 요소로서 등장할 수 있도록 해준다. 어떤 기업이나 부문도 실제로 정확한 평균 이윤율을 달성할 수는 없겠지만, 자본의 소유주들은 이 평균 [이윤율_옮긴이] 수준을 알게 될 것이고, 이를 자신의 자본을 어디에 투자할지를 결정하는 준거로 활용할 것이다.

평균 이윤율은 자본주의경제와 같이 복잡계의 출현적 속성의 한 예다.

그것은 다수의 자본가들이 내린 수많은 결정의 결과이지만, 그것들 가운데 어느 하나의 특정한 결정에서 직접적으로 유래하는 것은 아니다. 그리고 이어서 평균 이윤율은 개별 자본가들이 결정을 내리는 데 있어서 중요한 역할을 하는데, 개별 자본가들은 평균 이윤율을 생산과 투자 계획의 수익성을 측정하는 준거로 사용한다.

이윤율과 이자율 | 스미스는 자본가들의 대출금에 부과되는 이자율이 어떤 시점에서 어떤 국가의 이윤율에 대한 좋은 근사 지표good approximate indication 라고 생각했다. 대략적이고 평균적인 의미에서 이것은 아마 사실이겠지만, 이윤율과 이자율이 반대 방향으로 움직일 수 있는 많은 조건들이 존재한다. 분명 자본가들이 매우 오랜 시간 동안 자신들의 이윤율을 상회하는 이자율을 지불할 수 없고(그러나 오랜 기간에 걸쳐 사업을 유지하기 위해 일시적으로는 그렇게 할 수는 있다), 자금을 위해 자본가들이 벌이는 경쟁은 일반적으로 이자율을 0퍼센트 이상으로 끌어올리게 될 것이다.

축적과 함께 이윤율은 하락한다 | 스미스는 이윤율이(실질임금과 같이) 장소·시간마다 다양하므로 하나의 정상 또는 적정 이윤율을 결정하는 것은 불가능하다고 주장한다. 이런 과정에서 스미스는 이윤율이 자본의 축적(이를 스미스는 "스톡[저량_옮긴이]"이라고 부른다)에 따라 하락한다고 단언하면서 경제학과 정치경제학의 주요 테마를 제기한다. 축적에 따른 이윤율 하락에 대한 스미스의 주장은 여러 상이한 수준 사이를 오간다. 분명 우리가 경제의 어떤 특정 부문을 생각한다면, 다른 요소들이 불변일 때, 더 많은 자본이 그 부문으로 이동함에 따라 그 부문에서의 이윤율이 하락할 것이다. 왜냐하면 더 많은 자본이란 더 많은 생산과 경쟁을 의미하고, 그것은 그 부

문에서의 가격을 낮출 것이기 때문이다.

그러나 스미스는 또한 전체 경제의 이윤율이 자본축적 과정에서 모든 부문에 걸쳐 하락한다고 주장했다. 그는 자신이 왜 이렇게 생각하는지에 대해 명확히 밝히지는 않는다. 인구가 자본만큼 빠르게 팽창하지 않는다면 실질임금의 상승 때문에 이윤율이 하락할 수도 있는데, 이는 20세기에 신고전파 경제학자들이 수용한 이론이다. 또한 농업 생산성이 축적에 비례해 상승하지 않는다면 지대의 상승으로 말미암아 이윤율이 하락할 수도 있는데, 이는 리카도가 발전시킨 이론이다. 그러나 스미스는 해외의 값싼 식량을 수입하거나 농업에서 새로운 기술을 활용할 가능성에 대해 낙관적으로 보는 경향이 있다. 거의 모든 경제학파들은 축적에 따라 이윤율이 하락한다는 테제를 일부 변경을 가하여 채택했고, 이 테제에 대한 연구는 정치경제학의 개념들을 발전시키는 데 있어서 가장 의미 있는 사고방식 가운데 하나였다.

수익성에 대한 스미스의 논의는 후대의 경제 이론과 모델의 원천이 되는 중요한 통찰력을 지니고 있다. 그러나 스미스는 결국 어떤 시기, 어떤 경제에서의 자연 이윤율과 그것을 결정하는 요인들에 대한 분명한 이론을 제시하지는 못했다.

임금과 이윤율의 가변성

스미스는 노동자들 사이에서의 경쟁과 자본가들 사이에서의 경쟁이 한 경제에서 임금과 이윤율을 균등화하는 힘이라고 주장한다. 그러나 그는 또한 노동과 자본을 상이하게 "사용하는 과정"에서 발생하는 임금과 이윤율의 차이를 장기간 유지시키는 요인들을 지적한다.

어떤 직업은 다른 일자리들보다 더 즐거울 수 있다. 스미스는 다른 조건이 같다면, 더 즐거운 직업의 임금이 더 낮을 것이라고 주장한다. 예를 들어 소설가·작곡가·화가들은 사무실 서기보다 평균적으로 더 낮은 임금을 받을 것인데, 왜냐하면 작품을 생산하는 것이 계산하는 것보다 더 즐겁기 때문이다.

모든 일자리들은 작업을 효율적으로 하기 위해 요구되는 기술과 정보를 습득하는 데 일정 정도의 비용을 필요로 한다. 스미스는 훈련비용이 높은 일자리들이 그에 상응하는 높은 임금을 받을 것이라고 생각했다.

한 경제의 어떤 부문은 상대적으로 수요가 안정적인 반면, 다른 부문은 수요가 극도로 가변적이기도 하다. 스미스는 가변적인 수요를 갖는 부문의 임금이 더 높을 것이라 생각했는데, 그것은 변동이 심한 고용 기회의 불확실성과 불편함을 겪는 노동자들에 대한 보상이 이루어져야 하기 때문이었다. 현대 경제에서 건설업이 이런 예인데, 왜냐하면 건설은 경기순환에 매우 민감해서 시간에 따라 고용이 많은 변동을 겪기 때문이다. 또한 건설 노동자들의 임금은 다른 부문의 상대적으로 숙련된 노동자들의 임금보다 높은 경향이 있다. 매우 흥미롭게도 스미스는 이런 효과를 임금에만 한정시키고 이윤율에는 적용하지 않는다. 이것은 그가 18세기의 경험에 기초해 대부분의 자본이 수요의 변화에 맞춰 한 고용[부문_옮긴이]에서 다른 고용[부문_옮긴이]으로 빠르게 이동할 수 있는 유동자본circulating capital이라고 생각했기 때문이다. 현대 경제에서는 자본의 훨씬 더 많은 부분이 부문 간을 빠르게 이동할 수 없는 고정자본fixed capital이다. 그 결과 수요 변동이 심한 부문에서의 이윤율도 수요가 안정적인 부문에서의 이윤율보다 높아지는 경향을 보여 준다.

스미스에 따르면 어떤 고용[부문_옮긴이]은 노동자의 도덕적 성격에 높은 비중을 둔다. 그는 의사와 금 세공인의 예를 드는데(금 세공인은 예금 은행가의 선구자였다), 스미스가 생각하기에 이들의 임금이 높은 것은 그들의 작업 방식에 요구되는 도덕적 신뢰성을 가진 인구가 희소했기 때문이었다.

어떤 작업 방식은 본래적으로 다른 작업 방식보다 더 위험하다. 스미스에 따르면, 예를 들어 변호사의 성공을 예측하는 것은 제화업자의 성공을 예측하는 것보다 어려우며, 그 결과 변호사는 성공한 제화업자보다 더 많은 소득을 얻게 될 것이다. 이 효과는 연예·스포츠 부문에서도 중요한데, 이 부문들에서 개별 지망생들의 성공은 매우 부침이 심하다.

지대

마지막으로 스미스는 부가가치의 마지막 구성 요소인 토지에 대한 지대와 다른 희소한 자원들로 관심을 돌린다. 스미스는 지대를 독점가격으로 간주한다. 특히 비옥한 토지를 소유하고 있는 사람, 또는 수력발전을 할 수 있는 강을 소유하고 있는 사람, 또는 유전이나 철광을 소유하고 있는 사람은 생산자들이 자신이 가지고 있는 자산의 생산력을 이용하지 못하도록 할 수 있다. 그 결과 그 소유자는 생산에 따른 이윤의 일부를 지대의 형태로 흥정할 수 있는 지위에 있게 된다. 이때 스미스에게 있어서 지대의 토대는 독점이다. 토지 소유자는 잠재적 생산자들이 이용할 수 있는 다른 동일한 좋은 대안이 없는 한 지대를 부과할 수 있다.

이 이론(리카도와 이후의 지대 분석 이론의 근거인)은 지대가 임차한 땅에서 생산된 상품 가격의 효과라는 것을 의미한다. 곡물 가격이 상승한다면, 곡물 생산에 특히 적합한 땅을 가진 토지 소유자에게 지불되는 지대도 상승할 것이다. 곡물 가격이 떨어지면, 곡물을 생산하는 땅에 대한 지대도 떨어질 것인데, 왜냐하면 잠재적 생산자들이 그 토지 소유자의 땅에서 [곡물을_옮긴이] 생산함으로써 많은 초과이윤을 얻을 것이라고 기대하지 않을 것이기 때문이다.

스미스의 지대 분석이 갖는 더 중요한 함의는 상품의 자연가격을 설명하는 데 도움이 될 수 있는 지대의 "자연" 수준이 없다는 것인데, 왜냐하면 지대가 가격을 결정하는 것이 아니라, 지대 자체가 가격에 의해 결정되기 때문이다.

가치론 재고

자연가격에 대한 아이디어와 부가가치의 임금·이윤·지대로의 분배로 이루어진 스미스의 『국부론』 제1권의 구성은 훌륭한 교재다. 그것은 우리가 개별 상품의 부가가치라는 소우주를 통해 전체 경제의 일관된 그림을 그릴 수 있게 해주고, 이는 가치론과 분배론에 대한 연구를 쉽게 이해할 수 있게 해준다.

그러나 논리적으로 스미스의 논의는 자연가격 구성론adding-up theory of natural price에 대한 설명으로서는 불완전하다. 먼저 스미스는 구성 이론을 완성하기 위해 필요한 자연 임금과 이윤율의 자연 수준에 대한 이론을 제시하지 않는다. 대신 그는 노동자와 자본가들 사이에서의 경쟁이 임금과 이윤율을 균등화하고(위험risk 같은 다른 요소들을 고려하여), 부문 간의 차이가 발생할 수 있는 경제에서 평균임금수준과 이윤율이 등장하게 되는 방식에 대한 통찰력 있는 설명을 제시한다. 그러나 그는 무엇이 이런 경제 전반의 평균 수준을 결정할 것인지를 정확하게 구체화할 수 없었다.

구성 가치론의 문제는 지대의 경우에 특히 심각해지는데, 스미스는 지대를 가격수준에 의해 결정되는 잔여적인 것으로 매우 설득력 있게 분석한다. 지대에 대한 이와 같은 설명이 맞는다면, 지대의 자연 수준으로 지대의 가격수준을 설명하려고 하는 구성 이론은 받아들여지기 어렵다. 그것이 순환논법에 의존하고 있기 때문이다. 구성 가치론에 따르면 가격수준을 알기 위해서는 지대의 자연 수준을 알아야 한다. 그러나 지대 이론은 우리에게 지대의 수준을 결정하는 것이 가격수준이라고 말해 준다. 따라서 우리는 지대든 가격이든, 어느 하나 확실히 결정된 것이 없는 상태에 처한다.

후에 리카도가 주장했듯이, 노동 가치론은 순환성에 대한 비판으로부터 벗어나 있다. 노동 가치론은 상품의 전체 평균 가격을 결정하는 독립변수 — 상품을 생산하는 데 필요한 노동시간 — 를 제시하는데, 이는 그 경제의 기술과 발전 상태에 의존한다. 리카도는 그런 모든 것이 결정되어 있을 때에만, 상품 가격이 임금·이윤·지대로 분화되는 것에 대해 엄밀하게 사고하는 것이 가능하다고 주장한다.

자본축적

가치론과 분배론을 설명한 뒤에, 스미스는 『국부론』 제2권에서 사적인 부와 국가적 부의 원천에 대한 연구로 곧바로 넘어간다. 여기서 중심 개념은 축적인데, 이 과정을 통해 각 해에 새롭게 생산된 가치의 일부가 자산 스톡을 증가시키는 데 재투자된다.

스톡 측정 : 개인과 국가의 대차대조표

일관된 개념 틀 안에서 자산을 측정하는 것이 자산 축적을 이해하는 첫 번째 단계이다. 스미스가 자본 자산(스미스는 이를 스톡이라고 부른다)을 다루는 방식은 현대적인 대차대조표상의 자산 부분에 대한 개념화와 매우 유사하다. 스미스가 사적 개인의 부와 사회 전체(혹은 국가)의 부를 측정하는 데 있어서 동일한 대차대조표 개념을 사용할 것을 제안하는 부분은 그의 놀라운 선견지명을 보여 주는 부분이기도 하다.

스미스는 가계(이는 기업들을 포함할 것인데, 왜냐하면 당시에 대부분의 기업들이 개인 소유였기 때문이다)의 자산을 세 가지 범주로 나눈다. 첫 번째는 소비를 위해 보유하고 있는 재화 스톡으로 이루어진 소비 기금consumption fund인데, 여기에는 식료품, 가구, 집, 개인 운송 수단 등의 목록이 포함된다. 두 번째는 유동자본 기금circulating capital fund으로, 이는 방적 공장을 운영하는 데 필요한 면화나 건축업자에게 필요한 못과 목재와 같이 빨리 소모되는 생산 투입물을 구매하는 데 사용된다. 세 번째는 고정자본 기금fixed capital fund으로, 이는 여러 번의 생산 주기 동안 유지되는 개량된 토지, 생산 건물, 설비와 같은 장기성 자산long-lived assets으로 이루어진다.

어떤 시점에서 유동자본 기금은 일부는 화폐로, 일부는 재화 목록으로 이루어진다. 왜냐하면 재화 목록에 있는 물품들이 생산에 모두 사용되고, 그 생산물이 판매되어 그 물품들의 가치는 화폐 형태로 돌아와서, 보통은 재화 목록이 새롭게 구매되어 보충되기 전까지는 잠시 동안 화폐 형태로 남아 있게 되기 때문이다. 개별 기업의 관점에서 보면 사업을 하는 과정에서 화폐는 재화로, 재화는 화폐로 끊임없이 전환되기 때문에 화폐와 재화 모두 유동적이다.

스미스는 사회 전체의 자산을 개념화하는 곳에서도 똑같은 분류를 사용한다. 그는 한 나라의 모든 가계들이 보유하고 있는 전체 주택, 자가용, 가구, 전기 제품, 식품 목록으로 이루어진 사회적 소비 기금을 상상해 보라고 한다. 이 기금은 그 인구의 소비 욕구에 필요한 것을 공급해 주며, 그것이 다 소비되었을 때는 보충되어야 한다. 사회적 우동자본은 그 사회의 모든 생산 기업들이 보유하고 있는 원자재 목록, 판매되기를 기다리고 있는 완제품, 부분 완제품을 합산한 스톡이다. 사회적 고정자본 기금은 기계 설비, 건물, 그리고 댐이나 도로와 같은 개량된 토지뿐만 아니라 사람들이 습득한 유용한 능력들(현대 경제학자들은 이를 인적 자본이라고 부른다)을 합산한 스톡이다.

가계와 기업의 유동자본의 일부를 구성하는 화폐가 사회 전체의 수준에서도 유동자본으로 간주되어야 하는지, 아니면 고정자본으로 간주되어야 하는지에 대해서는 약간의 의문이 남는다. 그 이유는 화폐 스톡이 가계와 기업 사이에서는 순환하지만, 전체 국가 안에서는 대부분 그대로 있고, 상대적으로 천천히 평가 절하되기 때문이다. 따라서 화폐 스톡(금화)은 사회적 관점에서 보면 고정자본의 요소와 더 비슷할 것이다.

생산적 노동과 비생산적 노동

축적에 대한 스미스의 시각은 사회의 소비 기금이 무엇보다 노동을 고용하는 데 기여한다는 생각에서 출발한다. 사회의 소비 기금이 클수록, 사회가 고용할 수 있는 노동이 많아지고, 따라서 사회가 생산할 수 있는 것이 늘어난다.

스미스의 사고방식에서 축적의 중심 문제는 노동이 어떻게 고용되는가와 관련이 있다. 그는 생산적 노동, 즉 한 나라의 자산 스톡에 부가될 수 있는 판매 가능한 유형의 상품을 생산하는 노동과, 소비 기금의 일부를 소비하지만 노동의 결과로 자산에 부가되는 어떤 유형의 생산물도 생산하지 않는 비생산적 노동을 구분한다. 예를 들어, 어떤 자본 소유자는 면화를 실로 가공하는 방적 공장 노동자들에게 임금을 지불하지만, 동시에 자신의 사유지에서 집을 관리하고, 말을 훈련시키고, 저녁 식사 손님의 의자 뒤에 서 있는 하인에게도 임금을 지불할 수 있다. 스미스의 관점에서 공장 노동자들은 생산적 노동을 하는 것인데, 왜냐하면 이들이 면사cotton thread 스톡을 늘리는 노동을 하고, 이것은 사회 총자산의 일부이기 때문이다. 이 사회 총자산은 그들의 노동의 결과로 증대된다. [반면_옮긴이] 스미스의 분석 틀에서 하인들은 비생산적 노동을 하는 것인데, 이는 그들이 일을 하지 않아서가 아니라 그들의 노동이 사회의 자산 스톡에 부가되는 어떤 것도 생산하지 않기 때문이다. 스미스는 이를 약간 다른 방식으로 설명한다. 그는 자본 소유주가 공장 노동자를 고용함으로써 자신의 자본을 증대시킨다는 것을 지적하는데, 왜냐하면 자본 소유주는 생산물을 판매함으로써 임금을 회수하고, 심지어는 이윤을 얻을 수 있지만, 하인에게 주어지는 임금의 경우에는 자본 소유자가 화폐 형태로 회수할 수 없기에 자본 소유주의 자본은 감소하기 때문이다.

스미스는 사회적 관점에서 볼 때, 높은 지위에 있는 직업군 가운데 상당수가 사실상 비생산적 노동이라고 주장한다. 그는 왕과 군대가 대표적으로 비생산적 노동이라고 말한다. 왜냐하면 그들의 노력은 사회적 관점에서 그것이 비록 바람직하고, 필요한 것일지라도 왕과 그의 군대가 사회적 자산에 부를 더할 수 있는 판매 가능한 유형의 생산물을 생산하지 않기 때문에 사회 자산에 있어서 순유출net drain을 의미하기 때문이다. 변호사와 판사들도 같은 이유로 비생산적 노동의 범주에 들어간다(오페라 가수와 의

사도 마찬가지다).

축적의 사적 이익과 공적 이익

스미스는 자신의 독자들이 소비보다는 저축과 축적을 높이 평가하고, 비생산적 노동보다 생산적 노동의 고용을 권고하는 유서 깊은 스코틀랜드적 절약의 전통을 계승하길 바라고 있었다. 스미스는 부를 축적하는 이들이 부의 축적을 통해 기쁨을 얻을 것이라는 주장에 그치지 않고 나아가 절약하는 이들을 공적 기여자로 묘사하기에 이른다.

부를 축적하는 이들이 물질적 측면에서 더 잘살게 되는 것은 당연하다(부와 행복 사이의 관계에 대한 어려운 철학적 문제를 제기하지 않는다면). 그러나 왜 스미스가 사적인 축적이 전체로서의 공적인 부분에 이익이 된다고 생각했는지는 분명하지 않다. 자본가가 부를 축적해서 노동자들에게 더 많은 일자리를 제공하기 때문에 공공선을 행한다고 생각할 수도 있을 것이다. 그러나 우리가 살펴봤듯이, 스미스는 장기적인 불완전고용을 상상하지 않았고, 장기적으로는 인구가 노동 수요에 맞게 조정된다고 믿었다. 이런 가정 아래에서, 사적인 부의 축적이 비슷한 생활수준을 누리는 노동자의 수를 증가시키는 것 이상의 어떤 것을 할 수 있을지는 의문이다 .

예를 들어, 만일 스미스가 큰 인구 규모를 주권자(18세기였기 때문에)의 군사력 자원이기 때문에 그 자체로 좋은 것이라고 믿었다면, 왜 사적인 부의 축적을 공적인 이익으로 생각했는지를 설명할 수 있을 것이다. 그러나 현대의 개인주의적 후생 경제학에서는 개인의 후생이 아닌 전체 사회의 후생은 있을 수 없다고 강력하게 주장한다.

물론 스미스가 분업과 시장 크기의 문제를 염두에 두고 있었을지도 모르지만 그가 이에 대해 분명히 설명한 것은 아니다. 아직 개발되지 않은 생산 수확 증가분increasing returns in production이 많이 있다면, 사적 축적으로 인한 생산과 인구의 증가는 노동생산성을 증대시키고, 잠재적으로 사회 전체의 생활수준을 향상시키는 부수 효과를 갖게 될 것이다. 이런 관점에서 보면, 이용 가능한 규모에 대한 수확 증가가 항상 사적 투자 수준보다 크게 발생하기 때문에 사적 투자가는 공적 기여자인 것이다. 현대 경제학에서는 국가 전체의 자본 증가가 개별적으로 투자를 결정할 때 예상되는 수준 이상으로 모든 이의 부와 생산성을 증대시킨다는 의미에서 이런 투자가 긍정적 외부성을 갖는다고 말하고 있다.

스미스의 주장 가운데 이 부분은 중요하다. 왜냐하면 바로 여기에서 아담 스미스의 오류(이기적인 행위가 자본주의적 사회관계에 의해 어떻게 해서든 공적인 기여로 전환될 것이라는 주장)에 대한 중요한 증거를 찾을 수 있기 때문이다. 평균 노동생산성을 증대시키는 분업의 이용과 사적인 자본축적 사이의 스미스적 연관 속에서 위와 같은 주장에 대한 하나의 개요를 작성할 수 있다. 하지만 그는 분업의 확대로 발생하는 생활수준의 향상이 실제로 어떻게 사회 전체로 확대될 것인지에 대해서 설명하지 않는다. 노동자와 자본가들은 여전히 시장에서 적대자로 마주치기 때문에, 자본가들이 노동생산성의 향상을 노동자들의 고임금으로 나누어 줄 이유는 없다. 스미스의 주장에서 나타나는 이런 연결 고리의 부재로 말미암아, 아담 스미스의 오류는 수정되지 않은 채로 남게 된다. 자본가들의 이익 추구는 분업의 확대와 자본축적을 통해 광범위한 사회적 이익에 대한 잠재력을 만들 것이지만, 전체 사회는 최종적인 부를 분배하기 위한 자본축적 이상의 조치를 취할 때만 이 잠재적인 이익을 달성할 수 있다.

보이지 않는 손과 국가

국가 대차대조표와 경제정책

스미스는 경제정책의 문제를 국가 대차대조표에 대한 검토를 통해 접근한다. 개략적으로 국가 대차대조표는 오른쪽 도표와 같은 형식으로 되어 있다.

	국가 대차대조표
자산	부채
금	다른 국가에 지고 있는 채무
소비 기금	
유동자본	
고정자본	국가 순자산 = 자산-부채

17세기 말, 18세기 초의 중상주의자들은 한결같이 국가가 보유하고 있는 금의 양에 초점을 맞추는 경향이 있었고, 금의 양을 극대화시키기 위한 정책 권고를 했다. 예를 들어, 중상주의자들은 국가의 금 유출을 막기 위해 수입을 제한하고, 금 유입을 위한 수출을 장려했다.

스미스는 국부의 진정한 척도가 단순한 금 스톡이 아니라 국가의 순자산net worth이라는 점을 들어 중상주의자들을 비판한다. 스미스에 따르면 중상주의자들은 금의 양에만 집중함으로써 두 가지 중요한 오류를 범한다. 첫째, 중상주의자들은 금의 양을 증대시킬지 몰라도, 그와 동시에 국가의 순자산을 감소시키는 수단들을 지지한다. 예를 들어 시민들이 시장가격 이하의 가격으로 외국인들에게 자산을 팔아 금을 획득하도록 유도하는 정책들은 금의 양을 증대시키지만, 여기서 획득된 금의 실제 가치가 자산 가치보다 작기 때문에 국가 순자산을 감소시키게 될 것이다. 스미스는 수출 보조금 계획이 정확히 여기에 해당되는 것으로 보았다. 보조금으로 말미암아 시민들은 손해를 감수하고서 세계 시장가격보다 낮은 가격으로 자산(그 국가 안에서 생산된 상품들)을 외국인에게 팔게 된다. 이와 유사하게, 수입품에 대한 관세는 시민들이 같은 금으로 교환할 수 있는 더 가치 있는 상품들을 구매할 수 없게 한다.

둘째, 중상주의자들은 한 국가의 경제적 부강함이 국가의 순자산보다는 금의 양에 의해 결정된다고 주장했는데, 스미스는 이는 잘못된 관점이라 보았다. 스미스는 국가가 보유한 현금이 아니라 생산 자원들(사람·토지·자본)의 현실적 계발이 국가들에게 더 중요한 것이라고 주장한다. 대규모의 잘 발전된 생산 기반을 가지고 있는 국가는 결과적으로 외교적·군사적 수단을 통해 정책 목표를 추구할 수 있는 더 많은 자원을 갖게 될 것이다. 사실 스미스는 관리할 수 있는 금의 양이 가장 적은 국가가 가장 부유해질 수 있다고 믿었는데, 왜냐하면 국가의 금 보유량은 이윤을 만들어 내는 생산 기업들에게 필요한 자본을 전용한 것이기 때문이다.

국가의 경제적 이득에 대한 스미스의 주장은 여러 가지 면에서 그의 책 중 가장 영향력 있는 측면이고, 그것은 최소한 앵글로색슨 국가들 안에서 근대 정치경제학의 합의를 이루는 기반이 되어 왔다. 19세기 영국에서 자유무역과 극단적으로 적은 준비금reserve of gold을 보유하는 정책에 기초해 처음 가장 거대한 근대 산업 경제가 발전함에 따라, 스미스의 정치경제학적 구상은 영국의 실험 모델로 쓰인 셈이 되었다.

스미스가 국가 대차대조표를 논의하면서 제기한 문제들은 오늘날에도 적실성 있게 남아 있다. 스미스가 지적한 중상주의자들의 오류들은 정치적 논쟁에서 이런저런 형태로 계속 제기되고 있다. 예를 들어, 지난 20년 동안 미국에서는 민주당과 공화당 정치인들 모두가 자신들의 정책이 미연방의 총자산에 미치는 영향(따라서 국가의 총자산에 대한 영향)을 무시하고, 미연방의 적자와 부채 규모에만 과도하게 집중하는 경향이 있었다. 이는 미연방의 숲에서 시장가격 이하로 벌목을 허용하는 것과 같이 경제적으로 매우 문제가 많은 정책으로 이어졌다. 나무들이 화폐로 전환됨에 따라 연방의 적자는 낮아지겠지만, 천연자원 자산의 손실이 적자 감소로 인한 이득보다 크기 때문에 연방 총자산은 감소할 것이다.

스미스적 자유방임의 사례

스미스는 이런 통찰력을 일반화하여 특유의 경제정책 철학(만물을 그 자체로 그냥 내버려 두라는 프랑스 속담인 자유방임주의Laissez-Faire)에 대한 강력한 사례를 제공했다. 자유방임 정책을 통해 스미스가 보여 주려고 했던 것과 그것을 통해 보았던 명확한 한계에 대한 정확한 인식이 중요하다.

스미스는 국가 대차대조표 분석과 축적 과정에 관한 자신의 분석에 의거해 국민소득은 국가 자본의 각 단위들이 주어진 세계 시장가격에서 가장 높은 이윤율을 추구할 때 최대화된다고 주장한다. 이는 자본가들이 세계 시장가격을 기준으로 자신들의 자본을 적절한 부문에 투자할 자유를 갖는 한 자본가들의 이기적 결정의 결과일 것이다. 만일 국가 자본의 일부가 평균 이윤율보다 낮은 이윤율 부문에 투자된다면 그 국가의 전체 이윤소득과 전체 국민소득은 더 높은 이윤율 부문에 자본이 투자되었을 때보다 낮을 것이다.

스미스에 따르면 정부가 어떤 부문에서 자본 투자를 장려하거나 방해하기 위한 간섭을 하려할 때, 다음의 두 가지 가운데 하나의 결과가 발생한다. 먼저 정부 정책이 효과적이지 못해서 자본 배분을 실질적으로 변화시키지 못할 수가 있다, 이 경우 그 정책은 해롭지는 않지만 쓸모가 없다. 반면에, 그 정책이 잘 작동해서 자본 배분을 실질적으로 변화시킨다면, 스미스의 관점에서 그 정책은 국제 가격수준에서 순 국가 소득을 낮추는 결과를 초래할 것이 분명하다. 그 이유는 다음과 같다. 즉, 국제 가격수준에서의 국민소득은 개별 자본가들에게 그들이 얻을 수 있는 가장 높은 이윤율을 추구하도록 허용할 때 최대가 될 것이다 그런데 만약 정부가 자본가들에게 어떤 다른 것을 하도록 장려한다면, 이는 전체 이윤과 국민소득을 낮추는 결과를 초래하기 때문이다.

예를 들어, 미국 정부가 외국과의 경쟁으로 위협받는 산업의 자본과 일자리를 보호하기 위해 수입품에 관세를 부과하고 수량 할당제를 두기로 결정했다면(미국 정부가 농업 생산품 및 의류와 같이 여러 부문에서 현재 하고 있는 것처럼), 이런 정책은 미국 자본가들이 관세가 없을 때보다 보호 산업에 더 많은 자본을 투자하도록 유도할 것이다. 그러나 세계시장 가격에서 보면 이런 보호 산업의 이윤율은 평균 이윤율보다 낮고 그로 인해 전체 국민소득은 하락할 것이 틀림없다. 관세를 통해 보호 산업의 이윤율이 평균 이윤율과 동일한 듯 보이지만 그것은 보호 산업의 소비자나 다른 부분으로부터 재원을 전용할 때만 가능하다. 스미스는 전용된 소득이 보호 자본에 대한 보조금을 초과할 것이며, 그리하여 국가 전체의 수준에서는 손실을 경험하게 될 것이라 보았다.[9] 따라서 스미스는 국가 대차대조표 형태로 보았을 때 국가의 이익은 관세, 보조금, 그리고 민간 자본시장 배분에 대한 그 밖의 간섭 형태를 제거함으로써 극대화될 수 있다고 결론을 맺는다.

이 주장은 스미스가 분명하게 밝히지 못한 여러 가정들에 의존한다. 첫째, 그는 특정 국가가 자신이 생산한 상품의 세계 시장가격에 영향을 미칠 수 없다고 암묵적으로 가정하고 있다. 현대 경제학의 용어로 하면, 그는 거대한 세계경제 속에 있는 작은 국가를 염두에 두고 있는 것이다. 만

---

9 옮긴이_현대 경제학에서도 관세는 그 상품의 국내 가격을 상승시켜 소비자가 누릴 수 있는 잉여를 감소시킨다. 이런 소비자 잉여 감소의 양이 가격 상승으로부터 발생하는 생산자들의 잉여와 관세 부과에 의한 국가의 수입보다 크다고 보며 이로 인해 총잉여는 감소한다.

일 그 국가가 세계시장에서 매우 큰 몫을 가지고 있어서 그 국가의 정책이 국제 가격에 영향을 미칠 수 있다면, [정부의_옮긴이] 개입은 세계 이윤의 일부를 그 국가로 옮겨다 줄 수 있을지도 모르고, 그에 따라 그 국가의 국민 소득이 증가할는지도 모른다. 물론 이 경우에도 전체 세계경제 수준에서는 스미스의 자유방임에 대한 추론이 여전히 적용될 수 있을 것이다. 즉, 어떤 한 국가가 보호 정책을 통해 획득하는 소득은 다른 국가들의 손실로 상쇄되고도 남을 것이다.

둘째, 내가 강조해 왔듯이, 스미스는 세의 법칙이 작동하고 있기 때문에, 노동이나 자본의 장기간에 걸친 실업은 없을 것이라고 가정한다. 만일 한 국가가 어떤 부문을 보호하고 있는 관세를 낮춘다면, 해당 부문은 일반적으로 규모가 감소할 것이고, 이는 노동과 자본 일부가 사용되지 못하도록 할 것이다. [그러나_옮긴이] 세의 법칙에 따라 이런 유휴 노동과 자본은 다른 부문에서 새로운 사용처를 찾게 될 것이고, 따라서 국가 전체의 이윤율과 국민소득을 최대화할 수 있다고 추론된다.

자유방임의 제한

스미스는 자유방임 정책 권고에 여러 가지 구체적인 제한을 둔다. 첫째, 그는 국방이나 안보를 고려한다면, 국가의 보호와 보조가 없을 경우 수익이 나지 않는 부문에 대해 국가의 보호와 보조금 지급이 필요할 것이라고 주장한다. 그는 강력한 해운업과 선박 축조 부문을 보호하기 위해 무역에 제한을 두는 복잡한 시스템인 18세기 영국 항해법British Navigation Laws의 사례를 들고 있다. 영국은 대륙의 유럽 세력들로부터 자신들을 보호하기 위해 해군력에 의존하고 있었기 때문에, 경험이 많은 선원 자원과 발전하는 선박 축조 설비가 중요한 국가 안보 자산이었다. 그는 자유방임 아래에서는 영국 자본이 해운업과 선박 축조 부문에서 평균 이윤율을 달성할 수 없으며, 이에 따라 이 부문이 훨씬 더 축소될 것이라는 점을 인정했음에도 불구하고, 위와 같은 근거에서 항해법을 지지했다.

이런 일반적인 상황은 현대 정치경제학의 논쟁에서도 계속해서 등장한다. 예를 들어, 미국은 수년 동안 자국 상선에 보조금을 지급하고 있고, 국가 안보를 고려해 컴퓨터와 원자력 시장에 개입하려 하고 있다.

또 다른 방법은 관세를 국제 협상에서의 협상 카드나 보복 수단으로 사용해 순수한 자유방임에 제한을 두는 것이다. 이는 다른 국가가 더 나은 정책들을 채택하도록 하기 위해 단기적인 경제적 대가를 지불하는 것이 가치가 있을 것이라는 생각에 기인한다. 예를 들어, 미국은 다른 나라의 인권 정책을 자국[미국_옮긴이]에 대한 무역 특혜와 연계하면서, 이와 같은 종류의 경제정책을 자주 사용한다.

스미스는 분업의 증대를 강조하는 맥락에서 관세가 중요 부문에 있는 작은 기업들의 성장을 강화하는 역할을 할 것이라고 본다(자유방임의 "유치산업" 예외 조항). 이는 한 국가가 어느 한 부문에서 평균 이윤율을 달성할 수 있는 잠재력을 갖고 있겠지만, 어느 정도의 생산 규모에 도달할 수 있을 때에만 그렇다는 생각에 따른 것이다. 보호가 없다면, 위험을 무릅쓰고 그 부문에 뛰어든 작은 기업들은 해외 경쟁에 의해 도산하게 될 것이다. 그런 경우에 관세는 국내 산업이 국제적인 경쟁을 할 수 있을 만큼 충분히 성장할 수 있도록 해줄 것이다. 오늘날 한국·대만·싱가포르 등과 같은 아시아의 "호랑이들"은 관세 부과, 수출 보조금, 저금리 대출을 통해 성공적으로 유치산업을 육성해 왔다.

마지막으로 스미스는 해외 경쟁이 취약한 부문에서 발생한 실업이 다른 경제 부문으로 흡수되는 데 시간이 걸리기 때문에, 자유방임 정책을 수행하는 데 드는 단기적인 조정 비용이 상당할 것이라는 점을 인정한다. 그는 이런 단기적인 조정 비용에 대처하기 위해 관세와 보조금을 도입하고, 이후 이를 점진적으로 폐기해 나가며 자유방임으로 나아갈 필요성을 받아들인다.

국가와 시장

지금까지 보았듯이, 스미스는 자본축적과 분업을 통한 민간 경제의 자생적인 성장 잠재력에 대해 명확하게 인식하고 있었지만, 동시에 시장과 국가 사이의 관계에 대해 복잡하고 세련된 관점을 제시하기도 했다. 스미스는 순수한 경제적 목적을 위해 특정한 시장에 대한 국가의 간섭을 반대했지만, 시장과 기업이 번성할 수 있는 사회적·법적 환경을 형성하는 데 있어서 국가의 필요성을 인식했다. 예를 들어, 국가는 무역과 생산이 성장할 수 있는 법적 토대를 마련하기 위해 소유권을 확립하그 보호하며, 계약을 집행할 필요가 있다. 그러나 소유권과 계약 책임은 정의상 자원 배분과 투자 계획과 같은 구체적인 쟁점들 속에서 국가와 필연적으로 연루되어 있다. 그 이유는 소유권의 제한(환경 규제, 토지 사용 구역 설정, 독점 규제 등)을 정의하는 데 있어서 국가가 사적 분업이 발전하게 될 방향에 간접적으로 영향을 미치기 때문이다. 예를 들어, 국가가 이웃에게 폐를 끼치거나 환경을 오염시키는 토지 소유주의 소유권 행사를 제한하는 것은 필연적으로 경제활동을 변화시키게 된다.

이런 정치경제학적 문제들의 많은 현대적 사례들이 있다. 현재 전자기 스펙트럼(라디오와 텔레비전 방송주파수)에서는 중요한 소유권 개혁이 진행되고 있다. 미국을 포함한 많은 국가들이 주파수의 일부를 양도 가능한 소유권으로 만들고 있으며, 결과적으로 새로운 시장과 새로운 경제적 가능성들, 그리고 새로운 부의 근원을 형성해 가고 있다. 그러나 이런 개혁은 필연적으로 방송·전화·정보 전송 산업의 발전에 중요한 영향을 미친다. 다양한 환경오염 물질(유황 배출, 온실가스 배출)과 관련해서도 이와 유사한 소유권의 변화가 국제무대에서 등장하고 있다. 보건과 자동차보험에 관한 문제와 오랜 논쟁들 역시 소유권의 확립 및 책임성 문제와 밀접하게 관련된다.

따라서 스미스는 정치제도와 행정제도들을 무시하고 민간 기업과 시장만을 장려하는 것으로 자유방임을 생각한 것이 아니라, 경제 발전이 이루어지는 다양한 부분들을 인정하면서 시장과 국가 제도 사이의 상호 작용을 균형 있게 이해해야 한다고 보았다.

스미스의 화폐론

스미스가 살던 시대에 많은 국가들은 금본위제를 채택하고 있었고, 이 안에서 정부는 국가 화폐(달러나 파운드, 프랑 등)와 일정량의 금 사이에 법적 관계를 확립시켰다. 지금까지 살펴보았듯이 이런 유형의 체제에서 상품의 화폐가격은 금과 상품의 상대 생산 비용에 의해 장기간에 걸쳐 조절된다. 금본위제에서 가격수준(또는 변화율, 그런 변화율을 우리는 인플레이션이라고 부른다)은 기술 변화로 인한 금과 다른 상품들 사이의 점진적인 상대 생산 비용 변화에 의해 결정된다.

한 국가에서 상품 순환에 필요한 금의 양은 화폐의 유통 속도, 즉 1년 동안 얼마나 많은 거래에 금화가 사용될 수 있는가에 달려 있다. 화폐 유통 속도는 금화의 양에 대한 1년의 거래 가치의 비율로 측정될 수 있다. 평균적으로, 거래에서의 화폐 유통 속도는 한 국가의 은행 시스템 발달 정도뿐만 아니라 지불 관행에도 의존한다.

스미스는 상품유통에 필요한 금 스톡에 한 나라의 이윤 창출 자본이 제한되는 상황에 주목했다. 만일 한 국가가 화폐 유통 속도를 증가시킬 수 있다면, 그것은 금에 묶여 있는 자본의 일부를 이윤을 창출하는 투자로 전환시킬 수 있을 것이고, 따라서 국부를 증대시킬 수 있다. 은행을 더 폭넓게 이용하는 것도 화폐 유통 속도를 증대시키는 하나의 방법이다. 즉, 은행으로 많은 예금자들의 금 준비를 집중시키는 것이다. 각 예금자들의 금에 대한 수요는 정확하게 상호 연관되지 않기 때문에, 은행은 각각의 예금자들이 자신들의 금을 보유하고 있을 때 필요한 것보다 적은 금 준비를 보유할 수 있고, 따라서 화폐 유통 속도는 증가하게 된다. 스미스는 많은 스코틀랜드인들과 마찬가지로 은행업, 은행권, 그리고 여금자들이 직접 자신의 업무를 처리하는 데 필요한 것보다 더 낮은 평균 잔고를 보유할 수 있도록 해주는 신용카드의 초기적 형태인 당좌 계좌^{cash accounts}를 열렬히 지지하는 사람이었다(영국 속담에 "스코틀랜드인들은 금을 싫어한다"는 말이 있다).

스미스는 자신의 자유방임적 정책 권고를 은행 시스템까지 확장시키면서, 은행이 [예금자의_옮긴이] 요구가 있을 때 즉시 예금과 은행권을 금으로 상환할 수 있는 한 [은행이_옮긴이] 원하는 대로 예금이나 은행권을 발행할 수 있도록 허용해야 한다고 제안한다. 그의 관점에서 은행업과 신용은 일반적으로 시장의 자기 조절적 성격을 공유한다. 만일 대중이 보유하고자 하는 것보다 많은 은행권을 은행이 발행한다면, 대중들은 은행권을 금으로 상환해 갈 것이고, 따라서 전체 은행권 발행은 적정한 크기로 조절될 것이다.

스미스는 규제되지 않는 은행 시스템이 유발할 수 있는 특정한 병리 현상들을 알고 있었다. 이 병리 현상은 어떤 방식으로든 모두 불안정한 신용 증가와 관련되어 있다. 스미스가 살던 시대에 상당수의 무역은 해운업자가 서명한 운송 중인 상품에 대한 수령증인 환어음으로 자금을 충당했는데, 다른 상인들과 은행들은 이를 담보로 현금을 대출해 주었다. 호황기에 일부 해운업자들은 자신들이 운송하는 실제 상품 재고보다 더 많은 어음을 발행할 것이고, 이는 전체 경제에서 대출과 신용의 불안정한 상승을 가능케 할 것이다. 그런 신용 피라미드들은 갑작스러운 위기에 취약한데, 이런 위기 상황에서 어음을 발행한 이들 가운데 일부가 어음을 결제하지 못하게 되면, 다른 무역업자들 역시 연쇄적으로 어음을 결제하지 못하게 된다. 신용 시스템은 일시적으로 붕괴하고, 이는 많은 상인들을 파산시키고 종종 무역과 생산을 가로막으며, 따라서 실업을 유발한다.

스미스는 은행들이 구매자에게 실제로 판매되어 운송되는 상품들에 의해 보증되는 환어음인 "진성 어음"만을 기준으로 대출을 해준다면 환어음의 이런 과도한 거래를 피할 수 있을 것이라고 주장한다. 이 "진성 어음" 주의는 그 이후로도 은행 정책 논쟁에서 핵심적인 역할을 해왔다.

스미스의 화폐론이 현대적 의미의 화폐 수량론quantity theory of money이 아니라는 점은 어느 정도 흥미롭다. 화폐 수량 가격 이론은 상품의 평균 가격을 결정하는 것은 금 생산 비용이 아니라 화폐의 수량이라고 주장한다. 수량론은 현대 정책 집단에서 지배적으로 합의된 이론이고, 이는 많은 중앙은행들이 화폐 공급의 증가를 통제하면서 채택하고 있는 통화주의적 정책[10]의 기초가 되고 있다. [하지만_옮긴이] 스미스는 금본위제에서 다른 상품들에 대한 금의 상대적 생산 비용에 의해 금의 가격수준이 고정될 것이라는 이유로 수요에 의해 결정되는 유연한 화폐 공급을 주장한다.

스미스의 화폐에 대한 관점은 케인스의 관점과도 다르다. 케인스가 화폐 수량이 (수량론이 예측하듯이 직접적으로 가격수준을 결정하기보다는) 이자율을 결정한다고 본 것에 반해, 스미스는 이자율이 화폐의 양이나 신용 창조의 양에 의해 결정되는 것이 아니라 이윤율에 의해 대부분 결정된다고 생각했다.

케인스주의자들이나 화폐 수량 이론 모두 이자율에 영향을 미치기 위해서든 가격수준에 영향을 미치기 위해서든 화폐 공급을 조정하는 중앙은행의 개입주의적 화폐 정책을 권고하지만, 스미스는 이와는 달리 개입주의적이라기보다는 자유방임적 금융적 정책에 부합하는 화폐론을 주장했다.

아담의 오류 다시 보기

『국부론』은 아담 스미스가 글래스고대학교에서 정치경제학을 가르치면서 탄생한 산물이다. 스미스는 선생으로서 정치경제학의 일관된 틀을 구성하는 것보다는 학생들에게 정치경제학의 핵심 아이디어와 통찰력을 가르치는 데 더 많은 관심을 가졌다. 스미스는 자기주장의 결정적 지점에서

---

10 옮긴이_밀턴 프리드먼(Milton Friedman)이 대표하는 이론으로, 그는 "인플레이션은 항상 그리고 어느 곳에서나 화폐적 현상"이라고 말한 바 있다. 이들은 물가 수준이 화폐 공급 수준에 의해 결정된다고 보고 있다.

자신이 만든 다양한 주장들의 비일관성을 드러내지 않으려고 주제를 이리 저리 그럴 듯하게 바꾸기도 한다. 그의 가치론에 대한 일관적이지 못한 논의가 하나의 사례가 될 수 있을 텐데, 그는 노동 가치론에 대한 설명 도중에 구성 가치론으로 주제를 전환시키기도 하고, 구성 가치론을 발전시키는 도중에 다시 자연 임금과 자연 이윤율에 대한 설명에서 난관에 부딪치자, 지대가 다른 무엇보다 생산물 가치에 의존한다고 주장함으로써 자기 자신의 주장과 모순을 일으키기도 한다.

스미스가 그의 도덕적 관점과 자유방임적 자본주의에 대한 자신의 믿음을 결합시키려고 할 때도 이와 유사한 일관되지 못한 모습이 나타난다. 이것이 『국부론』의 실질적인 핵심이다. 다른 이론가들은 스미스보다 좀 더 훌륭하게 자본주의적 경쟁과 축적의 내적 논리를 간파할 수 있었다. 그러나 스미스는 타인들에게는 해로울 수도 있는 냉혹한 이기심의 추구가 자본주의적 사회관계에 의해 도덕적 선으로 변형된다는 독창적인 주장을 통해 자본주의적 사회관계를 철학적·도덕적으로 옹호한 이로 알려져 있다. 이 주장이 타당할 수만 있다면, 자본주의의 역사가 얼마나 간단하겠는가! 스미스는 자신의 자본주의적 기획에 대한 찬양에 걸맞은 논리적 기반을 엄밀하게 구축하지 않은 채, 그것에 일반적 선의와 도덕적 권위를 부여하고 있다.

고기 집 주인이나 제빵사의 선한 의지나 사랑 때문에 우리가 저녁을 먹을 수 있는 것은 아니라는 유명한 이야기는 스미스의 주장의 좋은 사례다. 이런 주장의 명백성과 현실성은 반박할 수 없는 것이다. 이것이 자본주의적 사회가 작동하고 스스로를 재생산하는 진정한 방식이다. 그러나 이기심의 추구가 긍정적인 이득이 된다는 주장을 뒷받침하기 위해서 스미스는 적대적인 시장 관계가 분업을 지탱할 수 있는 유일한 방식이고, 우리의 저녁 식사를 보장하는 수단으로서의 사적 소유관계가 수반하는 분배적 불평등과 도덕적 폭력을 받아들이는 것 말고는 어떤 대안도 없다는 것을 보여 주어야 했다. 스미스는 상품 가치에 대한 지대의 의존성과 구성 가치론을 조화시키지 못했을 뿐만 아니라 이 주장을 제기하는 데에 실패했다.

스미스의 비일관성은 그의 경제 신학과 [도덕적_옮긴이] 분별력 사이의 긴장을 드러낸다. 그는 자본주의적 사회관계의 신학자로서 자본축적을 통한 이기심의 추구를 가로막는 전통적인 도덕적 제약들을 기꺼이 걷어 내고자 한다. 자본주의적 경제 발전에 잠재되어 있는 인간의 생활 조건 개선 가능성을 수반하는 엄청난(그리고 실질적인) 노동생산성의 증대는 스미스가 버리기에는 너무나 큰 유혹이었다. 그러나 스미스는 이기심을 추구할 수 있는 이런 형태의 자유가 사회에 미치게 될 해악 역시 인정한다. 스미스는 경제 발전의 선순환이라는 빛나는 전망과 경제학이 더 큰 정치·사회적 틀 속에 포함될 수 있다는 생각을 균형 있게 사고함으로써 이 상반되는 통찰력을 유지한다. 자유방임은 물론 좋지만, 항해법 역시 좋다. 자유무역은 유치산업 예외 조항에 의해 수정된다. 은행업은 "진성어음" 정책을 엄격하게 따르는 한에서 규제되지 않는다.

스미스가 자신의 책을 집필할 당시만 해도 산업자본주의의 폭발적 등장을 위한 근본 조건들이 유럽, 특히 영국 사회에 모두 적절하게 존재하고 있었다. 스미스가 시장의 유혹을 조정하기 위해 이 폭발적인 사회적 힘들을 제어하는 데 필요한 신중함을 강조하고, 전통적인 도덕 감정들을 갱신할 것을 충고하는 전혀 다른 책을 집필했다고 해도, 그가 사건들의 실제 경로를 완전히 변화시키지는 못했을 것이다. 『국부론』은 지금까지 존재했던 것처럼, 그 계승자들이 붙들고 싸워야 할 이 풀리지 않는 쟁점들을 탁자 위에 남겨 두고 있다.

2장

음울한 학문

당시 영국에는 여러 세대에 걸쳐 정치를 지배해 오다 쇠퇴의 기로에 접어든 토지 귀족과 새롭게 등장한 계급인 산업 자본가들 사이의 정치적 대립이 지속되고 있었다. 아담 스미스의 자본주의에 대한 낙관적 전망은 이런 과정에 영향을 미치게 되었다. 스미스가 소유권을 강력하게 옹호했다는 사실은 양쪽 모두에게 호소력을 가지는 것이었지만, 국가 경제정책에 대한 그의 자유방임적 처방은 그 당시에 자리 잡고 있었던 특권들의 상당수를 위협했다.

스미스에 대한 재검토

맬서스와 리카도는 뛰어난 스미스의 계승자들로서 스미스의 자본주의에 대한 역사적 전망과 분석을 발전시키고 개선했다. 그들은 인구과잉과 그로 인한 식량 및 원자재 가격의 상승 압력으로부터 발생하는 자본주의적 성장의 한계라는 망령specter을 제기했다. 맬서스는 여러 측면에서 고삐 풀린 자본주의적 발전의 미덕과 생존 능력에 대해 매우 의심스러워했다. 리카도는 맬서스의 염려 가운데 많은 부분을 공유했지만, 정책 개혁을 통해 자본주의적 축적을 위한 길을 개척하는 데 더 많은 관심을 가졌다. 맬서스는 자유방임적 자본주의의 발전 경로가 도덕적 사회(그의 용어로는 기독교 사회)에 부합한다고 보는 아담 스미스의 오류를 매우 의문시하고 있었다. 그러나 리카도는 고삐 풀린 자본주의적 축적을 추구하기 위한 근본적 원리로서 아담 스미스의 오류를 수용하는 듯하다. 맬서스, 그리고 특히 리카도는 가치론과 분배론뿐만 아니라, 인구에 대한 더욱 엄밀한 분석을 제시함으로써 스미스의 주장이 갖는 논리적 간극을 메우기 위해 노력했다.

맬서스와 인구

맬서스는 영국 빈민과 노동자계급의 삶에 대해서뿐만 아니라 정치경제학과 철학에도 많은 관심을 가진 영국 국교회의 성직자였다. 그는 1799년에 작성한 팸플릿을 이후에 책으로 개정해 『인구론』*An Essay in the Principle of Population*을 출간했는데, 이 팸플릿은 인구 성장과 그 동학을 체계적이고 과학적으로 연구하여 인구학에 독창적인 공헌을 한 것으로 널리 받아들여지고 있다. 맬서스의 아이디어는 엄청난 정치적 영향력을 행사해 왔고, 인구 성장, 인구 조절 수단, 지구의 한정된 자원 관리에 대한 현대적 논쟁에서 여전히 드러나고 있다.

맬서스는 정치경제학적 쟁점에 대해 리카도와 서신을 주고받으며 논쟁했다. 우리는 앞으로 리카도가 자신의 체계를 구성하는 데 있어 맬서스 이론의 중요한 부분들을 채택했다는 것을 보게 될 것이다. 그러나 리카도는 맬서스가 세의 법칙을 잘못 이해하고 있다고 강하게 비판했다. 마르크스 역시 맬서스가 보편적인 인구법칙을 발견했다는 주장을 엄중하게 비판하면서, 맬서스의 주장이 지주와 자본가들로 이루어진 영국 지배계급 연합의 이데올로기적 편견을 종래의 방식으로 표현한 것에 불과하다고 주장했다.

맬서스 『인구론』의 배경

18세기 후반, 특히 영국에서 공학과 과학을 생산기술에 체계적으로 응용함으로써 노동생산성에 혁신을 가져오고 이전에는 상상할 수 없었던 수준의 부를 창출할 수 있는 가능성이 나타났다. 이런 발전이 갖는 함의는 지속적으로 철학적 논쟁의 주제가 되었고, 이 논쟁의 주제는 19세기와 20세기의 정치를 예고하는 것이었다. 구체제의 낡은 제도들을 극적으로 전복한 프랑스대혁명은 이 논쟁에 불을 붙였고, 문제가 되는 쟁점의 시급성을 드러냈다.

몇몇 낙관주의자들 가운데 초기 페미니스트였던 메리 울스턴크래프트Mary Wollstonecraft의 남편이자, 『프랑켄슈타인』의 저자 메리 셸리Mary Shelley의 아버지인 윌리엄 고드윈William Godwin은 다가오는 새 시대에는 인류가 빈곤, 질병, 전쟁, 사회적 갈등의 고통이 제거된 "완벽한" 사회로 들어설 수 있다고 주장했다. 이 완전 가능주의자들perfectibilist은 기술혁명이 가져온 막대한 잉여를 사회적 목적을 위해 사용하고, 이를 평등하게 분배한다면, 모든 인간이 적정하고 편안한 생활수준을 누릴 수 있을 만한 자원을 제공할 수 있을 것이며, 위생·주택·교통수단과 같은 사회적 기반을 통해 고질적인 질병과 기아를 제거할 수 있을 것이라고 보았다. 핵심적으로, 완전 가능주의자들은 인류가 그 자신의 운명을 통제할 수 있을 것이라고 주장했다. 즉, 새롭게 고안된 사회적 생산력을 통해 인간의 문제를 해결할 수 있다는 것이다. 여기에서 우리는 이 꿈을 실현하려는 시도에 바탕을 둔 19세기와 20세기의 사회주의적 운동의 싹을 볼 수 있다.

보수주의자들은 당연하게도 완전 가능주의적 입장에 대해서 이데올로기적으로 강력히 반대했다. 보수주의자들은 여러 가지 근거를 통해 완전 가능주의자들의 희망이 환상이며, 그와 같은 이상의 추구는 사회의 발전을 위협할 것이라고 주장했다. 어떤 보수주의자들은 완전 가능주의적 입장을 신학적 이유로 반대하는데, 왜냐하면 이 입장이 신을 희생하는 대가로 인간에게 너무 많은 책무와 권력을 부여할 것을 요구하기 때문이다. 또 다른 보수주의자들은 새로운 기술과 이를 통해 창출된 막대한 잉여생산물에 대한 사회적 통제를 강조하는 완전 가능주의적 입장이 계급적 이해와 계급적 위계에 의존하는 국가의 정치적 안정을 위협한다고 생각했다. 보수주의자들은 완전 가능주의자들이 사회적 행동을 통해 제거하려고 했던 인류의 질병들이 사실은 "인간 본성"의 결과이며, 그것은 노동생산성의 증가나 기술로 변화시킬 수 없는 것이라고 주장했다. 보수주의적 비판자들이 보기에 완전 가능주의자들의 제안은 완전 가능주의자들의 권력욕에 봉사할 뿐인 기만적인 약속이었다.

이 쟁점은 20세기의 역사와 정치경제학을 지배했다. 보수주의자들은 많은 급진적 철학의 "이상주의" 혹은 "유토피아주의'가 필연적으로 전체주의 정치로 귀결될 것이라는 주장을 근거로 사회주의와 공산주의 운동에 대해 비판했다. 이 주장들은 완전 가능주의를 둘러싼 논쟁에서 이미 나타났던 여러 주제들에서 다양하게 드러난다.

맬서스는 완전 가능주의적 입장에 대한 하나의 비판으로 『인구론』을 저술했다. 그는 자신이 완전 가능주의적 계획의 실현 불가능성에 대한 수학적 증거를 만들었다고 주장했다. 따라서 맬서스는 사회과학에 수학적 주장과 모델을 명시적으로 도입한 최초의 저자 가운데 하나였다. 완전 가능주의적 목표의 부적절성이나 경솔함을 밝히기 위해 신학적 혹은 철학적 주장들에 호소하기보다 완전 가능주의적 사고의 실현 가능성에 대한 수학적 반대 입장을 제시한 맬서스의 수사적 구조는 주목해 볼 가치가 있다.

맬서스의 가설과 그 함의

맬서스는 두 가지 가설(기하학의 가설과 다소 유사한)에 의존하는 논리적 주장을 통해 고드윈의 계획이 실현 불가능하다는 것을 입증한다. 그 가설 가운데 하나는 인구 동역학과 관련되고, 다른 하나는 식량 생산의 동역학과 관련된다.

인구는 기하급수적으로 성장하는 경향이 있다

맬서스는 먼저 어떤 억제checks, 즉 반작용의 힘이 없다면 "양성 간의 성욕" 때문에 인구가 기하급수적(혹은 지수적)으로, 즉 1, 2, 4, 8, ……의 수학적 형태에 따라 성장하는 경향이 있다는 가설을 제시했다. 모든 여성은 자신과 배우자를 대체하는 데 필요한 두 자녀 이상의 아이를 갖는 경향이 있고, 따라서 모든 세대들은 전체 크기에서 이전 세대를 초과할 것이다. 이 가정에 따르면 출산력은 자연적 한계를 갖지 않는다.

농업 생산은 산술급수적으로 증가하는 경향이 있다

기하급수적으로 성장하는 인구는 자급자족할 수 있는가? 맬서스는 식량 생산의 증가(그의 관점에 따르면, 경작지의 확대나 좀 더 집약적인 토지 경작에 의한)가 곱셈이 아니라 덧셈에 기반하는 1, 2, 3, 4, ……의 산술적 형태 이상으로 유지될 수 없기 때문에 그럴 수 없다고 주장한다. 인구 성장의 초기 몇 단계에서는 식량 공급의 산술급수적 성장이 인구 성장과 보조를 맞출 수 있는데, 특히 인구의 자연적 성장률이 낮다면 그렇게 될 수 있다. 그러나 인구 성장률이 아무리 낮아도 기하급수적 성장이 항상 산술급수 성장을 따라잡고, 그것을 넘어선다. 맬서스의 예제에서 비율은 1:1, 2:2, 4:3, 8:4, 16:5이며, 따라서 두 가지 가설이 유지된다면 인구는 항상 식량 공급을 압도한다.

인구 억제책

따라서 이 두 가설들은 모순을 초래한다. 즉, 이 두 가설에 따르면, 시간이 충분히 지나기만 하면 궁극적으로 인구의 증가가 식량 공급을 초과할 것이기 때문이다. 맬서스는 인간은 아무것도 먹지 않고 살 수 없기 때문에 인구가 식량 공급과 균형을 이루기 위해서는 무엇인가가 개입해야 한다고 주장한다. 맬서스는 이 균형을 이루도록 하는 힘을 "억제책"이라고 부른다. 억제책은 출산율을 낮추거나 사망률을 높임으로써 식량의 산술급수적 증가와 맬서스가 가정한 인구 증가가 균형을 이루도록 하는 요소들이다.

맬서스는 이 요소들을 예방적 억제책preventive checks과 적극적 억제책positive checks으로 분류한다(이런 분류가 항상 완전히 일관된 것은 아니었는데, 특히 수정판은 일관적이지 못한 분류를 한다).

"예방적 억제책"은 출산율을 낮추어 기하급수적인 인구 성장의 기본 경향을 약화시키는 것을 가리킨다. 여성이 결혼을 늦춰서 평균 결혼 연령이 상승하면, 여성들의 가임 기간은 줄어들 것이고, 따라서 출생률은 떨어지게 될 것이다. 만일 한 사회에서 결혼을 하지 않은 여성과 아이를 갖지 않기로 선택한 여성의 비율이 더욱 증가한다면, 출생률과 인구 성장률은 떨어질 것이다. 마지막으로 결혼한 부부들이 성관계를 자제한다면, 그들은 임신을 더 적게 할 것이고, 출생률은 더 낮아질 것이다. 맬서스는 출생률을 통제하는 이런 예방적 억제책의 잠재력을 분명 긍정적으로 평가했지만, 실제로 이 억제책이 효과를 발휘할 것이라고 생각하지는 않았다.

또 다른 방법은 피임 기구나 피임약의 사용이다. 우리가 아는 한, 모든 인간 사회에서는 이런저런 형태의 피임 방법이 발견되고 사용되어 왔다(이런 수단들은 물론 현대적 수단들만큼 다양한 효과를 가지고 있었다). 맬서스는 이런 가능성들을 알고 있었지만, 피임을 통한 성교가 "자연법"에 위배되기 때문에 "악"이라는 영국 국교회의 입장을 따랐다. 맬서스는 피임 수단의 광범위한 사용을 도덕적 악으로 간주했고, 따라서 출생률을 통제할 수 있는 만족스러운 해법이 아니라고 생각했다.

맬서스는 예방적 억제책이 산술급수적으로 성장한다고 가정된 식량 생산에 맞게 인구 성장률을 조절하지 못한다면, "적극적 억제책(기아와 질병)"이 사망률을 증가시켜 필연적인 균형을 이루게 될 것이라고 주장한다. 인구가 식량 공급을 초과함에 따라 사회 구성원의 일부분은 영양 결핍 상태가 되어 직접적으로 굶어 죽거나, 간접적으로는 열악한 조건으로 인해 발생한 질병으로 죽게 될 것이다.

맬서스 그 자신의 경험에 따르면, 영국에서 빈민·노동자계급의 사망률을 결정하는 가장 민감한 요소는 영아 사망률과 노인 사망률이었다. 영아와 노인들은 빈곤에 가장 취약한 이들이다. 식량 가격이 올라가면 산모들의 영양 상태가 나빠지고, 그 결과 아이들은 저체중으로 태어나고 전염병에 취약해진다. 영양 상태가 좋지 못한 산모들은 젖이 불충분했으며, 따라서 자신은 아니더라도 아이들이 죽는 경우가 많았다. 19세기 초의 소설이나 전기들은 영아 사망이 모든 계급에서 얼마나 만연했는지를 분명히 보여 준다.

인류의 대다수는 항상 비참함 속에서 산다

따라서 맬서스는 수학적 필연의 결과로 높은 사망률, 특히 높은 영아 사망률로 인해 전체 인구가 안정화되기는 하지만, 인류의 대다수는 엄청난 비참함과 빈곤 속에 산다는 결론(이런 결론으로 말미암아 그의 동시대인들은 정치경제학을 "음울한 학문"으로 부르게 되었다)을 도출한다. 이론적으로 이 문제를 해결할 수 있는 유일한 가능성은 사람들이 성적 욕망을 통제함으로써 출생률을 낮추는 것이었다. 맬서스는 이것이 좋은 해결책이라고 생각했지만 실제로 이런 일이 일어날 것이라고는 크게 기대하지 않았던 것 같다.

이와 같은 검토를 통해 맬서스는 기술을 활용해 인간의 조건을 개선하려는 완전 가능주의자들의 기획이 허풍이자 공허한 수사에 불과하다는 것을 보여 주려 했다. 분명 기술이 발전함에 따라 산업 노동자의 노동생산성과 도시 지역의 임금은 상승할 것이다. 그러나 높은 임금으로 더 높은 생활수준이 달성된다면 영아 사망률의 감소로 말미암아 인구가 폭발적으로 증가할 것이다. 이로 인해 인구 성장은 식량 공급의 성장을 초과할 것이고, 식량 가격이 상승함에 따라 실질임금은 하락할 것이며, 이는 도시 노동자계급의 생활수준을 최저 생계 수준으로 회귀하도록 만들 것이다. 그리고 이때 다시 한 번 악덕·태만·결핍이 사망률, 특히 영아 사망률을 증가시켜서 균형 상태를 회복시킬 것이다. 맬서스는 이렇게 수학의 위세를 빌어 인간의 운명에 대한 음울한 견해를 펼쳤다. 그는 고드윈과 여타 완전 가능주의자들에 맞서 그들의 주장이 갖는 논리가 어디서 잘못되었는지를 보여 준다.

찰스 다윈Charles Darwin은 맬서스의 주장과 다양한 종들species이 생존경쟁을 벌이는 상황과의 연관성에 깊은 관심을 가졌다. 실제로 인간 사회에 대한 맬서스의 견해는 생물학적 진화의 근거인 다윈의 자연 선택론의 중요한 원천 가운데 하나였다.

수학적 주장들은 비록 그것이 정확하게 추론된 것이라 해도, 어떤 일련의 가정들을 어떤 일련의 결론에 연결시킬 수 있을 뿐이다. 가정들로부터 결론이 논리적으로 도출될 수는 있겠지만, 그런 결론들은 가정들이 그와 관련된 실제 세계를 반영하는 정도만큼만 현실에 적용될 것이다. 컴퓨터 프로그래머들은 "쓰레기를 넣으면, 쓰레기가 나온다"고 말한다. 즉, 컴퓨터가 수학적 실수를 하지 않아도, 프로그램이나 입력 자료에 결함이 있다면, 터무니없는 결과가 나온다는 것이다. 이와 유사하게, 경제학적인 이론적 추론도 경제적 삶에 대한 체계적 가정들을 가지고 결과를 산출한다. 그러나 그렇다고 이런 추론 그 자체가 경제학적 가정들이 실제로 작동하는 사회적 힘들을 적절히 반영하고 있다는 것을 입증해 주는 것은 아니다.

인구학적 균형

맬서스의 인구 분석은 균형 상태 이론의 초기 단계로서 중요한 위치를 점하고 있으며, 리카도의 유명한 자본주의 발전 모델에서 핵심 요소가 되었다. 맬서스는 노동자의 생활수준(그는 이를 실질임금과 결합시킨다)을 사망률, 출생률, 그리고 노동인구의 규모와 연관시켜 생각했다.

맬서스의 추론 안에는 세 가지 핵심 관계들이 존재하고 있다. 첫 번째는 실질임금이 상승함에 따라 사망률, 특히 영아 사망률이 낮아지는 것이다. 두 번째는 실질임금이 상승함에 따라 조혼하는 경향이 늘어나고 산모의 영양 상태가 더 좋아져서 출생률이 점진적으로 상승하는 것이다. 세 번째는 인구가 증가함에 따라 제한된 토지에서 더 많은 식량이 생산되어야 하기 때문에, 식량 가격이 상승하여 실질임금이 감소하는 것으로 이는 맬서스와 리카도의 결론에 매우 결정적이다. 이것이 바로 수확체감 — 식량을 생산할 수 있는 토지의 증대 없이 이루어지는 노동인구의 상승 — 의 가정이다.

맬서스의 체계에서는 실질임금이 아주 낮을 때 사망률은 높고, 출생률은 낮아 노동인구는 감소한다. 노동인구의 감소로 인해 경작 토지에 대한 압박이 경감되고, 그에 따라 실질임금과 노동자들의 생활수준은 상승할 것이다. 실질임금이 상승함에 따라 노동인구가 안정화될 때까지 사망률은 낮아지고 출생률은 증가한다. 이 실질임금 수준은 사망과 출생이 균형을 이루고 노동인구가 안정적인 인구학적 균형 상태를 의미한다. 노동인구가 이 수준 이상으로 상승한다면, 식량 가격이 상승하기 때문에 실질임금은 하락하고, 사망률은 증가하며, 출생률은 감소하여 인구는 균형 수준으로 하락하게 될 것이다. 따라서 맬서스의 인구학적 균형은 노동인구의 상승이 노동자들의 생활수준을 저하시킬 것이라는 가정으로 인해 안정성을 갖게 된다.

맬서스의 체계에서 인구학적 균형의 상태는 사망률과 출생률이 균형을 이루는 실질임금의 수준에서 정의되지만, 그와 같은 균형 상태의 안정성은 노동인구가 많을수록 생활수준이 더 낮아진다는 가정에 근거하고 있다 (맬서스의 분석에 대한 그래프는 부록을 참조).

구빈법에 대한 맬서스의 비판

근대 산업자본주의 사회들에서와 마찬가지로 초기 산업혁명 시기에 영국에서는 "구빈법"이라고 불렸던 복지 정책을 둘러싸고 격렬한 논쟁이 있었다. 맬서스가 살던 시대에 구빈법은 각 구빈구(지방정부의 한 단위)[1]가 자체의 비용으로 빈민들이 생활을 영위할 수 있는 "구빈원"workhouse or poorhouse을 설립함으로써 빈민들의 최소 소득수준을 지원하도록 했다. 구빈원에 수용된 사람들은 자신들을 부양하는 비용의 일부를 환원하기 위해 숙련도가 낮은 일자리에서 노동을 해야 했다(구빈원에서 일어나는 비참함과 학대에 대한 찰스 디킨스Charles Dickens의 묘사는 후에 이 체계를 거부하고 빈민 가족들에게 직접 돈을 지급하도록 하는 데 기여했다). 이 구빈 체계는 지방의 재산세를 통해 재정을 충당했다. 각 구빈구들은 "자신들의" 빈민들만 책임졌기 때문에 많은 구빈구들은 빈민 가족들의 이주를 막아 이들이 세제상의 "부담"을 늘리는 것을 피하려 했다. 그 결과 빈민 가족들이 고용 기회를 획득하기 위해

---

1 옮긴이_원래 구빈구(parish)는 종교적인 목적으로 설립된 교구였으나, 이 시기 영국에서 빈민 구호법의 집행 단위로 이용되면서 구빈구의 의미를 지니게 되었다. 오늘날 영국에서 이 구빈구는 주(county)를 다시 구분하는 최소 행정단위로 사용된다.

영국 내에서 이주하는 것은 매우 어려웠다.

구빈법 체계는 비용이 많이 들었고, 절대 빈곤율과 [구빈법에 대한_옮긴이] 의존을 줄이는 데 실패했다. 따라서 이 체계를 개혁하려는 많은 제안들이 있었다. 맬서스는 구빈법이 빈곤을 장려(혹은 심지어 빈곤을 만들어 내기도)한다는 입장이었다. 이는 인구에 대한 그의 일반적 분석에 기초한 것이었다. 맬서스에 따르면 구빈법은 아이들을 부양할 능력이 없는 사람들도 결혼하고 아이를 낳도록 한다. 그의 관점에서 식량 공급은 상대적으로 비탄력적이기 때문에 인구가 늘어나면 식량 가격이 상승하고, 이는 고용된 노동자들의 실질임금을 낮춰서 더 많은 빈곤으로 이어진다. 이렇게 맬서스는 구빈법이 출생률을 상승시키고, 균형적인 실질임금을 낮추며, 영아 사망률을 상승시키는 것으로 간주한다.

복지에 대한 맬서스의 정치경제학적 접근은 현대의 선진 산업자본주의 사회에서도 강력한 지지를 받고 있다. 최근 미국에서의 연방 복지 정책에 대한 논쟁 과정에서 비판자들은 복지가 실제로는 빈곤을 만들어 낸다거나, 혹은 최소한 빈곤 문제를 악화시킨다는 맬서스의 주장과 매우 유사한 주장들을 했다. 이 비판자들과 마찬가지로 맬서스는 구빈법 지원 체계가 사라지면 자신이 생각했던 일[출생률 하락, 실질임금 상승, 영아 사망률 하락과 같은_옮긴이]이 빈민들에게 일어날 것인지에 대해서는 분명하게 밝히지 않았다.

맬서스의 논리

대부분의 아주 영향력 있는 사회·정치적 주장들이 그렇듯이, 맬서스의 주장은 한편으로 논리적이고 경험적이면서도, 다른 한편으로는 특정한 도덕적 가치를 이데올로기적으로 투영한 것이기도 하다. 맬서스는 이례적으로 자신의 주장을 특징짓는 가치들 가운데 일부에 대해서 분명히 밝혔는데, 예를 들어 피임의 도덕성에 대한 태도에서 그렇다. 그의 주장은 또한 사회 정의와 평등, 그리고 빈곤으로 인한 고통의 원인(혹은 책임)에 대한 함의도 담고 있었다. 맬서스는 한 사회의 재산권 및 소유권 구조가 자연의 물리법칙과 마찬가지로 불변적인 제약으로 작용한다고 보았고, 따라서 이런 제약 아래에서 변화할 수 있는 것은 빈민과 노동자계급들의 행동이라는 점에 주목했다. 혹자는 맬서스가 실제로 빈민과 노동자계급들의 문제를 직접적으로 해결하려 했는지에 대해 의문을 가질 것이다. 아마도 맬서스가 빈민과 노동자계급에게 관심을 가진 이유는 영국에서 명백하게 나타난 양극화에 대해 중간계급과 상층계급의 성원들이 느끼는 불쾌감 때문이었을 것이다. [따라서_옮긴이] 맬서스는 빈곤의 근원이 빈민들의 도덕적 태도와 행실에 있다고 보고, 빈곤의 고통을 경감시키려는 직접적인 시도들이 균형 임금에 간접적인 효과를 미침으로써 전체 상황을 악화시킨다는 이유를 들어 이에 반대하는 입장을 내놓기도 했다.

한편, 맬서스는 인구가 기하급수적으로 증가한다고 말한다. 그러나 이 주장은 또 다른 분석, 특히 예방적 억제책에 대한 논의와 일관성을 갖는가? 예방적 억제책(각각의 생활수준 단계에서 출생률을 낮추는)은 생활수준의 균형 수준을 상승시키고 출산을 이론적 최대치 이하로 감소시킨다. 이것은 모든 인간 사회가 출생률을 통제할 수 있는 관습과 관행을 가진다는 것을 암시하는 것은 아닌가? 그러면 "양성 간의 성욕"으로 인한 인구의 확고한 증가에 대한 가정은 어떻게 되는 것인가?

만일 (마르크스가 맬서스 비판에서 제시했듯이) 우리가 맬서스의 가정을 수정해서 모든 사회가 자신의 고유한 생산력과 사회 분배 체계에 부합하는 인구 성장 법칙을 갖는다고 말한다면, 맬서스가 완전 가능주의자들을 비판한 것은 어떻게 되는 것인가? 아마도 고드윈과 그의 동료들이 상상했던 풍요로운 유토피아에서는 생산의 문제를 해결함으로써 인구 문제를 정확히 풀어낼 것이고, 따라서 출생률과 사망률이 낮은 가운데 높은 생활수준을 누리는 안정적인 인구를 달성할 것이다.

맬서스 이후의 인구와 식량

이런 맬서스적 논리들이 전적으로 추상적이고 이론적인 것만은 아니다. 즉, 맬서스 이후에도 산업화와 인구 성장의 역사가 진행되면서 이런 주제와 가능성들을 둘러싼 논의가 이루어졌던 것이다. 역사가 늘 그렇듯이, 그 후의 사건들은 맬서스와 고드윈 사이의 논쟁을 어느 한쪽으로도 확실하게 해결하지 못했다. 어떤 사건들은 완전 가능주의자들의 견해를 지지해 주었지만, [역사적_옮긴이] 경험은 맬서스주의의 그림자를 완전히 제거하지는 못했다.

인구 성장, 경제성장, 그리고 인구학적 전환

점점 더 많은 국가와 지역에서 산업화와 도시화가 진행됨에 따라, 몇 가지 분명한 양상들이 등장하기 시작했는데, 이에 따라 맬서스의 가정들은 확대되거나 수정되었다. 이 양상의 기본적인 내용은 전통적이고, 낮은 생산성과 낮은 기술을 가진 농촌·농업적 생산양식으로부터 근대적이고, 높은 생산성과 높은 기술을 가진 도시·산업적 생산양식으로의 인구 이동이다. 이와 같은 이동은 시간이 갈수록 점점 더 급속히 이루어졌다. 이런 이동에 따라서 소득, 교육, 보건, 혹은 주택 지표에 의해 측정되는 평균 생활수준은 급격히 높아진다. 동시에 일부 인구 부문은 농촌의 황폐화와 도심 과밀에 따른 피폐함으로 말미암아 고통을 경험하기도 한다.

[또한 우리는_옮긴이] 인구학적 통계를 통해 맬서스의 정형화된 사망률 추이를 확인할 수 있다. 맬서스가 예측한 대로 생활수준이 향상됨에 따라 평균적으로 위생과 영양 수준이 더 나아지고, 사망률, 특히 영아 사망률은 낮아진다. 또한 맬서스의 예측대로 이런 변화의 결과로 어느 정도의 폭발적인 인구 성장이 즉각적으로 일어난다. 인구 성장은 또한 스미스적 분업이 증대되도록 해주는데, 이는 생활수준 향상에 기여하는 노동생산성 증대에 토대가 된다.

그러나 경제 발전 과정에서 나타난 출생률의 역사는 임금 상승과 함께 출생률도 동반 상승하리라고 기대했던 맬서스의 예측보다 더 복잡하게 전개되었다. 경제 발전이 상당히 일어난 국가들에서는 더 높은 생활수준에도 불구하고 출생률은 감소하기 시작했다. 이와 같은 현상이 나타난 몇 가지 이유는 쉽게 알 수 있는 것들이며, 인구학적 문헌들에도 잘 나타나 있다. 전통적인 농업 사회에서 아이들의 노동은 상대적으로 어린 나이부터 가족 소득에 도움을 주고, 부모들은 자신들의 노년기를 부양해 줄 많은 자녀들을 원하기 때문에, 자녀는 대부분 경제적 자산으로 간주된다. 그러나 도시의 산업사회에서는 자녀 양육을 결정하는 것이 여타의 임의적 소비재를 획득하는 것과 유사해지고, 영양·보건·교육과 관련된 비용이 증가함에 따라 자녀 부양에 더 많은 비용이 필요하게 된다. 나이 든 부모에 대한 부양은 금융자산으로 투자된 저축과 국가 연금으로 옮겨 간다. 게다가 여성의 경제적 활동으로 말미암아 임신이 늦어지고 출생률은 감소한다. 더 많은 여성들이 생산성이 높은 경제활동을 수행함에 따라 임신과 출산 기회는 그만큼 줄어들게 되었다. 결과적으로 여성들은 출산을 늦추고 산모 1인당 출산을 줄이는 출산 패턴을 선택한다. 이와 같은 결과를 "인구학적 전환"demographic transition[높은 출산율과 사망률에서 낮은 출산율과 사망률로 변화하는 것_옮긴이]이라고 부른다.

높은 생활수준에서 출생률이 하락한다면, 높은 생활수준에서도 사망과 출생이 균형을 이루는 인구학적 균형 상태가 나타날 수 있다. 그러나 노동인구가 증가할수록 생활수준은 하락한다는 맬서스의 가정 아래에서, 이 두 번째 인구학적 균형은 불안정할 것이다. [왜냐하면_옮긴이] 노동인구가 균형 이상의 상태로 증가한다면, 수확체감의 가정에 따라 생활수준은 하락할 것이기 때문이다. 그리고 낮은 생활수준에서 출생률이 다시 증가하고, 노동인구가 더욱 늘어남에 따라 사회는 낮은 생활수준에서 맬서스적인 인구학적 균형으로 되돌아갈 것이다.

다른 한편으로 노동인구가 증가하면서 생활수준도 상승한다면, 높은 생활수준의 인구학적 균형이 안정화될 것이다. 아담 스미스는 분업에 대한 분석에서 노동인구가 많을수록 생활수준이 상승하게 되는, 즉 전체 인구가 많을수록 분업이 확대되고, 따라서 노동생산성도 더 높아지는 메커니즘을 제시한다. 맬서스가 수확체감의 가정을 사용한다면 스미스는 노동

인구에 대한 수확 체증을 활용한다. 우리는 인구학적 전환으로 말미암아 발생하는 높은 생활수준의 인구학적 균형을 "스미스적 균형 상태"라고 부를 것인데, 왜냐하면 그것은 인구 증가와 더불어 임금을 상승시키는 경향이 있는 힘에 의해 안정화될 것이기 때문이다. 마찬가지로 노동생산성과 노동자들의 생활수준 사이에 어떤 관련이 있다면(사실 그것은 장기적 지평에서 대부분의 국가에서 나타난 것으로 보이는데), 인구의 증가는 실질임금을 상승시키고 인구를 스미스적 균형 상태로 나아가도록 하는 경향을 가질 것이다.

따라서 스미스의 분업 효과와 출생률에서의 인구학적 전환의 결합은 근대사회의 오랜 운명에 대한 매우 다른 시나리오를 제시한다. 이 시나리오에서 세계 수준에서의 인구는 출생률의 저하로 안정화된다. 세계 균형 인구의 절대적 크기가 클수록(최소한 어느 수준까지), 세계의 소득과 부는 더 높아질 것이다. 그러나 이 음울하지 않은 시나리오는 안정화된 세계 인구에서 소득수준의 분배에 대해서는 아무것도 말해 주지 않는다. 우리는 이미 세계가 노령 인구와 음의 자연 [인구_옮긴이] 성장률을 가진 부유한 국가 집단(유럽·북미·일본)과 젊은 인구와 양의 자연 [인구_옮긴이] 성장률을 가진 국가들(나머지 국가들)로 분화되는 경향이 강하다는 것을 알고 있다.

이렇게 인구가 기하급수적 비율로 성장한다는 맬서스의 첫 번째 가정은 그가 『인구론』을 쓴 이후 200년의 역사 속에서 입증되지는 못했다. 출생률과 사망률[변화_옮긴이]에 의한 인구 성장은 경제 발전 과정에 매우 민감하고, 사람들은 맬서스가 예측한 것보다 더 정밀하고 정교한 방식으로 변화하는 경제적 조건에 자신들의 재생산 행위를 적응시켜 왔던 것 같다.

세계를 부양하기

식량 공급이 산술급수적으로만 증가할 수 있고, 따라서 필연적으로 인구의 기하급수적 성장 잠재력에 미치지 못할 것이라는 맬서스의 두 번째 가정은 어떤가?

역사는 지난 200년 동안 이 가정의 어느 쪽도 아니었다. 대체로 식량 공급은 인구보다 약간 더 빠르게 증가했고, 이것은 식량 생산도 기하급수적인 비율로 증가했다는 것을 의미한다. 현재 세계의 인구는 자급할 수 있는 수준 이상으로 식량을 생산한다. 그러나 경제 발전의 불균형과 정치적 갈등, 무능함의 결과로 발생하는 식량의 불평등한 분배가 1980년대 후반의 아프리카 동부와 1990년대 중반 북한에서 발생한 기아 사태와 같은 정기적으로 엄청난 국지적 기아로 이어진다. 식량 산출의 이런 증가는 더욱더 많은 사람들이 먹이 사슬의 더 높은 단계에 위치한 음식들(영양적으로 우수하진 않더라도)을 섭취함에 따라 세계의 식생활 비용이 상당히 증가했다는 점을 고려했을 때 더욱 놀랄 만한 것이다.

이와 같은 식량 생산의 증가는 어떻게 가능했는가? 두 가지 중요한 요인들 때문이었다. 한편으로는 새롭고 좀 더 생산력 있는 농업 지역의 개척을 통해서였고, 다른 한편으로는 기계화, 살충제와 비료, 그리고 식량 작물과 동물의 유전공학 등과 같은 발전된 기술의 응용을 통해서였다. 이런 발전들은 농업 부문에서 노동을 절약하고 토지를 생산성 있게 변화시켰다. 이런 것들이 모여 맬서스가 식량 생산의 역사적 경향을 지배할 것이라고 확신했던 수확체감의 힘들을 물리쳤다.

그러나 수확체감의 유령은 여전히 인류를 괴롭히고 있다. 자급을 가능하게 했던 기술 진보는 심각한 환경문제 역시 유발했고, 중요한 자원들을 고갈시켰다. 식량 생산 분야의 많은 전문가들이 인구가 현재 수준보다 다섯 배 증가한다고 해도 인류가 자급할 수 있다고 조심스럽게 낙관하지만 미래에도 지난 200년 동안의 경향들[자급할 수 있는 식량 생산_옮긴이]처럼 식량 생산이 지속될 것이라는 보장은 없다. 환경적 혹은 자원상의 재앙이 끼어들어 이런 낙관적 예측들을 좌절시키지 않으리라는 보장이 없는 것이다.

80억 명에서 300억 명으로

인구학은 늘 불확실하고 논쟁적인 학문이었다. 전 세계적인 인구구조의 윤곽에 대한 일정한 합의가 존재하긴 하지만, 많은 세부 사항들에 대해서는 엄청난 논쟁이 있으며, 몇몇 진지한 연구자들은 이 합의된 주요 요소에 대해서도 반론을 제기한다.

초기 산업화 국가에서 관찰되었던 인구학적 전환이 전 세계적으로도 나타나고 있다는 것은 일반적으로 합의된 견해다. 역사적으로 그랬듯이 신생 산업국가에서도 출생률은 하락하고 있다. 사실 최근에 산업화한 국가들에서는 출생률이 이전에 산업화한 국가들보다 더 빠르게 하락하고 있는 것으로 보인다. 확장된 맬서스 모델을 살펴보면, 세계의 인구 규모 예측은 출생률 곡선에 따라 상당한 차이를 보이는데, 문제는 이 출생률 곡선이 고도의 정확도를 가진다고 확신할 수 없다는 것이다. 세계 인구가 균형 상태에 도달할 것이라고 예측된 시간은 2050년부터 2150년에 이르기까지 다양하다. 그리고 세계 인구의 최종적 크기는 80억 명에서 300억 명에 이르기까지 다양하게 예상된다. 이 모든 것들이 매우 불확실하다.

인구학적 전환으로 말미암아 세계 인구가 안정화될 것이라는 공통된 전망에도 불구하고, 인구 안정기의 부와 소득분배에 대해서는 아직까지도 합의가 이뤄지지 않고 있다. 사람들의 얼마나 고통에 시달릴지, 얼마나 최소 복지 수준을 제공받을지를 좌우하는 부와 소득의 분배는 출생률과 사망률보다 훨씬 더 예측하기가 어려운 정치·경제적 요소들에도 의존한다.

리카도와 성장의 한계

리카도는 정치경제학을 일종의 취미로 삼았던 런던의 성공한 증권 중매인이었다. 동시에 그는 런던에 소재한 정치경제학 클럽Political Economy Club —의원들에게 자유주의적 자유무역의 정치경제학을 교육함으로써 영국의 경제정책에 강력한 영향력을 행사하게 한 — 의 설립자였다. 리카도는 의회의 여러 위원회, 특히 통화정책과 자유무역에 관련된 위원회에서 몇 차례나 연설문을 작성했다.

　리카도는 영국과 세계의 정치경제학의 발전에 심대한 영향을 미쳤다. 복잡한 경제적 상호 작용들을 단순하고 강력한 추상화를 통해 분석하는 그의 비범한 재능은 이후의 경제학적 추론과 모델 구축을 위한 패러다임을 성립시켰다. 리카도의 논리는 정묘하고 강력했지만, 그럼에도 그는 실제 세계의 구체적인 복잡성을 추상화시키는 자신의 분석이 갖는 함의를 간과하지 않았다.

　리카도의 자유주의적 정치경제학은 스미스의 분석에서 자유방임적 측면을 강조했고, 자유무역을 지지했다. 리카도는 정치경제학에 대한 풍부한 지적 대화를 나누었던 맬서스와 마찬가지로 구빈법이나 복지 프로그램을 통해 빈곤을 완화시키려는 시도에 반대했다. 이런 [리카도의_옮긴이] 정책 제안들은 19세기 영국의 정치 엘리트들 사이에서 거의 종교처럼 되었다. 지대와 비교 우위에 대한 리카도의 분석은 현대의 신고전파 경제학의 기초가 되었고, 그의 노동 가치론에 대한 분석은 정치경제학과 자본주의 체계에 대한 마르크스의 비판의 출발점이 된다. 20세기의 후반부 반세기에는 리카도가 창안한 분석 틀을 완성하는 데 공헌했던 작지만, 강력한 영향을 미친 네오-리카디언 경제학파가 출현하기도 했다.

리카도의 노동 가치론

리카도는 1817년에 처음 출간된 『정치경제학과 조세에 대한 원리』*Principles of Political Economy and Taxation*(이하 『원리』)에서 자신은 아담 스미스의 가치론과 분배론에 대한 입장을 제외하고 아담 스미스가 말한 모든 것에 동의한다는 말로 시작한다. 모든 경제학적 분석에는 가치론과 분배론이 전제되어 있기 때문에, 리카도가 이를 제외하고 스미스를 지지한다는 말은 그가 스미스의 생각에 일반적인 지지를 보낸다는 말보다 더 중요한 의미를 갖는다.

리카도는 특히 지대와 관련한 순환성 때문에 스미스의 구성 가치론을 비판한다. 그는 노동 가치론을 정확히 이해해야만 정치경제학을 올바르게 사고할 수 있다고 주장한다.

리카도는 스미스가 쉽고 광범위하게 생산되는 상품들의 자연가격이라고 지칭한 것에 주목한다. 리카도는 진기함이나 희소함에 그 가치가 달려 있는 상품들 — 옛날 대가의 유작이나 지질학적·고고학적 표본 같은 — 은 분명히 노동 가치론에서 제외한다. 리카도는 식량 작물(영국적인 어법에 따르면 그가 "곡물"이라고 지칭한)이나 직물과 같이 일상적으로 생산되고 있는 상품들의 가치를 결정하는 요소에 관심을 갖고 있었다.

리카도는 재생산이 가능한 상품의 가치가 본질적으로 그것에 투하된 노동의 양에 의해 결정된다고 보았다. 탁자 하나를 생산하는 데 20시간의 노동이 필요하고, 1부셸의 곡물을 생산하는 데 1시간의 노동이 필요하다면, 노동 가치론에 따라 테이블의 자연가격은 곡물 1부셸의 자연가격의 20배가 될 것이다. 탁자 가격이 40달러 주위에서 구심운동을 한다면, 1부셸의 가격은 2달러 정도가 될 것이다. 노동 가치론은 상품의 상대가격을 결정하는 것이 무엇인가에 대한 정확하고 확실한 답을 준다는 이점을 갖고 있었다.

금이나 은이 한 나라에서 생산되고, 국가 화폐가 일정 정도의 금이나 은의 양으로 규정된다면, 같은 방식으로 화폐의 상품 가격 역시 추론할 수 있다. 예를 들어, 1온스의 금을 생산하는 데 10시간의 노동이 필요하고, 달러가 금 1온스의 20분의 1로 정해진다면, 탁자의 자연가격은 확실히 40달러이고, 곡물 1부셸의 자연가격은 2달러가 될 것이다.

리카도는 분업이 발전한 경제에서 고용되는 노동의 유형과 질이 서로 다르며, 이는 노동자의 숙련도와 그들이 작업하는 특정한 생산 부문에 따라 서로 다를 것임을 알고 있었다. 그는 이 문제에 대해 상식적으로 접근하면서, 산업 간에 존재하는 상이한 노동의 유형과 질 사이에 최소한 대략적이라도 등가가 성립될 수 있는 어떤 특정한 순간이 있을 수 있다고 주장한다. 바꾸어 말하면, 리카도는 모든 구체적인 형태의 노동을 표준 노동 단위로 환원할 수 있다고 가정한다. 예를 들어, 숙련된 컴퓨터 프로그래머의 1시간 노동은 5시간이나 6시간의 표준 노동시간을 의미할 수 있다. 리카도는 이런 표준을 측정하는 데 사용될 기술적 수단들에 대해서는 많은 걱정을 하지 않았다. 그에게 있어서 중요한 쟁점은 일단 그 표준이 성립된다면, 그 표준을 이용하는 노동 가치론에 기초하여 사고할 수 있다는 것이었다.

리카도의 스미스 정정

노동 가치론에 대한 스미스의 설명 가운데 하나는 상품의 가치를 그 상품에 투하된 노동의 양이 아니라 시장 교환에서 그 상품을 획득할 수 있는 노동의 양과 동일시하는 것이다. 리카도는 이런 지배 노동 가치론적 해석에 따르면 상품의 가치가 임금에 의존하게 된다며 비판한다. 만일 위에서 언급한 탁자와 곡물의 가정에서 임금이 시간당 1달러이고, 탁자가 40시간의 노동을 지배하고, 곡물 1부셸이 2시간의 노동을 지배한다고 가정하자. 이때 탁자와 곡물을 생산하는 데 사용되는 생산수단에는 어떤 변화도 없고, 임금이 어떤 이유로 시간당 2달러로 상승한다면, 지배 노동적인 의미에서 탁자의 가치는 20시간의 노동으로, 곡물 1부셸의 가치는 1시간의 노동으로 하락할 것이다. 리카도는 이런 지배 노동적 해석이 치명적 결함을 갖고 있다고 보았는데, 왜냐하면 그는 노동 가치론이 임금의 변동과 무관하게 상품의 가치를 결정하기를 원했기 때문이다. 앞으로 보게 되겠지만, 투하 노동 해석의 이런 특징은 리카도의 사상에서 핵심적인 역할을 한다.

비교 우위와 무역

리카도가 노동 가치론에 대한 자신의 견해를 만드는 하나의 중요한 이유는 국가 간 무역의 토대로서의 비교 우위론을 발전시키기 위함이었다. 리카도는 "영국"과 "포르투갈"이라는 두 국가가 "옷감"과 "와인" 두 가지 상품을 생산하는 가상적인 세계경제를 가정한다. 리카도는 영국에서 옷감 한 묶음을 생산하는 데 100시간의 표준 노동이, 1배럴의 와인을 생산하는 데 120시간의 표준 노동이 필요하며, 포르투갈에서는 한 묶음의 옷감을 생산하는 데 90시간의 표준 노동이, 1배럴의 와인을 생산하는 데 80시간의 표준 노동이 필요하다고 가정한다. 노동을 기준으로 볼 때, 포르투갈은 영국보다 두 상품 모두의 생산에서 더 적은 노동이 필요하기 때문에, 두 상품 생산 모두에서 절대 우위를 갖는다.

그럼에도 불구하고 리카도는 영국이 포르투갈에 옷감을 수출하고 그 대가로 와인을 얻음으로써 영국과 포르투갈 간에는 상호적으로 이득이 되는 무역의 가능성이 존재한다고 주장한다. 그 이유는 영국에서 와인 1배럴의 기회비용이 1배럴당 옷감 6/5 묶음이고, 포르투갈에서는 와인 1배럴당 옷감 8/9 묶음이기 때문이다. 따라서 포르투갈은 와인을 생산해서 그것을 영국에 팔아서 옷감을 얻는 것이 옷감을 직접적으로 생산하는 것보다 싸다. 이 분석은 리카도가 각 국가 안에서는 노동 가치론이 유지되지만, 국가 간에는 그렇지 않다고 생각했다는 것을 보여 주는데, 이는 아마도 자본과 노동이 한 나라에서 다른 나라로 자유롭게 이동해서 균형을 맞출 수 없기 때문일 것이다.

비교 우위론은 매우 많은 영향력을 행사했지만 또한 극단적인 논쟁도 불러일으켰다. 그것은 19세기 영국의 신조가 되었고, 제2차 세계대전 이후의 미국을 정치적으로 지배했던 세계 자유무역 정책의 중요한 분석적 토대였다. 그러나 그것은 또한 중요한 지점에서 도전을 받았다. 리카도는 비교 우위의 근원에 대해서는 아주 분명하게 밝히지 않았다. 그가 선택한 예는 비교 우위가 지리적이고 기후학적인 차이들, 즉 상이한 국가들이 본래적으로 갖고 있는 천연자원에서의 차이에 기초한다는 것을 의미한다.

그러나 현대 세계에서는 매우 유사한 자원을 보유한 국가들 사이에서 거대한 무역량이 발생하며, 이는 분업의 확대 그 자체가 비교 우위의 근원이라는 것을 의미한다.

만일 비교 우위가 분업의 결과라면, 경제정책을 통해서 무역 패턴의 발전에 역동적으로 영향을 미치는 것이 가능할 것이다. 예를 들어, 자국의 비교 우위를 어떤 특정한 방향으로 발전시키려고 하지 않고, 세계적으로 나타나는 비교 우위 패턴에 수동적으로 적응하려고 하는 국가는 극히 불리할 것이다.

화폐 수량 가격론

리카도가 든 영국과 포르투갈 간 무역의 예는 또한 양국에서 옷감과 와인의 금 가격 조정을 전제하고 있다. 리카도는 비교 우위 균형을 유지할 수 있도록 상품의 금 가격이 변동될 수 있다고 생각했다. 그는 한 나라에서 상품의 금 가격이 그 나라가 보유한 금의 양에 따라 상승하거나 하락한다는 관념에 호소한다.

총유통 가치는 상품의 금 가격에 한 해 한 나라에서 판매되는 상품을 곱한 것이다. 이와 같은 유통을 위해 필요한 금의 양은 한 해 동안의 거래에서 각각 금화가 사용되는 횟수 ― 화폐 유통 속도 ― 에 기초하여 결정된다. 화폐경제에서 이 두 가치는 같아야 한다(현대 경제학에서 이 관계를 "교환방정식"equation of exchange이라고 부른다).

상품을 회전시키는 데 필요한 금의 양은 총유통 가치에 비례하고, 화폐 유통 속도에는 반비례한다. 리카도의 화폐 수량 가격론에서 교환방정식은 상품의 금 가격이 그 경제에서 순환되는 금의 수량, 순환된 상품의 양, 그리고 화폐 유통 속도에 맞도록 결정한다. 만일 금 수량이 증가하고, 화폐 유통 속도와 순환되는 상품의 양이 일정하다면 상품의 금 가격은 상승할 것이다. 20세기의 통화주의 경제학자들은 물가 상승이 한 나라의 화폐 수량에만 의존하며, 화폐 수량의 증가를 통제함으로써 항상 조절할 수 있다는 주장을 하기 위해 리카도의 화폐 수량 가격론을 채택했다(부록에서 수학적인 방식으로 교환방정식을 설명했다).

리카도는 자신의 비교 우위론을 뒷받침하기 위해 화폐 수량 가격론을 사용했다. 영국과 포르투갈이 옷감과 와인의 자유무역을 허락한다면, 와인과 옷감의 금 가격(운송비용을 포함한)은 두 나라에서 같아져야 할 것이다. 만일 초기에 포르투갈 옷감과 와인의 금 가격이 모두 더 낮다면, 금은 영국에서 포르투갈로 흘러들어 갈 것이고, 이는 영국의 옷감이 더 싸지고 그것이 포르투갈에서 팔릴 수 있을 때까지 포르투갈에서 옷의 금 가격을 상승시킬 것이다.

리카도는 화폐를 "베일"veil로 간주했다. 실제 세계에서 상품이 화폐로 팔려 나간다는 사실에도 불구하고, 리카도는 화폐 없는 물물교역 체계에서처럼 최종적인 결과는 상품과 상품의 교환이라고 주장한다. 물물교역 체계에서 한 상품에 대한 수요는 다른 어떤 상품의 공급과 같다. 만일 화폐가 정말로 베일이라면, 전체 경제에 상품을 판매하려는 집합적 의지가 동등한 집합적 수요를 창출한다고 주장하는 세의 법칙(1장을 보라)이 유지될 것이다. 리카도는 스미스와 마찬가지로 세의 법칙에 기초해 해외 수입품과의 경쟁 때문에 발생하는 노동과 자본의 실업이 팽창하는 수출 부문으로 흡수될 것이라고 결론 내린다. 따라서 세의 법칙은 자유무역을 위한 자유방임의 핵심적 부분이다.

화폐 수량 가격론은 비교 우위에 대한 리카도의 주장을 보완하여 완성시킨다. 그러나 그것은 리카도의 노동 가치론과 모순된다. 리카도가 곡물과 다른 상품들의 가격을 설명할 때 사용했던 것과 똑같은 추론을 금의 가치를 설명하는 데 사용했다면, 그는 상품의 금 가격이 유통 중인 금의 수량이 아니라 금과 상품의 상대적인 생산 비용에 의해 결정된다고 결론을 내렸을 것이다.

경쟁과 노동 가치론

리카도는 자본주의적 기업들 사이의 경쟁이 산업 간 이윤율을 균등화시킬 것이라는 스미스의 주장과 잠재적으로 모순이 되는 자신의 노동 가치론 해석이 갖는 또 다른 어려움을 알고 있었다. 문제는 투하 노동 가치론에 따라 상이한 산업에서 표준적인 질을 갖는 전일제full-time 노동자들이 생산물에 동일한 양의 가치를 더할 것이라는 점이다. 만일 임금이 동일하다면(이는 노동자들이 한 산업에서 다른 산업으로 자유롭게 이동할 수 있을 때 그럴 것인데), 각각의 표준적인 전일제 노동자들은 역시 동일한 양의 이윤을 생산할 것이다. 그러나 상이한 산업에 있는 노동자들은 가치로 측정된 매우 상이한 양의 자본을 가지고 일할 것이다. 이윤율은 투자된 자본에 대한 이윤 플로우flow의 비율로 정의되기 때문에, 이런 조건에서 이윤율은 상이한 산업 간에 동일하지 않게 될 것이다.[2]

---

2 숫자로 예를 드는 것이 이 점을 명확히 하는 데 도움이 될 것이다. 한 전일 노동자가 1톤의 철강이나 100부셸의 곡물을 생산할 수 있다고 가정하자. 그러면 투하 노동 가치론에 따라 철강 1톤의 가격은 곡물 100부셸의 가격과 같을 것이다. 이 이론에 따라 만일 곡물 1부셸의 가격이 2달러라면, 철강 1톤의 가격은 200달러일 것이다. 전일 노동자의 임금은 1년에 100달러이라고 가정하자. 그리고 철강 노동자와 농업 노동자 모두 1년에 200달러의 새로운 가치를 생산하고, 그중 100달러는 임금으로, 나머지 100달러는 이윤으로 돌아간다고 가정하

가격은 투하된 노동에 비례하지만, 투자된 자본이 투하된 노동에 비례하지 않을 때, 투하 노동 가치론에서는 상이한 장기 이윤율이 나타날 것이다. 그러나 리카도는 이윤율이 낮은 산업에서 높은 산업으로 자본을 이동시킴으로써, 경쟁이 산업 간의 이윤율을 균등화시키는 경향이 있다는 스미스의 주장을 기본적으로 수용한다.

모든 산업에서 노동자 1인당 투자된 자본이 동일하지 않다면, 이윤율이 균등화된다고 해도 상대가격이 임금에 따라 변화될 것이라는 것을 수학적으로 입증할 수 있다. 리카도에게 이는 더욱 큰 문제인데, 왜냐하면 스미스의 지배 노동 가치론에 대한 그의 비판이 보여 주듯이 그는 가치론이 임금률의 변동과 무관하게 상품의 가격을 결정할 것이라고 생각했기 때문이다.

리카도는 이런 논리적 결함을 알고 있었고, 따라서 이를 처리하기 위한 두 가지 생각을 가지고 있었다. 『원리』에서 그는 이윤율의 균등화로 말미암아 가격 비율과 투하된 노동 비율에서 편차가 생기겠지만, 노동자 1인당 투자된 자본의 차이가 실제로 그렇게 크지 않기 때문에 그 편차가 매우 크지는 않을 것이라고 주장했고, 조지 스티글러George Stigler는 이를 "93퍼센트의 노동 가치론"이라고 경멸적으로 불렀다. 신기하게도 현대 경제에서조차 장기적인 공급가격 비율과 투하된 노동 비율의 편차가 그렇게 크지는 않다는 증거가 있다.

어쨌든, 리카도는 투하 노동 가치론에 기초해서 더 확장된 이론을 발

자. 그러나 철강 산업에 종사하는 각각의 노동자는 2,000달러의 자본을 가지고 일하고, 산업의 노동자는 500달러의 자본을 가지고 일한다고 가정하자. 그러면 철강 산업의 이윤율은 5퍼센트/1년(100달러/1년/2,000달러)이 될 것이고, 반면에 곡물 산업의 이윤율은 20퍼센트/1년(100달러/1년/500달러)이 될 것이다.

전시켜 나간다. 그의 결론은 최소한 노동자 1인당 투자된 자본의 산업 간 편차가 작다면 계속 유효할 것이다.

불변의 가치 표준 | 리카도는 투하 노동 가치론이 경쟁에 의한 이윤율 균등화와 일관성을 갖도록 하는 또 다른 방식을 생각했다. 그는 우리가 노동자 1인당 평균 자본량을 가지고 언제든지 생산되는 하나의 상품을 발견할 수 있다면, 그 상품의 가치는 그것을 생산하는 데 드는 노동량에 의해 분명히 결정될 것이고, 따라서 그 가치는 임금과 독립적일 것이라고 주장한다. 그는 이 상품을 "불변의 가치 표준"이라고 불렀다(그 표준 가치는 임금이 변동해도 "불변"하는 것이지 기술이 변동해도 불변하는 것은 아니다).

리카도는 불변의 가치 표준을 통해 기술에 따른 가치 변화를 분석할 수 있게 되었고, 이로써 다른 상품들의 가치가 그 상품들을 생산하는 데 투자된 노동자 1인당 자본과 평균 사이의 편차에 의존한다는 결론을 수정할 수 있게 되었다. 따라서 투하 노동 가치론에 의거하여 얻어진 결론들은 엄밀하게 모든 상품들로 확장될 수 있었다.

그러나 불행하게도 리카도는 불변의 표준으로서 믿을 만한 역할을 해 줄 수 있는 상품을 발견하지 못했다. 그가 죽었을 때, "불변의 가치 표준"이라는 제목을 단 미완의 논문이 그의 서랍에서 발견되었다. 이 문제에 대해 수년간 상당한 지적 노력을 투자했음에도 불구하고 어떤 식으로도 모든 경제에서 작동하는 불변의 가치 표준을 발견하는 데에는 실패했던 것이다.

축적과 정상상태

리카도는 자신의 투하 노동 가치론을 자본축적의 동학에 대한 탁월한 분석의 토대로 사용했다. 이 발상은 노동 가치론이 상품의 전체 가치(전체 사회의 대략적인 평균에서)를 결정하고, 그 상품의 가치는 분배론에 따라 임금·이윤·지대로 분할된다는 것이다. 그리고 나서 리카도는 노동자들이 하나의 계급으로서 자신들을 재생산하기 위해 모든 임금을 임금재^{wage goods}에 소비하지만, 지주들은 자신들의 지대를 사치재 소비에 사용하고, 자본가들은 이윤의 대부분을 저축과 자본축적의 원천으로 모아 둔다는 간단하고 그럴싸한 가정을 한다. 따라서 이윤율이 양의 값을 갖는 한, 자본축적은 자본 스톡, 노동 수요, 그리고 인구를 증가시킬 것이다. 이런 자급적인^{self-sustaining} 성장 과정은 토지에 대한 인구 압박으로 인해 식량 가격이 너무 상승해서 이윤이 0이 될 때 — 정상상태 — 에만 정지하게 될 것이다.

곡물 모델

리카도는 농업 식량 작물 혹은 곡물 생산을 고려하면서 분석을 시작한다. 가장 단순한 사례에서 곡물 경작은 토지와 노동, 그리고 다음 해 추수 때까지 농업 노동자들을 부양할 수 있는 저장된 곡물 형태의 자본을 필요로 한다. 토지는 지주가 소유하며, 지주는 그것을 자본주의적 차지농에게 임대하고 차지농들은 경작을 위해 농업 노동자를 고용한다.

산업적으로 생산된 상품들은 자본과 노동을 필요로 하지만, 토지를 그다지 필요로 하지는 않는다. 리카도는 노동과 자본이 상이한 경제 부문을 자유롭게 이동할 수 있어서 장기적인 평균에서는 모든 산업 부문에서 임금률과 이윤율이 농업 부문과 같은 수준에서 결정될 것이라고 가정한다. 따라서 농업 부문에서의 임금과 이윤율 결정에 대한 정확한 분석을 통해 전체 경제의 임금과 이윤율 역시 규정될 것이다. 이런 이해를 통해 리카도는 분배론의 문제를 농업에서의 임금과 이윤을 결정하는 요소에 대한 이해로 환원하게 된다.

따라서 화폐가격과 임금 또는 곡물로 환산해 분배를 분석할 수 있다. 우리가 화폐가격 체계를 사용하는 한에서 화폐는 금이고, 금은 정해진 노동량으로 생산되며, 따라서 화폐 단위가 사실상 노동시간의 단위라는 것을 전제할 것이다.

자연 임금

리카도는 맬서스의 인구 분석과 임금 분석을 채택해 사망률과 출생률의 동역학이 인구가 안정적으로 유지되는 곡물 임금의 균형 수준을 결정한다고 주장한다. 이런 균형 곡물 임금이 리카도에게는 자연 임금이 된다. 그는 자연 임금이 한 경제의 고유한 특성이 되고(관습과 문화의 차이 때문에 여러 나라들이 상이한 자연 임금수준을 갖겠지만), 한 나라에서 매우 오랜 시간에 걸쳐 천천히 변화할 것이라고 가정한다.

리카도는 연장과 종자의 가격을 빼면, 노동자들에게 선대된 임금이 자본의 가장 많은 부분을 차지한다고 가정한다. 그렇다면 주어진 곡물 임금의 수준이 노동자 한 명을 고용하는 데 드는 자본량 역시 결정한다. 노동자와 자본은 모두 고정된 비율로 토지에 사용된다.

맬서스와 마찬가지로 리카도는 한 국가에서 인구의 압도적 다수는 농업에서든 산업에서든 노동자가 될 것이라고 가정한다. 한 경제의 상이한 부문에서 숙련 비용과 기술의 차이, 그리고 여러 지역들에 존재하는 생계 비용의 차이로 말미암아 임금수준에 차이가 있을 수 있지만 이 차이들은 이 분석의 범위 내에서는 평균에 도달할 수 있다. 임금으로 지불될 수 있는 자본량("임금 기금")은 노동자의 수를 결정하고, 이것이 다음으로 그 국가의 인구와 식량 수요를 결정한다.

지대

그다음에 리카도는 지주의 입장과 지대 결정 요소로 관심을 돌린다. 지대론은 화폐의 관점에서 간단하게 표현될 수도 있지만, 곡물의 관점에서 생각해 볼 때 가장 이해하기 쉽다.

어떤 국가에 존재하는 토지는 곡물 성장에 요구되는 비옥함의 정도가 모두 동일하지는 않다. 어떤 토지는 매우 좋은 토양과 좋은 접근성, 그리고 더 좋은 기후를 갖추고 있을 것이며, 그 결과 주어진 노동을 이용해 매우 많은 곡물 수확물을 생산할 것이다. 어떤 토지는 본래부터 유리하지 않은 조건을 가지고 있고, 따라서 동일한 노동을 이용해도 그보다 적은 곡물을 산출할 것이다. 사실 우리는 어떤 시점에 한 국가 안에서 가장 비옥한 토지부터 가장 척박한 토지까지 순위를 매기는 것을 상상해 볼 수 있다. [이때_옮긴이] 토지를 경작하는 데 필요한 노동량(혹은 자본, 왜냐하면 노동자당 자본이 리카도의 모델에서는 고정되기 때문에)으로 토지의 수량을 측정하는 것이 편리하다. 그리고 한 국가의 전체 토지가 한 사람이 1년 동안의 노동으로 경작할 수 있는 작은 토지들로 분할되는 것을 상상해 보자. 물론 이 작은 토지들 가운데 일부는 다른 토지들보다 넓을 것이다.

인구가 성장함에 따라 덜 비옥한 토지에 앞서 더 비옥한 토지 구역들이 경작될 것이다. 경작되는 토지 구역의 수가 농업에 고용되는 노동자들의 수를 결정한다. 어떤 시점에 경작되는 토지 가운데 가장 척박한 토지가 농업 한계점agricultural margin이다. 덜 비옥한 토지 구역이 경작될수록 그 국가의 총농업 산출은 증가하겠지만 새롭게 경작되는 각각의 구역과 노동자들은 이전보다 적은 산출량을 총산출량에 추가할 뿐이다. 이런 한계 구역으로부터 나오는 부가 산출이 농업에서 "노동의 한계 생산"이다. 농업 산출이 덜 비옥한 토지를 경작함으로써만 증대될 수 있다는 가정과 우리가 살펴본 농업 고용의 수확체감 법칙은 맬서스의 인구학적 분석에서 핵심적이다. 노동자 1인당 농업 산출은 전체 인구와 농업 고용이 증가함에 따라 감소하는데, 왜냐하면 노동자들이 점점 더 척박한 토지에서 노동을 해야 하기 때문이다. 이는 적어도 유효한 인구 수준 범위에서는 노동자 1인당 산출량이 인구가 증가함에 따라 증대된다는 것을 의미하는 스미스의 분업론과 불일치한다. 스미스의 이론은 인구에 따른 수확 체증을 의미한다.

어떤 토지 구역이든 이윤과 지대의 합계는 토지를 경작한 노동자의 곡물 임금을 뺀 토지 산출과 같아야 한다. 토지의 산출에서 토지를 경작한 노동자의 임금을 빼고 남은 것을 흔히 잉여생산물이라고 부르는데, 왜냐하면 그것은 노동력의 재생산을 포함한 전체 생산 비용을 빼고 남은 것이기 때문이다. [그렇다면_옮긴이] 무엇이 이 잉여생산물을 이윤과 지대로 분화시키는가?

리카도는 자본가와 지주 사이에서 체결될 협상을 고려한다. 가정에 따라 자본가는 자신의 자본을 다른 토지로, 혹은 더 높은 이윤을 위해 산업 생산으로 자유롭게 전환할 수 있다. 지주가 너무 높은 지대를 요구해 자본가가 평균 이윤율보다 낮은 이윤을 얻게 된다면, 어떤 자본가도 토지를 임대하지 않을 것이다. 반면, 자본가가 평균 이윤율 이상의 이윤을 얻기 위해 더 낮은 지대를 요구하려고 한다면, 지주는 좀 더 많은 지대를 지불할 수 있는 또 다른 자본가를 쉽게 찾을 수 있을 것이다. 따라서 지대는 토지의 이윤율이 여타의 모든 경작 구역과 자본주의적 산업 생산의 평균 이윤율과 같아지게 할 수 있을 정도로 정해져야 한다. 이것이 리카도의 지대론이다. 지주의 토지 구역이 한계 토지 구역에 대해 갖는 상대적 비옥함에 의존하기 때문에 이는 "차액"지대다.

이론상, 경작 중인 한계 토지(가장 척박한 토지)는 0의 지대를 얻는다. 물론 실제로는 지주가 임대계약 체결에 드는 비용을 이유로 매우 낮은 명목 지대를 요구할 것이기 때문에 이것은 비현실적인 것이다. 그러나 경제학적 관점에서 한계 자원이 어떤 지대도 갖지 않는다는 원리는 중심적인 분석적 사고다. 이 관점에서 보면 명목 지대를 0의 지대와 동일하게 간주하는 것은 이치에 맞는 것이다.

한계를 넘어선 토지는 곡물을 키우는 데 사용될 수는 있지만, 그 산출물은 너무 적어서 자본가가 노동자에게 자연 임금을 지불하고 나면 평균 이윤율을 얻을 수 없다. 따라서 어떤 자본가도 그 토지를 경작하는 데 투자하지 않을 것이다. 그러나 만일 이윤율이 하락한다면, 이 토지 가운데 일부는 이익을 낼 것이고, 따라서 경작이 될 것이다.

리카도의 지대론은 인구가 팽창하고, 덜 비옥한 토지가 경작되기 시작함에 따라, 기존에 경작되고 있던 토지의 지대는 상승할 것이라는 것을 의미한다. 명목 지대 이상으로 흥정할 수 없었던 예전의 한계 토지 구역 소유주는 이제는 지대를 0 이상으로 올리는 것이 가능하다는 것을 알게 된다. 게다가 농업 한계선이 한계 토지선 밖으로 이동함에 따라 곡물 총생산물 가운데 점점 더 많은 부분이 지대로 가게 된다.

리카도의 지대론은 시장경제에서 소득을 결정하는 기본적인 메커니즘 가운데 하나에 대한 정확한 통찰력을 제공하기 때문에 중요하다. 지대는 광물자원, 수력전기, 비축 석유와 같이 모든 천연자원의 가격을 책정하는 데 있어서 분명히 중요하다. 그러나 경제적 지대는 자원의 소유주가 자신의 자원을 사용할 때 드는 비용보다 더 높은 사용 가격을 책정할 수 있는 지위에 있을 때면 언제나 상승한다. 영화배우와 스포츠 스타들의 고소득은 이런 의미에서 경제적 지대이며, 따라서 리카도의 원칙에 따르게 된다.

우리가 4장에서 보게 되겠지만, 현대 신고전파적 가치 이론은 리카도의 지대론을 노동과 자본을 포함하는 생산의 모든 요소들에 적용하려는 생각에 기초하고 있다.

한계 토지와 이윤율

한 나라의 인구는 언제나 정해져 있고, 주어진 자연 임금으로서 어느 정도의 곡물을 필요로 한다. 이것이 농업에 투자되는 농업 노동력과 자본, 경작에 이용되는 토지의 총량, 그리고 경작의 한계를 결정한다. 리카도의 훌륭한 통찰력은 한계 토지가 어떤 지대도 발생시키지 않기 때문에 한계 토지에서의 잉여 생산이 전체 경제의 이윤율을 결정할 것이라고 보았다는 점이다. 리카도는 스미스와 마찬가지로 경쟁이 상이한 경제 부분의 이윤율을 균등화한다는 것을 믿었다는 점을 기억하자. 그러면 한계 토지에 투자된 자본의 이윤율은 다른 토지에서의 이윤율과 균등해지는 경향이 있을 것이고(차액지대의 결과로), 따라서 모든 산업 생산 부문에서의 이윤율과 균등해지는 경향을 보일 것이다. 그리고 인구 크기가 경작할 수 있는 한계 토지를 결정하기 때문에 전체 경제에서의 이윤율은 조정되어야 한다.

이 훌륭한 발견이 리카도의 체계를 완성시키며, 그 체계에 완전한 결정성을 부여한다. 결과적으로 이 발견은 분배의 문제를 해결한다. 맬서스는 그의 인구학 분석에서 이미 자연 임금 이론을 제시했고, 리카도는 설명되지 않은 채 남아 있는 스미스의 지대론에 엄밀한 형태를 부여했다. 그리고 우리는 리카도가 완성한 이 이윤율을 정하기만 하면 된다.

우리는 리카도의 분배론을 다음과 같은 말로 요약할 수 있다. 맬서스의 출생률과 사망률 법칙이 한 나라에서의 장기적 실질 자연 임금을 결정한다. 인구는 노동자를 고용할 수 있는 자본량의 변화로 말미암아 팽창할 수도, 수축할 수도 있지만 노동자들은 항상 같은 수준으로 회귀하는 자신들의 생활수준을 발견한다. 한 나라의 인구가 고정되었을 때, 토지의 비옥도는 필수적인 식량을 공급하기 위해 경작되어야 하는 토지의 양을 결정하며, 이는 다시 농업 한계선에 있는 토지의 비옥도를 규정한다. 한계 토지에서의 노동자들의 잉여 산출물은 이윤의 형태를 취하며, 이윤율을 결정한다. 모든 노동자들은 기본적으로 동일한 생활수준을 공유하며, 모든 자본가들은 자신들의 자본에 대해 동일한 이윤율을 공유한다. 한계 토지보다 비옥한 토지에서의 잉여 산출물은 지대의 형태를 취한다.

축적

다음으로 리카도는 자신의 분배론을 자본축적 이론으로 전개시킨다.

리카도의 축적 이론은 노동자, 지주, 그리고 자본가계급의 소비·저축 행위에 대한 가정에 기초하고 있다. 리카도는 하나의 계급으로서의 노동자들이 자신들을 재생산하는 과정에 임금을 소비한다고 생각했다. 이런 관점은 리카도 이외에도 스미스, 맬서스, 마르크스 모두 가지고 있었는데, 이는 심지어 현대 자본주의사회에서도 틀린 말이 아닐 수 있다. 물론 현대의 노동자계급 가계는 퇴직에 대비하고, 아이들의 교육 재원을 확보하며, 실업 기간을 버티기 위해 저축을 한다. 그러나 저축을 하는 이 모든 동기는 또한 예금을 인출하는 동기이기도 하다. 예를 들어, 퇴직을 대비한 가계의 저축은 퇴직한 가계의 예금 인출로 상쇄된다. 이 상쇄 때문에 노동자 가계의 총저축은 사실상 아주 작거나 심지어는 0일 수 있다. 공식적인 통계는 리카도가 의미하는 계급 지위로 가계를 범주화하지 않기 때문에 이것이 어떻게 되는지를 확인하기는 어렵다. 신고전파 경제학자들은 리카도와 스미스가 당연한 것으로 받아들였던 계급 분화를 거부하고 모든 민간 저축이 동등한 "가계들"로 구성된다고 간주하지만, 이 범주는 가장 부유한 자본가들과 가장 가난한 노동자들 모두를 포함하는 것이다.

리카도는 지주들 또한 모든 지대 소득을 소비에 사용한다고 생각했다(적어도 잠정적으로는 그렇다고 가정했다). 여기서 그는 당시 영국의 사회적 현실을 반영하고 있었다. [그 당시만 해도_옮긴이] 상당수의 영국 지주들은 일반적으로 그들의 정치적 영향력과 권력을 유지하는 데 재산을 사용하는 귀족 가문들이었고, 소유지를 개간하거나, 공장 또는 제분소를 만드는 지주들은 매우 예외적이었다.

따라서 리카도에게 사회의 거의 모든 저축과 자본축적은 자본가들에게서 기인하는 것이었다. 실제로 리카도는 더 나아가서 자본가들이 소득의 거의 전부를 저축한다고 가정했다. 이는 우리가 19세기의 성공한 자본가들이 엄청난 집과 부동산을 소유했다는 것을 연상하면 이상하게 보일지도 모르지만, 사실 이 상당히 많은 지출도 자본가들이 이용할 수 있는 총소득의 아주 작은 부분만을 사용한 것이었다. 리카도는 무제한적으로 돈을 벌고 자신을 위해서는 거의 한 푼도 쓰지 않는 금욕적인 자본가의 이미지를 가지기 시작한 것이다.

모든 이윤이 축적된다면 다음 해에 더 많은 노동 수요가 있을 것이고, 인구와 농업 노동력은 농업 한계선을 더 척박한 토지로 이동시키면서 증가될 것이다. 리카도의 생각에 따르면 이것이 자본축적의 기본적인 동학이다.

자본축적은 인구와 식량 산출, 그리고 농업 노동력과 총지대를 증가시키는 효과가 있다. 그러나 자본이 축적되면서 수확체감으로 말미암아 한계 토지에서의 잉여물이 감소함에 따라 이윤율은 낮아지게 된다. 자본축적의 초기 단계에서는 이윤율이 감소하는 것보다 빠르게 자본량이 상승하기 때문에 이윤의 총량이 상승할 것이다. 그러나 결과적으로 이윤량도 마찬가지로 감소할 것이 분명하다. 시간이 지나면 이윤율과 이윤량은 틀림없이 0에 접근한다.

정상상태

리카도의 분석에서 도출되는 이 매우 훌륭한 결론은 엄청난 영향력이 있음이 증명되어 왔다. 리카도는 자본의 축적이 결국 자신의 소멸을 초래할 것이라는, 즉 결국 이윤율이 0으로 떨어지고 축적이 중단될 것이라는 상당히 논리적인 주장을 전개한다. 리카도는 이를 "정상상태"stationary state라고 불렀다.

궁극적으로 한 사회의 인구가 너무 커지면 한계 토지는 자연 임금을 지불할 수 있을 정도의 비옥함만을 가지며, 어떤 잉여 산출도 하지 못하게 되고 따라서 어떤 이윤도 생산할 수 없게 된다. 물론 총잉여 산출은 매우 많을 것이다. 그러나 정상상태에서 그것은 모두 지대의 형태를 취하며, 이는 리카도의 가정에 따라서 축적되지 않고 모두 소비될 것이다. 정상상태에서 투자된 자본은 회수될 수 있지만, 이윤은 증대되지 않는다. 최소 생계 수준(혹은 자연 임금)으로 살고 있는 인구가 매우 많이 존재하며, 이들은 높은 출생률과 높은 사망률이라는 맬서스적 메커니즘에 의해 조절된다. 하나의 계급으로서의 자본가들은 다만 자신들의 자본을 온전히 보존하기 위해서 그들이 할 수 있는 한 열심히 경쟁적으로 투쟁해야 한다. 즉, 그들은 생산을 확대하기 위해 재투자할 이윤이 없다는 것을 알게 된다.

지주들이 생산성의 차이를 지대로 영유하던 영유하지 않던 간에 노동의 수확체감이 존재하는 한 리카도의 정상상태는 도래한다. 공기나 바다와 같이 누구도 소유할 수 없는 자원들은 전 세계적인 인구 증가에 대한 수확체감이 발생하도록 할 것이고, 자본축적을 가로막을 것이다.

다른 관점에서 보았을 때 리카도의 정상상태는 자원의 성장에 부과되는 한계를 의미한다. 정상상태에서 인구는 제한된 토지가 식량을 공급할 수 있는 최대한의 수준까지 증가한다. 리카도의 세계에서 성장에 부과되는 한계는 자본축적의 수확체감으로부터 나타나서 지대 상승의 형태를 취하며, 이는 이윤을 잠식한다. 우리가 화폐 및 화폐가격의 관점에서 그 체계를 본다면 노동자들이 지속적으로 상승하는 식량 가격에 직면하여 생계를 유지할 수 있도록 하기 위해 요구되는 화폐임금의 가혹한 상승에 의해 이윤율은 잠식된다. 현재에도 경제성장을 가로막는 자원과 환경의 제약에 대한 우려가 존재하고 있는데, 이는 궁극적으로 수확체감의 가정을 받아들이고 있다는 이야기이기도 하다. 그러나 우리는 지대의 상승보다는 경제성장을 중단시키게 될 환경 재앙과 비용에 대해 더 많이 걱정하고 있다.

리카도의 분석은 경제 전체에서의 이윤율이 자본축적에 따라 하락하는 경향이 있다는 스미스의 주장이 제기한 수수께끼에 대한 정확한 해답 역시 제공한다. 리카도에 따르면 그 이유는 제한된 농토 공급으로부터 기인하는 노동과 자본의 수확체감이다.

　지주들이 축적을 한다고 해도 그것이 정상상태의 도래를 지연시키는 데 도움이 되지는 않을 것이다. 실제로 지주에 의한 축적은 이윤율을 0 이하로 떨어뜨리게 될 것인데, 왜냐하면 그들의 자본이 유일하게 사용될 수 있는 곳은 잉여 산출물이 마이너스였던 땅을 경작하는 것이기 때문이다 (리카도의 곡물 모델을 그래프로 표현한 부록 참조).

해외무역과 기술 변화

리카도는 자본가들의 축적이 필연적으로 정상상태를 초래할 것이라고 믿었지만, 중·단기적으로는 정상상태의 도래를 지연시키고 자본축적을 지속시킬 수 있는 두 가지 힘이 존재한다고도 생각했다. 그 두 가지 힘은 해외무역과 기술 진보다.

　해외무역과 기술 진보는 모두 노동과 자본의 한계 생산성을 증대시킨다. 예를 들어, 해외무역으로 말미암아 세계 곡물 시장이 형성되면, 세계 각지의 잠재적인 농지들이 농업 경쟁 체제 속으로 효과적으로 편입됨으로, 생산성 증대 효과가 발생할 수 있다. 일정 정도의 이용 가능한 비옥한 토지 구획들의 수는 극적으로 증가하고, 따라서 축적의 수확체감은 완전히 중단되지는 않겠지만 현저하게 느려진다. 지대 상승으로 인한 이윤율의 하락도 느려진다.

　리카도와 그 추종자들은 이 주장을 이용해 19세기 영국에서의 자유무역 정책을 매우 효과적으로 뒷받침했다. 무역 정책을 두고 벌어진 정치적 투쟁 가운데 가장 극적인 일화가 리카도가 죽은 다음인 1830년대에 발생했는데, 이때 의회는 영국의 자유로운 곡물 수입을 가로막았던 곡물법, 관세, 그리고 수입 할당제를 폐지했다. 이 사건은 영국에서 유력한 정치적 지배 세력이 토지 소유 귀족에서 신흥 자본가계급으로 이동했음을 보여주었다. 즉, 높고 안정적인 식량 가격으로부터 얻는 지주들의 이익이 낮은 식량 가격과 그에 따른 낮은 임금으로부터 얻는 자본가들의 이익에 굴복한 것이다.

더 좋은 비료, 살충제, 기계 경작, 혹은 관개시설을 통해 농토의 산출량을 증가시키는 기술 변화 역시 자본과 노동의 한계 생산물을 증가시키는 효과를 지닌다. 기술 진보는 각 토지 구획에서 생산될 수 있는 곡물의 양을 증가시킨다. 리카도의 관점에서 그 효과는 해외무역을 개방하는 것과 유사한 것이다. 기술 변화는 이윤율을 즉각 상승시키고, 정상상태가 도래하기 전에 더 많은 축적과 더 많은 인구 증가를 가능하게 한다.

맬서스와 마찬가지로 리카도 역시 농업 생산에서의 기술 진보가 가능하다고 생각했지만, 경제 발전을 추동하는 지속적이고 무한한 기술 진보 과정을 상상할 수는 없었다. 리카도는 생산성을 증대시키는 개별적인 발명들은 간헐적으로는 이윤율을 상승시키고, 인구 증가를 가능하게 하지만, 결국에는 피할 수 없는 수확체감의 힘이 또다시 작용할 것이고, 이윤율은 하락하기 시작할 것이라고 믿었다. 리카도 — 그는 자본축적이 유럽 사회를 추동하는 근본적인 힘이라고 생각했으며, 정상상태의 도래를 우려했다 — 는 기술 진보에 항상 우호적이었지만 기술 진보가 정상상태를 영원히 지연시킬 수 있을 것이라는 희망을 갖지는 않았다.

역사와 리카도의 비전

리카도가 예측했던 역사는 실제로는 어땠을까? 이는 답하기 어려운 문제다. 리카도가 가졌던 비전이 장대했기 때문이기도 하고, 그가 분석한 힘들이 실제로 작용해서 끝날 때까지는 매우 오랜 시간이 걸리는 것이기도 하기 때문이다.

리카도가 책을 저술한 이후 거의 200년 동안, 그가 분석했던 두 가지 상쇄하는 힘, 즉 해외무역과 기술 변화는 분명 세계경제에서 중요한 역할을 했다. 아메리카 대륙, 오스트레일리아, 남아프리카의 발전과 남아시아, 동아시아의 세계경제에 대한 개방은 자본축적의 드라마가 벌어지고 있는 무대를 확대했고, 이에 준하여 리카도적인 이윤율 하락 속도를 감소시켰다. 인류가 농토 활용을 증대시킬 수 있는 가능성을 소진시켜 버렸는지는 분명하지 않다. 예를 들어 시베리아의 농업 잠재력은 거의 발전되지 못했다. 아시아에 있는 세계에서 가장 비옥한 토지의 상당수는 여전히 극히 낮은 생산성 방식으로 경작되고 있다. 어떤 낙관주의자는 캘리포니아에 있는 센트럴 계곡에 관개시설을 만들어서 미국 식량 생산에 영향을 미친 것처럼 사하라 사막에 관개시설을 만들어서 세계 농업 산출에도 같은 영향을 미칠 수 있을 것이라는 공상을 할지도 모르겠다.

리카도가 환영했던, 그러나 수확체감의 압력을 완화시킬 것이라고 생각하지는 않았던, 기술 변화의 과정은 지난 200년 동안 탄력이 붙어 왔다. 증기력, 전기, 합성 화학, 내연기관, 전화통신, 무선통신, 전자공학, 디지털 컴퓨터 등의 중요한 기술혁명들이 잇따라 일어났다.

그러나 지난 200여 년에 걸친 역사적 경험은 리카도의 모델에 암시되어 있는 모든 우려들을 일소하기에는 충분하지 않다. 환경의 쇠퇴나 붕괴, 혹은 천연자원의 고갈이라는 형태로 나타나는 수확체감이 우리의 창의력과 개척 정신을 서서히 파괴하지 않을 것이라고 어떻게 확신하겠는가? 물론 우리는 미래를 알 수 없고, 지난 200여 년에 걸쳐 반복되었던 기술혁명

과 해외무역의 혁명이 계속될지, 리카도의 정상상태가 마침내 도래할지
확신할 수 없다.

　인류의 인구가 향후 70년에서 100년 동안 80억에서 300억 사이의 어
디쯤에서 안정화될 것이라는 인구학자들의 예측은 확실히 정상상태에 대
한 묘사의 일부분과 맞아떨어진다. 그러나 안정화된 인구가 기술이 진보
하고, 생활수준이 상승하는 경제와 공존할 수도 있지만, 겨우 최저 생계
수준에 머무는 맬서스적인 균형 상태로 후퇴할 수도 있다. 당장에 세계를
보자면, 우리는 두 가지 경로 모두와 부합하는 징후들을 볼 수 있다.

기계에 대한 리카도의 관점

리카도는 『원리』의 새로운 판본을 위한 수정을 하면서 기계가 다양한 계
급들의 후생에 미치는 영향에 대해 재고했다. 그는 이런 재고를 "기계에
대하여"On Machinery라는 새로운 장에서 자세하게 기술했다.

　리카도는 스스로에게 기계의 발명과 사용이 사회의 각 계급들에게 미
치는 이익에 대해 질문한다. 기계의 직접적인 효과는 노동생산성을 증가
시키는 것인데, 이는 노동 가치론에 따라 상품을 실질적으로 더 싸게 만든
다. 이것은 지주계급에게 분명히 이득인데, 왜냐하면 그들은 사치재를 더
싸게 구입할 수 있기 때문이다. 이것은 또한 자본가계급에게도 이득인데,
왜냐하면 그들은 자신들의 소비재와 공장을 가동하는 데 필요한 재화들을
더 싸게 구입하기 때문이다.

　그렇다면 노동자들은 어떤가? 원래 리카도는 하나의 계급으로서의 노

동자들 역시 기계의 사용과 그에 따른 임금재 가격의 하락으로 말미암아 이득을 볼 것이라고 생각했다. 그러나 그는 이런 생각이 노동자들을 부양하는 임금 기금에 투여되는 자본의 총량이 일정하게 유지된다는 중요한 가정에 의존함을 깨달았다. 이 가정이 유지된다면 고용은 하락하지 않을 것이고, 노동자들은 자신들의 생계 수단이 기계화된 기술의 사용으로 저렴해지게 된다는 것을 알게 될 것이다.

그러나 자본가들에게 기계화된 기술의 도입은 비용이 많이 드는 것이다. 리카도는 값비싼 기계를 구입하기 위해 자본가들이 임금 기금 자체를 줄이고, 따라서 노동자계급의 고용을 줄이고 한계 노동자들을 빈곤하게 만들 가능성과 관련하여 아담 스미스를 다시 되짚어 본다.[3] 만일 기계화가 이런 경로를 취한다면, 한계 노동자들은 다른 일자리를 찾지 못한 채 실업 상태에 빠질 것이고, 임금은 노동자들 사이의 경쟁에 의해 감소하게 될 것이며, 맬서스적인 인구 감소 메커니즘이 작동하게 될 것이다.

기계화의 영향과 관련해, 리카도가 하나의 확실한 결론에 이르렀다고 보기는 어렵다. 왜냐하면 자본가들에게 이득이 되는 상품 가격의 하락이 그들로 하여금 더 많은 축적을 하도록 할 것이고, 따라서 임금 기금의 상대적 하락을 상쇄시킬 만큼 총자본을 빠르게 증가시킬 것이기 때문이다. 따라서 실제 고용 추이는 한편으로는 임금 기금을 증가시키고 노동 수요를 증대시키는 경향이 있는 축적의 힘과, 다른 한편으로 일자리를 없애고 노동자들을 남아돌게 하는 기술적 실업 사이의 정밀한 평형운동에 의존한다.

---

3 리카도는 이를 다소 애매한 말로, 순생산물이 일정한 가운데 총생산물이 감소하는 것이라고 지칭한다. 여기서 그는 자본가와 지주들에 의해 공유되는 잉여생산물을 지칭하기 위해 "순생산물"을 사용하고, 그 사회의 전체 생산물을 가리키기 위해 "총생산물"을 사용한다.

리카도는 실제로는 자본가들이 기계화를 도입하도록 촉진하는 하나의 강력한 동기가 존재한다고 주장한다. 기계 기술을 채택한 최초의 자본가들은 그들의 생산 비용이 매우 빠르게 하락한다는 것을 알게 된다. 이 부문에서 대부분의 자본가들이 기계화에 뒤쳐져 있는 동안, 생산물의 가격은 뒤쳐져 있는 기술에 맞춰 결정될 것이고, 기술혁신을 한 자본가들은 "초과이윤"super-profit을 획득할 수 있는 입장에 있게 될 것이다. 물론 [궁극적으로는_옮긴이] 다른 자본가들이 동일한 기술을 채택하게 되기 때문에 생산물의 가격은 하락하고, 이 초과이윤은 감소할 것이다. 그러나 초과이윤의 유혹은 자본가들이 기계화를 도입하는 하나의 강력한 동기다.

리카도는 임금 상승이 그 자체로 자본가들로 하여금 비용 상승을 막기 위해 노동 절약적 생산기술을 채택하도록 강제하는 경향을 가질 것이라는 점 역시 주목한다. 리카도의 모형에서 농업 수확체감의 효과 가운데 하나는 농산물 가격과 화폐임금이 상승이라는 것을 우리는 이미 살펴보았다. 이는 기술 변화가 없었다면 발생할지도 모르는 비용 상승과 이윤율 하락을 회피하려는 자본가들이 기술 변화를 강력하게 추진하게 되는 힘으로 작용한다.

리카도의 기계화에 대한 이론은 오늘날의 정치경제학이 몰두하고 있는 많은 쟁점들, 즉 일자리 보장과 생산성 사이의 상충 관계, 기술혁신에 대한 동기를 창출하는 데 있어서 소유권의 중요성, 대량 실업의 만연 가능성 등을 제기한다. 마르크스는 이런 분석을 자본주의사회에서의 기술 변화에 대한 자기 이론의 토대로 삼았다.

아담의 오류와 빈곤의 정치경제학

빈곤과 자선에 대한 맬서스와 리카도의 태도는 아담 스미스의 오류가 도달할 수 있는 극단을 보여 준다. 맬서스의 관점에서 빈곤한 이들에게 자선을 베푸는 것은 더 많은 문제를 낳거나, 혹은 빈곤의 문제를 훨씬 더 악화시키는 것이었다. 그가 보기엔 자선이나 구호품을 통해서 노동자들은 일자리를 굳이 얻지 않아도 살아갈 수가 있다. 따라서 빈곤한 이들에 대한 보조금 지급은 인구가 안정화될 수 있는 생활수준과 임금을 더 낮추고 이로 말미암아 사회적 수준에서 발생하는 빈곤의 문제는 악화된다.

이와 같은 추론 방식이 아담 스미스의 오류가 가진 특징이다. 이는 행위의 직접적인 효과(빈곤한 이들의 고통을 경감시키는 자선)와 간접적이고, 체계적인 효과(인구를 확대시키고 빈곤한 이들의 생활수준을 하락시키는 자선)를 대비시키는 방식이다. 이 추론은 이런 대비를 통해 자선을 행하는 도덕적 충동에 저항해야만 한다고 말한다(실제로 빈곤을 발생시키지 않도록 빈곤한 이들에게 기부하지 마라).

이런 유형의 추론 뒤에는 자본주의적 사회관계에 대한 불편한 진실이 놓여 있다. 상품 교환과 임금노동을 통한 노동의 사회적 분업의 조직화는 인간관계의 평범한 논리를 체계적으로 전도시킨다. 상품 체계의 논리는 타인의 이익과는 대립되는 자기 이익을 절대적인 것으로서 이야기해야 함을 가정하고 있다. 모든 이들이 이 논리를 따를 때, 그 체계는 부를 생산하도록 작동한다. 반면에, 이 이상한 도덕적 논리를 회피하고 타인을 직접 도우려고 하는 시도는 모두 시장의 법칙에 의해 좌절될 것이다. 예를 들어, 노예무역에 투자함으로써 이득을 얻는 것을 거부하는 투자자는 실제로는 노예무역에서의 이윤율을 상승시키게 되고, 노예무역을 하는 데 아무런 도덕적 가책을 느끼지 못하는 이들을 돕게 된다. 기아에 시달리는 지역에 식량을 보내는 것은 식량 가격을 낮춰서 지역의 농부들을 파산시키고, 기아를 더 악화시킬 수 있다. 상품 교환의 논리는 그 원리와 결론에서 모두 도덕적 논리에 반한다. 그러나 더 중요한 것은 상품 교환의 현실과 그 법칙이 도덕적 행동을 가로막는 경향이 있다는 것이다. 따라서 아담 스미스의 오류는 [우리가 경험하는_옮긴이] 삶의 현실적이고 불가피한 일부가 된다.

3장

가장 엄격한 비판

마르크스는 독일의 구체제가 몰락해 가던 시기인 1830년대 후반에서 1840년대 사이에 학생이었다. 19세기 초반 영국과 프랑스, 그리고 어느 정도는 스페인까지 근대적 민족국가로 자리 매김해 가던 시절, 독일은 작은 왕국들과 공국들로 나누어져 있었다. 독일은 경제 발전과 산업혁명의 압력을 경험하고 있었으며, 프랑스대혁명에 의해 시작된 광범위한 정치·사회적 변화와는 요원한 상태에 있다는 인식이 팽배해 있었다. 1848년 독일과 오스트리아에서 혁명이 일어났지만 혁명적 운동은 분열되어 있었고 독일을 통일할 능력이 없었다. 대신에 전제 국가였던 프러시아가 결국 (20세기 역사에서 대 격변의 무대가 될) 독일어권의 비오스트리아 국민들을 병합해 독일제국을 탄생시켰다.

독일이 획기적인 사회적 전환 과정에 있었다는 사실은 그 전환의 양상과 방향을 둘러싼 격렬한 논쟁을 촉발했다. 마르크스의 학창 시절에 이런 논쟁은 대부분 철학, 특히 헤겔Georg Wilhelm Friedrich Hegel 철학의 영역에서 이루어졌다. 헤겔은 서구의 전통적인 신학적 철학을 발흥하고 있는 세속적인 자본주의사회에 적용하는 문제와 씨름했다. 헤겔과 그의 후계자들은 "역사는 어디로 나아가는가?", "사회·정치적인 제도들의 진화를 좌우하는 원칙은 무엇인가", "정치권력은 무엇으로 정당화되는가?", "산업자본주의의 파괴적인 힘이 어떻게 전통적인 종교적 윤리와 조화될 수 있는가"라는 질문들을 중심으로 종교, 역사, 그리고 사회제도에 대한 철저한 비판적 검토를 수행했다.

마르크스는 일반적으로 용인되고 있는 가치들에 대한 이런 급진적 질문들의 중심에 있었고, 그런 근본적 질문을 제기하는 이론, 즉 역사 유물론을 발전시켰다. 그는 프리드리히 엥겔스Friedrich Engels와 평생의 친구로 지냈는데, 엥겔스는 독일의 유복한 사업가 집안의 자제로, 맨체스터에서 자신의 가업을 수년간 이어 가면서 산업혁명으로 발생한 사회의 해체와 대립에 대한 놀라운 초상을 제공했던『영국 노동자계급의 상태』*The Condition of the Working Class in England*를 저술한 인물이기도 했다. 그는 마르크스의 역사 유물론이 자신의 관점과 일치한다고 보았으며, 마르크스와 함께 저술 작업을 하는 지적 조언자이자 재정적 후원자가 되었다. 이 시기에 마르크스는 오늘날『1844 원고』*1844 manuscript*라고 알려진 철학 논문을 저술했다.

마르크스는 독일 급진파에 관여했는데, 1848년 혁명 기간 동안에는 가장 급진적이고 민주적인 정책들과 독일 산업 노동자의 정치조직을 지지하고, 모든 봉건적 소유권의 파괴를 주장하던 신문을 편집했다. 마르크스와 엥겔스는 이 시절 독일과 유럽에서 벌어진 정치의 대격변과 역사 유물론을 통해 분석된 사회 변화의 근본적인 힘 사이의 관계를 보여 주기 위해『공산주의자 선언』*Communist Manifesto*을 집필했다. 혁명기 실패로 돌아가자 마르크스는 독일에서 추방되어 남은 생애를 처음에는 프랑스와 벨기에에서, 그리고 결국에는 영국에서 보내게 되었다. 마르크스는 신문 기고나 엥겔스의 후원을 통해 생계를 유지했다.

이 시기에 마르크스는 주로 대영박물관 열람실에서 작업을 하며 정치경제학에 대한 매우 체계적인 연구를 시작했다. 현재 이 연구의 초고는『요강』*Grundrisse der Kritik der Politischen Ökonomie* _옮긴이]이라는 제목으로 알려져 있다.

마르크스는 그 초고의 개정판으로 『자본』 *Das Kapital(Capital)* 제1권을 출판했으며, 엥겔스는 마르크스 사후에 『자본』 제2권, 제3권과 『잉여가치학설사』 *Theories of Surplus Value* 출판을 위해 나머지 원고를 대부분 정리했다. 마르크스는 사회주의사회를 수립하기 위한 전 세계적인 프롤레타리아혁명의 열렬한 옹호자였지만 경제학과 관련된 이론적 작업의 대다수는 자본주의 체계와 관련된 것이었으며, 기본적으로 자본주의에 대한 이론가로서 마르크스의 정치경제학에 대한 작업들은 오늘날에도 중요한 것으로 남아 있다.

마르크스는 노동자들을 영국, 프랑스, 독일의 혁명 세력으로 정치적으로 조직화하기 위해 적극적으로 노력했다. 그의 지적 천재성과 뛰어난 논쟁적 글쓰기, 그리고 프롤레타리아혁명에 대한 명백한 신념은 그를 (파괴되고 분열되었기는 했지만) 열정적이었고 정치적으로도 강력한 운동의 최고 지도자로 만들었다. 이 과정에서 마르크스는 때때로 사회주의 노동자 운동 내의 정치적 경쟁자들과 신랄하고도 비타협적인 대립각을 세우기도 했다. 막대한 지적 노동으로부터 오는 긴장, 치열한 정치적 투쟁, 그리고 물질적 빈곤과 궁핍은 결국 마르크스의 건강을 파괴했으며, 그 결과 그가 최후를 맞이하기 전 십 년 동안 그는 자신의 기획을 더는 진전시킬 수 없는 처지에 놓이게 되었다. 그가 마지막으로 정치경제학에 관여한 것은 독일노동자당[정식 명칭은, 독일사회주의노동자당 *Sozialistische Arbeiterpartei Deutschlands* _옮긴이] 선언의 초안에 대한 상세한 논평 형식을 취하고 있다(『고타강령 비판』 *Kritik des Gothaer Programms*).

마르크스는 정치적 급진주의를 주장하면서도 한편으로는 아내였던 예니 *Jenny von Westphalen*와 빅토리아 시대의 전통적인 결혼 생활을 하고 있었다. 예니는 유복한 집안의 딸이었지만 마르크스와 딸들에게 일생을 바친 사람이었다. 성性적 문제에 있어 빅토리아적 위선에 대한 가차 없는 비판자였던 엥겔스는 결혼하지 않은 채 여성과 오랜 기간 관계를 유지하며 살았고 국가와 가족의 기원[『가족, 사유재산 그리고 국가의 기원』*Der Ursprung der Familie, des Privateigentums und des Staats*_옮긴이]에 대한 작업을 통해 현대 페미니즘의 지적인 창건자 가운데 한 사람이 되었다.

마르크스는 독일의 비판적 방법에 통달한 사람이었으며 현존하는 이념과 문헌에 대한 비판의 형태로 작업을 수행했다. 예를 들어, 그는 스미스나 리카도로부터 상품과 같은 개념을 가져오기는 했지만, 그 개념의 역사적 기원과 한계를 문제 삼으며, 더 광범위한 이론들과의 관계 속에서 개념의 위상을 설정하고, 개념을 그것의 사회적 발현태들과 대질시킴으로써 변형시켰다. 마르크스가 이 작업을 종료할 즈음에, 그와 같은 개념들은 그 본래의 의의를 잃어버리지 않은 채, 새로운 맥락 속에서 새로운 방식으로 기능하게 된다. 이런 "변증법적인" 이론적 방법은, 그 자체로는 경험적 관찰 또는 실험 없이 현실에 대한 새로운 지식을 생산할 수는 없지만, 새로운 통찰력과 질문을 발전시킬 수 있는 매우 강력한 방식이다. 마르크스는 이런 측면을 잘 이해하고 있었고, 자신의 이론적 발견의 직접적 중요성을 설명하기 위해 통계, 정부 보고서, 신문 기사를 이용하면서 극도로 추상적인 수준과 매우 구체적인 역사적 수준을 함께 아우르며 저작을 집필했다.

마르크스는 비판에 있어서 천재성을 발휘했고, 그의 작업을 통해 고전 정치경제학이 사회혁명의 교리로 철저히 전환된 것은 19세기 정치경제 사상의 주요 획기적 사건으로 자리 매김했다. 마르크스의 사상은 여전히 유럽 정치의 주요 세력으로 남아 있는 사회민주주의자들과 거의 20세기 내내 동유럽과 러시아를 통치했던 볼셰비키 공산당 그리고 오늘날까지도 중국과 인도차이나 반도의 산업화와 현대화를 이끌고 있는 아시아의 공산당들을 포함해 마르크스주의적 이념을 기초로 하는 다양한 정치적 운동에 엄청난 유산을 남겨 놓았다. 나는 이런 다양한 운동들이 발전하기 이전에 마르크스가 죽었다는 사실, 그리고 다른 사상가들과 마찬가지로 그가 남긴 사상의 이름으로 사후에 이루어진 모든 선과 악에 대해 그가 책임을 져야 할 필요는 없다는 것을 기억해야 한다고 생각한다. 마르크스의 작업으로부터 많은 것을 배울 수도, 많은 것을 비판할 수도 있다.

역사 유물론과 자본주의적 생산양식

마르크스는 역사 유물론을 개념화하면서 인간 사회에서 나타나는 분업 형태의 끊임없는 변화라는 흥미로운 문제를 다루었다. 꿀벌과 개미와 같이 분업을 하고 있는 다른 종들은 항상 동일한 방식으로 꿀벌통 또는 흙더미를 만든다. 이런 종들에게 분업은 유전적 수준에서 프로그램된 것으로 나타난다. 하지만 인간 역사를 보면 광범위하면서도 근본적이고 구조적인 차이가 분업 속에서 나타난다. 인구의 규모, 크고 작은 정착지 사이의 인구의 배분, 사용되는 기술, 생산을 조직하는 제도, 사회적 생산을 지탱하는 정치적 제도 모두가 시간과 공간에 따라 완전히 다르다.

일반적으로 19세기에는 인간의 역사를 진보, 즉 우리의 실존 조건을 통제하는 집합적 힘의 증대에 대한 기록이라고 믿었다. 인간의 역사에 대한 다양한 철학적(또는 마르크스가 결국은 이데올로기적이라고 불렀던) 해석이 존재하고 있었다. 플라톤 같은 몇몇 고대 철학자들은 사회 및 정치 조직화의 법칙을 영구불변의 것이며, 영원하고 이상적인 정의의 원칙을 반영하고 있는 것으로 보았다. 기독교 신학자들은 역사를 신이 인류를 위해 예비한 계획의 완성으로 보았다. 헤겔은 역사를 추상적 이념(그가 신과 관련시킨)의 점진적 실현으로 보았다.

마르크스는 인간이 살아가는 사회 세계는 물리 세계의 일부분이며, 그 안에서 살고 있는 인간의 의식과는 독립적인 물질적 현실reality을 갖고 있다는 입장이었다. 바로 이런 의미에서 마르크스는 유물론자materialist다(요즘 흔히 사용되는 것처럼 물질적 부와 안락, 또는 소비와 관련된 강박적 이해관계의 추구라는 의미에서 물질주의materialism라 부르는 것은 아니다).

마르크스는 물리법칙과 마찬가지로 세계 속에서 살고 있는 어떤 개인에 대해서도 외재적이며 단호한 사회 현실의 법칙을 생각했다. 그러나 그는 사회 현실은 어떤 특정한 개인의 통제력을 넘어서는 과정을 통해 개별적 행위의 집합적 결과로 구성된다고 주장했다. 한편으로, 개인들은 항상 각 세대의 선택과 행위를 제약하는 축적된 지식과 믿음, 제도와 자원을 담지하고 있는 사회 속에 태어날 수밖에 없다. 다른 한편으로는, 그 어떤 개인도 현존하는 사회제도와 관계의 그물망을 벗어나 사회적 행위를 할 수 없으며, 자신의 선택이 초래하는 사회적 결과를 완전히 예측하는 것도 마찬가지로 불가능하다. 이는 한 개인의 선택과 행위는 다른 사람의 선택 및 행위와 상호 의존적이기 때문이다. 마르크스는 이를 다음과 같은 유명한 말로 표현했다. "인간은 자신의 역사를 만들지만 그것은 자신이 멋대로 선택한 환경 속에 그런 것은 아니다."

마르크스의 사고에 따르면, 사회 현실은 인간 행위를 통해 규정되기 때문에, 사회 현실은 역사적 변화에 종속된다(물리법칙과 생물학적 법칙은 그렇지 않다). 따라서 수많은 사람들의 집합적인 행위와 결정을 통해, 필연적으로 그들이 의도했던 결과대로 이어지는 것은 아니지만, 사회의 제도와 자원은 시간이 지남에 따라 근본적으로 개조될 수 있다. 마르크스가 유물론이 역사적이라고 말하는 이유가 바로 이것이다.

　개인적 관점에서 보면 사회 현실은 물리·생물학적 법칙과 같은 객관적이고 변화할 수 없는 것이지만, 사회를 구성하는 사람들의 집합적 창조물이므로 물리·생물학적 법칙과는 달리 사람들의 집합적 행동을 통해 변화시킬 수 있다. 사람들은 사회를 변화시킬 수 있을 뿐만 아니라 필연적으로 그럴 수밖에 없으며, 이런 끊임없는 변화 과정이 마르크스가 본 역사라 할 수 있다. 역사 유물론의 직접적인 결과는 어떤 인간 사회의 제도도 영원히 지속될 수 없다는 것이다. 실제로 모든 인간 사회의 제도는 끊임없는 변화 및 전환 과정 속에 있다. 좀 더 정확하게 이야기하자면, 인간 사회의 제도들은 그 자신을 변화시키고 전환하는 것을 통해 스스로를 재생산한다. 마르크스는 스미스·맬서스·리카도가, 모든 인간 사회에서 발견될 수 있으며 시공간을 떠나 모든 인간 사회에 유효한, 사회적이고 경제적인 조직화의 보편적 원칙이 마치 존재하는 것처럼 이야기하는 것을 비판했다.

　역사 유물론의 관점에서 보면, 사회과학의 과제는 특정한 역사적 사회 체계가 스스로를 재생산하는 방식과 운동 법칙, 그리고 이를 또 다른 사회 체계로 전환시키는 모순을 연구하는 것이다. 마르크스는 비판적 방법을 적용해 사회 현실의 복잡성을 추상적인 구성 요소로 분해하는 절차를 채택했다. 이는 서로 다른 투명 필름을 통해서 인간의 신체 기관을 볼 수 있는 책과 유사한 상이다. 다른 필름으로 바꾸어 볼 때마다 실제의 신체는 다양한 구성 부분으로 재생되는 것을 볼 수 있다.

잉여생산물, 착취, 그리고 계급

마르크스는 자신의 역사 유물론을 인간 역사를 이해하는 데 적용하면서 과거의 모든 문명사회는 사회적 계급 구조를 가지며, 그것은 잉여생산물에 대한 계급 통제에 경제적으로 기초하고 있다고 주장했다(다음과 같은 사실은 마르크스의 생각에 대한 한 가지 중요한 비판이다. 즉, 오늘날 우리는 역사의 세부적인 면에 대해 마르크스보다 더 많이 알고 있으며, 그가 당연한 것으로 받아들였던 몇 가지 일반화를 더는 믿지 않고 있다). 이런 관점에서 보면, 문명사회는 노동자들의 물리적 재생산에 직접적으로 필요한 수준 이상의 잉여생산물을 생산하는 기술적 능력에 기초하고 있다. 마르크스는 역사 속의 모든 사회에서 소수의 사람들이 이런 사회적 잉여생산물을 영유했고, 그리하여 사회는 생산자 계급과 사회적 생산물의 영유자 계급으로 분리되었다고 주장한다.

예를 들면, 마르크스는 고대 그리스와 로마 사회에서는 노예노동을 통해 잉여생산물의 대부분을 만들어 냈다고 믿었다. 이런 상황에서는 노예가 직접 생산자이고, 노예 소유주는 잉여생산물의 영유자가 된다. 또한 마르크스는 중세 유럽 사회에서 잉여생산물은 봉건영주의 땅에 종속되어 있는 농노의 노동으로부터 나온다고 믿었다. 농노는 한 주에 며칠 정도 영주의 토지를 경작하며, 그에 따라 중세 영주가 병사들이나 성채를 유지할 수 있는 잉여생산물을 창조한다.

마르크스에 따르면 한정된 계급에 의한 잉여생산물의 영유는 생산자 계급에 대한 착취다. 계급사회란 사회적 잉여생산물이 다른 계급에 대한 착취를 통해 한 계급에 의해 영유되는 사회를 말한다.

생산력과 사회적 생산관계

착취에는 두 가지 측면(또는 헤겔적인 용어로는 "계기들"moments)이 있다. 우선, 사회가 생산자들의 재생산에 필요한 수준 이상으로 잉여를 생산할 수 있는 충분한 자원을 가지고 있어야 한다. 마르크스는 사회의 생산적 자원을 "생산력"이라고 불렀다. 생산력은 인구, 축적된 생산수단, 지식 및 기술을 포함한다. 이 개념은 매우 광범위하며 생산성에 기여하는 모든 요소들을 포함한다. 예를 들어 분업을 조직하는 지식은 그것이 어떤 특정 기계로 구체화되지 않는다고 하더라도 생산력의 일부분이다.

하지만 잉여 생산의 기술적 가능성이 현실의 잉여 생산과 특정한 계급에 의한 잉여생산물의 영유를 보증하는 것은 아니다. 착취는 기술·자원·노동에 대한 통제를 관할하는 특정한 사회제도와도 관련되어 있다. 이런 사회적 제도를 마르크스는 "사회적 생산관계"라고 불렀다. 예를 들어, 봉건사회를 보면, 봉건영주는 자신의 군사력을 통해 농노의 노동과 토지에 관한 통제권을 획득하고 있었다. 이런 통제는 봉건적 특권과 직분의 형태로 그 시대의 사회제도 속에 깊숙이 뿌리박혀 있었다. 봉건영주는 이런 관습·법·계약을 집행하면서 농노에게 자신의 토지를 경작하게 하고 잉여생산물을 수확하도록 했다. 농노는 자신들이 이용할 수 있는 토지에서 일함으로써 생존을 이어 갔을 것이다. 잉여생산물은 봉건영주가 자신의 권리를 집행하고 외부의 위협으로부터 자신의 영토를 방어하기 위해 병사들과 기사들에게 공급되었다. 이는 노예제에서 노예의 모든 생산물이 노예 소유주의 것이 되는 것과 유사하다. 노예 소유주는 노예의 생존에 직접적인 책임이 있고, 노예가 입을 옷과 집, 그리고 최소한의 음식을 지급해야만 한다. 하지만 노예가 생존을 위해 필요한 최소한의 것 이상으로 생산한 것은 모두 노예 소유주의 즉각적인 법적 재산이며, 그들은 잉여생산물을 영유한다.

사회의 생산자들의 총노동시간의 관점에서도 잉여생산물을 생각해볼 수 있다. 사회의 노동 가운데 일부분은 생산자들이 자신을 재생산하는 데 필요한 상품을 생산하는 데 투하되어야 한다. 마르크스는 이 부분을 필요노동시간이라고 불렀다. 하지만 조금이라도 발전한 모든 인간 사회에서 노동 가능한 전체 시간은 노동자의 생존을 위한 노동시간과 일치하지 않는다. 만일 노동자들이 자신들을 재생산하는 데 필요한 노동시간보다 더 일한다면 그 시간은 잉여노동시간이다. 추상적인 의미에서, 착취계급이 잉여생산물을 영유하는 시간은 사회의 잉여노동시간이다.

마르크스는 각 역사적 계급사회가 생산력과 사회적 생산관계의 고유한 조합을 갖고 있다고 보았으며, 이와 같은 조합을 "생산양식"이라고 불렀다. 고대 노예제 생산양식은 노예제 사회관계와 거대한 소유지 위에서 분산된 농업 생산기술의 조합이다. 봉건적 생산양식은 봉건적 특권과 직분, 농노 그리고 공동으로 경작되는 작고 분할된 영역의 토지에서 이루어지는 농업 생산 사이의 조합이다.

마르크스는 생산력과 생산관계의 상호 작용이 사회의 기술 변화 경로를 규정한다고 주장했다. 그의 관점에서 보면 어떤 생산양식은 사회적 생산관계의 안정성을 위협하는 기술 변화와 진보를 억제하는 경향이 있다. 반대로 기술과 노동 조직의 변화에 따른 생산력의 점진적 발전이 사회적 생산관계를 훼손하고 결국에 전복하기도 한다. 역사 발전의 비밀은 이와 같은 생산력과 생산관계 사이의 동역학적 상호 관계에 대한 연구를 통해 밝힐 수 있다. 마르크스는 역사의 변화 과정 그 근저에 일련의 계급 대립이 있으며, 그 안에서 생산양식으로부터 기인하는 계급들이 자신들의 경쟁적 이해관계와 필요에 기초해 정치·문화·군사적인 형태의 싸움을 벌인다고 보았다. 마르크스의 관점에서 프랑스대혁명과 같은 혁명은 계급 대립의 가장 극적인 표현이었다.

토대와 상부구조

생산양식은 인간 사회를 구성하는 복잡한 제도와 실천들의 일부분에 지나지 않는다. 마르크스에 의하면 그것은 자신이 사회의 "상부구조"라고 부른 과학과 예술을 포함하는 문화와 교육, 종교와 법, 정부와 같은 사회의 다른 측면들을 지탱하는 "물질적 토대"를 구성한다. 마르크스는 사회제도의 재생산 과정에서 토대와 상부구조 사이의 복잡한 상호 작용이 존재한다고 주장하지만, 결정적 순간에는 토대의 필요, 그리고 특히 토대의 사회적 관계의 필요가 그 결과를 규정한다. 다른 한편으로 상부구조의 요소들은 사회적 생산관계의 재생산에 결정적critical 기여를 한다.

마르크스는 중세 기독교가 봉건사회에서의 종속적인 사회적 지위를 다수의 농노들이 받아들이도록 하는 데 강력한 역할을 했다고 주장한다. 기독교는 죄와 사후의 삶에 대한 심리적 강박을 주입하면서 사람들을 직접적인 현실적 삶으로부터 괴리시켰다. 마르크스는 자본주의사회에서 부와 재산 분배의 필연적 불평등성을 강조하는 고전학파 정치경제학의 일부인 "부르주아 경제학"도 자본주의적인 사회적 생산관계를 방어하는 변호론이라고 여겼다. 그것은 자본주의사회의 노동자들에게 그들이 살고 있는 제도의 필연성을 설파하는 중요한 역할을 한다.

마르크스는 사회의 법을 계급 구조의 반영으로 해석했다. 예를 들어, 프랑스대혁명 의회는 농노의 잉여노동을 영주가 영유할 수 있게 하는 봉건적 특권과 악습들을 폐지하는 법을 우선적으로 제정했다. 마르크스의 관점에서 보면, 이와 같은 조치는 자본주의적 임금노동 시장에 참가하도록 노동을 봉건적 속박으로부터 자유롭게 하려는 프랑스대혁명의 자본주의적 성격을 잘 표현해 주고 있다. 나아가, 마르크스는 한 사회의 지배적인 철학적, 종교적인 이념이 일반적으로 영유 계급의 신념과 공명한다고 주장했다. 중세의 신학과 철학은 대체로 봉건 엘리트의 특권적인 계급적 지위를 정당화하고 있는 반면, 신흥 산업자본주의의 문헌들은 "자수성가한" 자본가에 알맞은 자조와 사회적 이동성이라는 주제를 도입했다.

생산양식의 변혁

『공산주의자 선언』을 포함해 엥겔스와 함께 작업한 초기 저작들에서, 마르크스는 역사 유물론의 일반적인 관점을 세계사(또는 적어도 유럽사) 해석에 적용하려고 했다. 이는 그 자체의 내적 모순으로 말미암아 그다음 생산양식으로 이행하는 연속된 생산양식 변화라는 이념을 바탕으로 했다.

이것은 원시 공산주의 형태 — 전통적 규칙에 따라 매우 적은 부를 공유하고 있는 소공동체 — 로 살았던 석기시대 사람들을 묘사하면서 시작한다. 이 생산양식의 생산력은 거의 발전하지 못했다. 여기 사람들은 대개 수렵과 채집을 통해 자신의 생존을 이어나가는 사람들이었다. 생산력의 발전 수준이 낮았기 때문에 이렇다 할 잉여도 존재하지 않았고, 따라서 계급 분할도 없었다.

소유관계의 확립, 특히 여성과 아이들에 대한 소유는 이런 원시 공산주의와 그 생산양식을 파괴했다. 여성과 아이들이 재산으로 형성되자 정착 농업이 시작되었고, 그에 따라 잠재적 잉여 생산이 증가했다. 이런 잉여생산물은 사제와 왕들이 영유했고 그에 따라 초기 제국의 계급 구조가 발생했다. 이런 제국들에서 군사력에 의해 징발된 공물과 세금을 통해 광범위한 지역으로부터 동원된 농업 잉여에 기초한 부와 권력의 거대한 격차가 출현했다.

로마제국에서, 대규모 농업에 동원된 노예노동은 잉여 생산의 강력한 엔진이었으며, 착취 방법은 대규모 군사적 공물의 징발 방식에서 벗어나 법제도를 통한 노예로부터의 잉여노동 추출로 이동했다. 고대 노예제 생산양식은 로마제국 및 그 군사·정치적 제도가 붕괴되면서 봉건제적 파편화로 이어졌다. 제국적 팽창을 통해 유지되던 노예들은 특정 지역 영주의 토지에 속박된 농노가 되었고, 그들은 군사적 보호라는 이데올로기적 구실 아래에서 영주에게 자신의 잉여노동을 제공해야 했다.

봉건사회에 들어서자 도시의 성장이 점진적으로 촉진되었고, 봉건적 속박에서 해방된 민족들이 출현했다. 이런 도시들에서 상업과 소규모 제조업에 기초한 초기 자본주의가 확립되었다. 노예제 생산양식과 봉건적 생산양식은 본래 기술적으로는 퇴보적인 형태였다. 노예 소유주들은 노예들이 고의로 파괴할지도 모르는 노동 절약적 도구에 투자하기를 꺼려했다. 봉건영주들은 위기 시에 군인으로 활용하기 위해 자신이 통제할 수 있는 노동을 극대화하는 데 관심을 갖고 있었다. 하지만 자본가들은 기술 변화를 통해 생산을 변형시키려는 강한 유인을 갖고 있으며, 그것은 임금노동의 착취율을 증대시키는 것이었다. 이는 급속한 자본주의적 부의 성장으로 나타났고, 봉건적 귀족과의 대립으로 이어졌으며, 근대 초기 유럽의 혁명적 혼란에서 절정에 달했다.

마르크스와 엥겔스는 봉건사회의 모순이 자본주의로의 전환으로 이어진 것처럼 자본주의사회의 모순이 사회주의로의 전환으로 이어질 것이라 주장했다. 하지만 한 생산양식으로부터 다른 생산양식으로의 이행이 과거에는 항상 새로운 착취 관계에 기초한 계급사회를 탄생시킨 반면, 사회주의는 잉여생산물을 사회적으로 통제하는 제도의 창출을 통해 계급 구별을 폐지할 것이라고 보았다. 자본주의에서 기술을 통한 생산력의 거대한 발전이 이루어진 것처럼 사회주의는 지배계급의 등기에 의한 잉여생산물 추구라기보다는 인간의 필요를 충족시키는 사회를 창조하기 위해 이런 생산력을 협력적으로 사용할 것이다. 마르크스와 엥겔스에 따르면, 결국 국가와 같은 계급사회의 상부구조는 쓸모없어질 것이고, 인류의 "진정한 역사"가 시작될 것이다.

역사에 대한 이와 같은 뛰어나고 여러모로 통찰력 있는 묘사는 20세기 정치와 현대적 역사 연구에 거대한 영향을 끼쳤지만 몇 가지 중요한 한계도 있었다. 마르크스와 엥겔스는 자신들의 생산양식을 정교하게 일반화할 수 있을 만큼 비유럽 민족들의 세부적 역사에 대해 충분히 알지 못했다. 결과적으로, 이런 도식에 비유럽의 문화와 문명을 짜 맞추어 넣기는 어렵다. 그들은 또한 그들의 해석과 모순되는 곤란한 사실들을 무시하는 경향을 갖고 있었다. 유럽의 봉건 사회는 사실상 매우 복잡했으며, 서로 다른 지역과 기간에 따라 굉장히 다양한 사회적 생산관계를 갖고 있었다. 그리고 로마제국에서 잉여 생산의 원천으로서 노예제의 상대적 중요성은 경제사가들 사이에서 극도로 논쟁적인 채로 남아 있다.

정치적 관점에서 볼 때, 마르크스와 엥겔스의 해석에 대한 단순한 독해는, 역사 유물론적 방법의 비판 정신에 걸맞지 않는, 역사를 기계적 운동으로 보는 부적절한 관점을 낳았다. 몇몇 사회주의적·공산주의적 정치 운동들은 자신들의 궁극적 승리가 "역사 법칙"에 의해 사전에 정해진 것으로 간주하기 시작했으며, 이는 결과적으로 동시대의 사회·정치 현실과 그들을 괴리시키는 결과를 가져왔다. 자본주의에서 사회주의로의 이행에 관한 마르크스의 논의는 이전의 생산양식에 대한 논의와는 완전히 다른 개념과 원칙을 도입한다. 앞선 생산양식의 전환이 현존하는 생산양식 내의 새로운 계급 관계의 점진적 성장과 관련되어 있던 반면, 사회주의는 자본주의와는 전적으로 새로운[다른_옮긴이] 작동 원칙에 따라 개조되는 것으로 구상했던 것으로 보인다. 계급 관계와 계급투쟁의 종언 및 인간관계의 새로운 시대의 개막에 대한 마르크스의 예견은 역사 유물론의 일반적인 관점과는 쉽게 어울리지 않는 유토피아적이고 비역사적인 특징을 가지고 있다.

따라서 인간 사회와 역사적 변화를 이해하는 방법론적 접근으로서 역사 유물론의 일반적 원칙과 초창기에 마르크스와 엥겔스가 이런 아이디어를 적용하면서 내세운 구체적 해석을 분리할 필요가 있다. 생산양식의 계기繼起라는 도식의 부정확성과 한계들에도 불구하고 역사 유물론의 일반적 관점은 해결이 필요한 문제들을 제기하고 있으며, 인간 사회의 중요한 관련 측면들에 대해 우리가 주목하도록 하고 있다.

상품과 가치론

마르크스는 『자본』에서 집약될 고전학파 정치경제학에 대한 광범위한 연구를 시작하기 이전에 이미 역사 유물론에 관한 철학을 발전시킨 상태였다. 마르크스는 자본주의가 노예제와 농노제와 같은 예속된 형태의 노동에 기초하지는 않았지만, 잉여노동시간의 영유에 기초한 계급사회라고 여겼다. 그는 동등한 법적·시민적 권리를 보증하는 체계 속에서 잉여노동시간을 영유하는 계급인 자본가의 "비밀"을 파헤치기 위해 그 시대의 정치경제학을 연구했다.

그는 특히 리카도와 같은 고전학파 경제학자들로부터 역사 유물론과 놀라울 정도로 양립할 수 있는 이론을 찾아냈다. 리카도 또한 계급의 관점에서 자본주의사회를 바라보고 있었으며, 노동 가치론에 대한 리카도적 해석은 노동이 상품의 전체 가치를 창조하지만 임금 형태로 그 가치의 일부만을 받는다는 것을 의미했다. 리카도의 노동 가치론이나 그것의 몇몇 변종들은 자본주의사회에서 나타나는 착취의 비밀을 폭로하는 것이었다.

자본순환

마르크스는 먼저 (헤겔의 용어를 사용해서) 현상학적 용어로 자본주의적 생산에 관해 생각하기 시작했다. 즉, 자본주의적 생산은 우리에게 어떻게 직접적으로 나타나는가? 자본은 어떻게 생긴 것인가? 자본주의적 생산은 기본적으로 자본가들이 상품 — 여기에는 노동자의 노동력도 포함된다 — 을 구매한 뒤, 처음보다 더 많은 돈을 얻기 위해, 그 상품이나 그로부터 만들어진 상품을 되파는 과정이다. 그렇다면 이런 잉여가치는 어디서부터 나오게 되는 것일까?

자본순환the circuit of capital은 자본주의적 기업의 소득 계정과 매우 밀접하게 연관되어 있다. 단순하게 말하자면, 소득 계정은 판매되고 있는 상품에 투여된 비용과 판매 수입 간의 차이로서, 상품을 판매하는 기업의 조이윤gross profit을 나타낸다. 마르크스적인 자본순환의 관점에서 보자면, 판매되고 있는 상품에 투여된 비용은 생산을 개시하기 위해 상품을 사려고 자본가가 초기에 지출한 화폐, 즉 자본 지출이다. 판매 수입은 자본가가 결과적으로 얻게 되는 화폐의 총합이며, 조이윤은 마르크스적 의미의 잉여가치다.

마르크스는 자본순환과, 누군가가 자신의 필요를 충족시키는 다른 생산물을 구매하기 위해 어떤 생산물을 판매하고 있는 상품 교환 순환을 대조한다. 상품 순환 속에서 상품은 화폐로 교환되고, 화폐는 질적으로 다른 상품을 구매하는 데 쓰이게 된다. 자본순환에 참가하고 있는 자본가는 잉여가치에 의해 표현되는 부의 증대를 목표로 한다. 상품 순환에 참여한 소비자는 그가 생산할 수 있는 것보다 더 높은 수준의 사용가치 또는 그의 필요를 만족시키는 생산물의 소비가 목적이다.

마르크스는 정치경제학에 관한 초기 저작에서 자본순환을 통해 자본주의적 생산과 사회에 대한 분석을 시작했다. 하지만 그는 이미 자본순환이 복잡한 사회적 개념과 제도의 집합을 전제하고 있다는 것을 깨닫고 있었다. 즉, 시장에서의 상품 교환, 노동력 및 기타 다른 생산 투입물에 대한 사적 소유, 화폐 같은 것들이 전제되어야 하는 것이었다. 마르크스는 자본순환을 분명히 나타내는 이런 제도들에 대한 분석을 보여 주는 『자본』 제1권의 첫 세 장을 독일 철학 공동체를 존중하는 의미에서 [그들의 용어 및 방법을 사용하면서_옮긴이] 시작하고 있다. 이 장들은 한편으로는 너무 길고, 다른 한편으로는 너무 짧다. 그것들이 정치경제학 비판에 대한 혼란스럽고 추상적이고도 악명 높은 소개라는 점에서는 너무 길고, 동시에 다수의 중요하고도 복잡한 문제들을 제기하고 있다는 점에서는 너무 짧다.

사용가치와 교환가치

마르크스는 모든 인간 사회가 자신의 필요를 만족시키는 유용한 생산물을 만들기 위해 노동을 지출한다는 데 주목했다(이런 인간의 필요는 음식과 주거에 대한 필요처럼 생물학적으로 규정되기도 하고 악기, 조각, 종교의식에 필요한 물건들과 같이 사회적으로 규정되기도 한다). 상당수의 인간 사회에서, 생산물은 그것을 만든 사람들에 의해 직접 활용되거나, 관습에 따른 가족 또는 친족 사이의 유대를 통해 소규모 집단 사이에서 분배된다. 이와 같은 경우, 생산의 목적은 명백한데, 생산물은 필요의 충족이라는 목표를 달성하기 위한 수단이기 때문이다.

그러나 어떤 인간 사회 — 자본주의사회는 중요한 하위 범주 가운데 하나다 — 에서는 상당수의 생산물이 다른 생산물과 교환되기 위해 만들어진다(이는 노동 생산물의 관점에서 본 것으로 아담 스미스의 분업에 대한 아이디어와 동일하다). 교환은 생산물과 필요의 관계를 복잡하게 한다. 생산자는 더 이상 직접 자신의 필요(또는 가족이나 부족의 필요)를 만족시키기 위해 생산하지는 않지만, 생산물의 최종 사용자가 될 어떤 다른 사람의 필요를 만족시키기 위해서 생산한다. 최종 사용자는 자신이 생산한 생산물을 자신이 사용할 생산물과 교환해 자신의 필요를 만족시킨다. 마르크스는 교환을 위해 생산된 생산물을 "상품"이라고 불렀다. 마르크스는, 스미스로부터 잠재적으로 혼란스러운 용어를 빌려와, 상품을 사회적인 용어, 즉 사용가치와 교환가치의 조합으로 분석했다. 여기서 "사용가치"는 최종 소비자의 필요를 만족시킬 수 있는 능력을 말하며, "교환가치"는 다른 상품과 교환될 수 있는 힘을 통해 간접적으로 생산자의 필요를 만족시켜 주는 능력을 말한다. 마르크스는 현대사회에서 나타나는 모순의 핵심에 상품의 이와 같은 이중성이 자리 잡고 있다고 보았다.

상품의 경계

사람들은 상품 생산 형태에 대해 양가적인 감정을 갖는 경향이 있다. 한편으로는 상품 생산 형태로 말미암아 분업이 가능해지고 우리가 직접적으로는 절대 얻을 수 없었던 생활수준 및 다양한 생산물을 획득할 수 있게 된다. 다른 한편으로, 우리는 상품 생산을 통해 다른 사람의 필요를 충족시키는 우리 자신의 노동과 우리의 필요를 충족시켜 주는 사람들 양쪽 모두로부터 소외된다. 이는 다른 사람들과 교류하는 방식이 시장의 비인격적이며 적대적인 관계를 통해서만 이루어지기 때문이다.

경제 발전의 파급효과 가운데 하나는 상품 생산 형태가 인간 생활의 다양한 측면들로 점점 더 확대되는 것이다. 자급자족적 농민들은 자신의 직접적인 필요를 초과하는 생산물 가운데 일부분만을 몇몇 종류의 연장이나 공예품과 교환하며, 따라서 자신에게 필요한 것들은 대체로 스스로 직접 생산한다. 분업의 발전과 더불어, 농부들은 단일한 환금성 작물 재배에만 집중하며, 그것의 판매를 통해 얻은 돈으로 자신의 직접적 필요를 만족시키는 것이 효율적임을 깨닫게 된다. 하지만 이와 더불어, 사람들은 좀 더 단순하며 자족적인 체계를 매개하는 직접적이고 인격적인 인간관계의 소멸에 대해 아쉬워한다. 상품 형태는 끊임없이 확대된다. 주택 수리와 자동차 정비처럼 대개 자신의 필요에 따라 개별적으로 이루어지는 일(따라서 마르크스적 의미에서 상품이 아닌)들이 시장에서 제공되는 서비스로 대체된다(따라서 상품이 된다). 가족을 위해 식사를 준비(사용가치를 생산하지만 상품은 아닌)하는 데 시간을 보내던 부모(대개는 여성)들은, 이제 가족이 한 주에 몇 번 정도는 외식을 하는 데 필요한 돈을 벌기 위해 패스트푸드 레스토랑에서 일하게 된다(따라서 식사 준비는 상품으로 전환된 것이다).

상품 생산 형태에 대한 우리의 양가적 감정이 의료 서비스를 받기 위한 재원 마련(점점 더 상품화되고 있지만 순수하게 시장 법칙을 따라 거래되는 것에 거부감을 느끼는 사람이 특히 많다), 대리 부모의 합법화, 신체 일부분에 대한 판매와 아이들 입양 시장의 창설을 용인하는 일과 같은 문제들에 대한 격렬한 공적 논쟁의 중심에 있다.

사용을 위한 생산과 상품 사이의 경계는 끊임없이 이동하고 있으며, 따라서 시장의 논리와 (직접 생산을 매개하는) 직접적인 인간관계의 논리 사이의 새로운 대립과 딜레마도 끊임없이 나타나고 있다.

교환가치와 화폐

마르크스는 가장 넓은 의미에서 화폐는 상품의 교환가치 측면에서 뻗어나왔다고 주장한다. 상품의 교환가치는 다른 상품과 교환될 수 있는 능력이다. 그 특정한 제도적 형태가 무엇이든지 간에 화폐는 그 어떤 구체적인 사용가치로부터 스스로를 완전히 분리하려고 하는 순수한 교환가치의 결정체이다.

이것은 타당성이 있는 개념이지만 이론적으로 수많은 복잡한 문제를 낳는다. 마르크스 시대의 화폐는 본래 상품이자 사용가치와 교환가치를 동시에 갖는 금이나 은이었다. 예를 들어 금은 직접적으로 인간의 필요를 만족시킬 수 있는 능력뿐만 아니라 교환가치의 추상적 창고로서 기능할 수 있기 때문에 보석으로 사용될 수도 있고, 치과에서 활용될 수도 있다. 실제로 금이 화폐로 기능할 수 있는 유일한 근거는 그 자체로 교환가치를 갖는다는 점이다.

마르크스는 다소 정교한 일련의 개념들을 동원해 화폐론을 전개했다. 그는 모든 생산물의 교환에서 각 생산물의 양은 다른 생산물의 교환가치를 나타내거나, 그의 용어로 표현하자면, 최초 상품의 교환가치에 대한 "등가"가 된다는 점을 지적했다. 우리가 추상적인 형태의 상품 교환을 고려한다면, 각 상품은 동시에 다른 것의 등가다. 하지만 사람들은 대체로 다른 상품들의 교환가치를 표현해 주는 일반적 역할, 즉 "일반적 등가"로서 기능하는 하나의 상품을 선택한다. 마르크스는 상품 생산이 확립될수록 대체로 한 상품이 금과 같이 "사회적으로 승인된 일반적 등가"로서 나타난다고 주장했다. 이런 역할을 하는 화폐 상품은 가치 척도가 된다. 국가는 "가격 표준"을 정할 수 있고, 그런 단위(달러, 파운드, 프랑, 마르크, 또는 엔)로 금을 평가하지만, 교환과 생산의 근본적인 법칙이 금과 기타 다른 상품 들 사이의 실제 상대가격을 규정한다.

일단 금과 같은 상품이 일반적 등가로서 등장하면, 그것은 상품 교환을 용이하게 하는 유통의 매개물이 되며, 또한 채무를 청산하는 최종적인 지불 수단이 되는 경향이 있다. 금 통화는 비용이 많이 들고 유지하기 어려우므로(주화는 항상 닳거나 "깎여 나갈" 수 있다), 유통 과정에서 금을 동전, 지폐, 또는 은행 예금과 같은 더 값싼 대체물로 바꾸려는 강력한 유인 ── 이런 대체물이 금으로 태환 가능한 이상 ── 이 존재한다.

화폐 수량 가격론 | 마르크스는 그의 금 가치 분석과는 완전히 다른 원칙을 기초로 경제 내의 상품유통에 필수적인 금량을 분석했다. 한 해에 유통되는 상품의 금 가격과 상품량은 마치 리카도의 분석(2장의 해당 부분과 부록을 보라)과 마찬가지로 한 해의 총유통 가치를 규정한다. 유통을 달성하는 데 필수적인 금 화폐 스톡은 그해에 각 금 조각이 거래에 참여하는 횟수 ── 즉, 화폐의 유통 속도 ── 에 근거한다.

상품유통에 필요한 금 스톡은 총유통 가치와는 정관계에 있고, 화폐 유통 속도와는 역관계에 있다. 하지만 마르크스는 리카도와는 반대로 화폐의 유통 속도와 유통된 상품량, 상품의 금 가격이 유통되고 있는 금량을 규정하는 형태로 교환방정식을 [재_옮긴이]구성했다. 따라서 마르크스는 리카도와는 반대로 교환방정식을 해석하고 있다. 마르크스는 상품 금 가격의 변화가 유통되고 있는 금 화폐량을 변화시킨다고 보았다.

유통되는 상품량의 증대, 평균 가격의 변화, 화폐 유통 속도를 변화시키는 금융적 행동의 변화로 총유통 가치가 항상 변하고 있기 때문에 유통에 필요한 금 스톡 또한 항상 변화한다. 마르크스의 이론에서, 유통 바깥에서 보유되는 금 준비 또는 축장은 유통되고 있는 화폐 스톡을 상품의 총유통에 맞게 끊임없이 조정할 수 있게 하는 저수지를 제공한다.

마르크스의 화폐론은 [그가 전개하고 있는_옮긴이] 상품 일반 이론의 한 측면이다. 상품 이론과 화폐론의 통합은 마르크스가 정치경제학에 기여한 가장 독창적이고 심오한 부분 가운데 하나다.

마르크스의 노동 가치론

마르크스는 노동 가치론에 대한 리카도적 해석을 채택하면서 몇 가지 설명을 덧붙였다. 첫째, 마르크스는 인간 노동이 사용가치의 유일한 원천이 아님을 알고 있었다. 유용한 생산물을 생산하기 위해 인간은 항상 이전에 획득한 어떤 생산수단(그것이 고작 높은 나뭇가지에 매달린 나무 열매를 따는 데 필요한 막대기라 할지라도)과 자연 자원(나무 열매를 매달고 있는 나무 그 자체)을 필요로 한다. 마르크스에게 노동 가치론은 교환가치의 원천에 대한 이론이며, 따라서 교환을 위한 생산, 즉 상품 생산에 한정된 이론이다. 노동은 상품 생산 조건에서 가치의 원천이 된다고 말하는 것이 더 정확할는지 모른다.

마르크스의 기본적인 얼개는 다음과 같다. 즉, 상품에 대한 노동의 지출은 가치를 생산(또는 추가)하는데, 이 가치는 상품 속에 구현되며 화폐의 형태 속에서 그 자신을 교환가치로 드러낸다. 하지만 마르크스는 모든 노동이 가치를 창조하는 것은 아니라고 강조한다. 즉, 낭비되고, 복잡하며, 사적이고, 구체적인 노동과 반대되는 필수적이고, 단순하며, 사회적이고, 추상적인 노동만이 가치를 창조한다는 것이다. 이런 각각의 단서들이 마르크스가 제시하는 상품 이론의 중요한 측면을 나타낸다.

먼저 가장 어려운 개념인 추상 노동에서 출발해 보자. 마르크스는 우리가 보고 있는 노동 지출은 언제나 특정한 생산 업무(금속가공, 컴퓨터 프로그래밍, 재봉, 직조, 방적 등)에 참여하고 있는 특정한 유형의 노동이라고 언급한다. 이런 측면의 노동에 대해 마르크스는 "구체" 노동이라는 용어를 사용했다. 구체 노동은 생산되고 있는 특정한 사용가치(강철, 컴퓨터 프로그램, 직물)와 관련되어 있다. 따라서 모든 노동은 그 구체적 측면을 따라 구별할 수 있는 유형으로 세분화된다. 하지만 상품 생산 사회에 기여하고 있는 모든 노동은 교환가치의 생산이라는, 구체 노동과는 또 다른 공통적인 측면을 가지고 있다. 이런 측면에서 모든 노동은 질적으로 동일한데, 이는 특정한 질을 사상한 균일한 현상으로서 교환가치가 나타나기 때문이다. 마르크스는 노동의 교환가치적 측면에 대해 "추상적"이라는 용어를 사용했다. 어떤 수준에서, 이는 단지 정의에 불과하다. 하지만 마르크스는 자본주의 아래에서 이루어지는 상품 생산의 광범위한 발전과 더불어, 추상 노동이 현실적 현상 ― 통계 속에서, 시장 속에서 그리고 자본주의적 생산자의 계획 속에서 ― 이 된다고 지적한다.

노동은 구체적인 질적 유형에 의해서만이 아니라 숙련과 경험, 그리고 생산성 수준에 의해서도 세분화된다. 만약 우리가 교환가치를 노동에 의해 생산되는 것으로 간주한다면, 이런 차이들을 적절하게 조정할 수 있어야만 한다. 마르크스는, 리카도의 주장을 따라 그리고 이를 확장해, 좀 더 숙련되고 좀 더 생산적인 노동, 즉 "복잡"노동을, 우리가 "단순"노동이라고 부르는 단일한 공통분모로 환원하는 것이 가능하다고 주장한다. 따라서 고도로 숙련된 금속 노동자의 한 시간 노동은 두세 시간의 단순노동과 동일한 것으로 평가할 수 있으며, 생산되고 있는 상품에 두세 배의 가치를 추가하는 것과 같다고 볼 수 있다. 상품 이론은 노동이 교환 체계 바깥(사적 생산, 즉 집이나 자동차 수리, 또는 식사 준비)에서 지출되기도 한다는 점을 우리에게 환기시킨다. 이런 노동은 의심할 여지 없이 사용가치 — 실제로 상품 소비를 대체할 수 있는 사용가치 — 를 생산하지만 교환가치를 생산하지는 않는데, 이는 생산물이 시장에 들어가지 않으며 따라서 사회적 분업의 일부분이 될 수 없기 때문이다. 마르크스는 교환되는 상품에 지출되는 노동을 "사회적" 노동이라고 불렀다. 사적 노동은 그 정의상 교환가치를 생산하지 않는다.

마지막으로, 마르크스는 소모적일 뿐인 노동의 지출은 교환가치를 증가시키지 못한다고 지적한다. 생산물에 불필요하게 노동을 낭비하는 자본주의적 생산자는 더 적은 노동 지출로 동일한 질을 확보한 경쟁자보다 높은 값에서 판매할 수 없다. 마르크스가 보기에 상품의 교환가치는 현재의 모범적 기술과 방법을 사용해 상품을 생산하기 위해 "필요한" 노동량으로 제한된다. 이런 표준 이상으로 지출되는 노동은 아무런 교환가치도 생산하지 않으며, 따라서 단순히 낭비된 것에 불과하다.

노동 가치론에 근거해 한 해에 지출된 단순·사회·필요 노동을 측정할 수 있다면, 그것은 생산된 다수의 상품에 대한 화폐 부가가치로 표현된다.

자본주의적 기업의 손익계산서에서, 이런 부가가치는 판매 수입에서 다른 기업으로부터 구입한 생산수단과 원료 비용을 제한 것에 불과하며, 임금과 조이윤을 합한 것과 같다(경제 전체의 화폐 부가가치는 GDP와 거의 일치한다). 지출된 노동시간 대비 화폐 부가가치의 비율은 주어진 시기에 노동이 경제 내에서 창조한 교환가치 양의 양적 척도다.

예를 한번 들어보자. 2005년 미국에서는 약 1억5천만 명의 노동자가 고용되어서 1년에 [고용된 노동자 1인당_옮긴이] 평균 1,600시간 정도 일했으며, GDP는 약 12조 달러였다. (복잡노동에 대한 조정을 거치지 않은) 총노동시간은 약 2천4백억 시간이다. 따라서 노동 1시간당 약 50달러가 생산된 것이다. 마르크스는 『자본』에서 노동시간을 화폐 등가로 바꾸는 방법을 끊임없이 사용한다. 이와 같은 "노동시간의 화폐적 표현"은 시간당 달러로 표현되며, 임금과 동일한 단위를 갖지만, 그렇다고 같은 것은 아니다. 노동시간의 화폐적 표현은 노동시간당 전체 화폐 부가가치를 이야기해 주지만, 마르크스가 이후에 강조할 것처럼, 노동자는 임금 형태로 이 가운데 일부만을 얻을 뿐이다. 평균임금은 대개 노동시간의 화폐적 표현의 훨씬 적은 부분에 불과하다.

가격과 가치

노동 가치론에 대한 이런 거시 경제적 접근은 전체 경제 수준에서 노동시간과 화폐가치 사이의 등가성을 성립시킨다. 그렇다면 미시 경제적 수준, 즉 개별 상품의 측면에서 그 관계는 어떤가? 만약 상품의 가격이 언제나 그 상품에 투하된 노동에 비례한다면, 각 상품은 경제 전체의 축척 모형scale model이 되며, 생산에 지출된 노동시간에 비례할지도 모른다. 하지만 우리가 (2장의) 리카도에 대한 논의에서 본 것처럼 가격은 일반적으로 개별 상품 수준에서는 투하된 노동시간과 비례하지 않는다.

마르크스는 이런 점을 잘 인식하고 있었고 『자본』 제1권을 출판하기 직전 쓴 노트에서 이 점을 잘 지적하고 있다(이 노트는 그가 죽은 이후 『자본』 제3권으로 출판되었다). 마르크스는 투하된 노동시간과 가격의 괴리가 존재한다고 하더라도, 경제 전체 노동시간에 대한 화폐 부가가치의 비율은 변화하지 않으며, 다만 이는 다양하게 생산된 상품 사이에서 부가가치가 재분배되는 것을 의미한다고 주장했다. 이는 리카도가 불변의 가치 표준 개념을 통해 해결하려고 했던 문제에 대한 마르크스적 해결 방법을 보여 준다. 본질적으로, 마르크스는 사회 전체의 순생산물을 가치 표준으로 상정했으며, 그런 가치(즉, 부가가치)는 지출된 노동시간으로 표현되어야만 한다고 주장했다.[1]

상품 물신주의

마르크스가 자신의 지적 작업 전체를 통틀어 몰두했던 일 가운데 하나가 바로 현대사회의 심리적 불안을 설명하고 이해하는 것이었다. 마르크스는 젊은 시절 이런 질문을 다루기 위해서 소외에 대한 이론을 발전시켰다. 그는 『자본』 1장의 "상품 물신주의"에서 이런 질문을 다시 제기하고 있다.

---

1 투하된 노동과 가격 사이의 관계와 관련된 (종종 "전형 문제"라고 불리는) 이론적 문제에 대한 어마어마한 문헌들이 있다. 어떤 학자들은 여기에서 요약된 방식으로 마르크스를 독해하기를 거부한다. 하지만 마르크스의 노동 가치론에 대한 위와 같은 거시 경제적 해석은 마르크스 분석의 많은 부분을 이해할 수 있게 해주며 적어도 마르크스 이론을 이해하는 데 유용한 첫 단계로 쓰일 수 있다.

　　마르크스는 초기 저작에서 자본주의사회의 사람들은 자신의 창조적인 생산성에 대한 통제력을 잃어버렸기 때문에 고통을 받는다고 주장했다. 실제로 그들은 그 어떤 인격적인 관계에 매개되어 있지 않은 채, 그 자신과 다른 사람들의 필요를 만족시키기 위해 노동한다. 마르크스가 인간 생활의 가장 숭고하고도 만족스러운 성취라고 보았던 노동은, 노동자가 자신의 생존 수단 또는 여가를 구매하기 위한 화폐를 얻기 위해 시장에 자신의 노동 또는 그 산물을 판매하는 경우에는, 단지 목적을 위한 수단이 되어 버린다. 다른 사람의 필요를 충족시키고, 다른 사람은 자신의 필요를 직접적·개인적으로 충족시켜, 자신과 사회의 다른 사람들 사이의 유대를 확립하고 진정한 인간적 만족을 얻는 대신에, 노동자들은 사회적 고립과 경쟁적 적대를 야기하는 분업을 경험한다.

　　마르크스는 현대사회가 인간적인 삶을 위한 긍정적이고 통일된 정신적·사회적 맥락을 제시하는 데 실패하고, 광범위한 심리적 위기를 겪는 것이 소외 때문이라고 생각했다. 마르크스의 소외 개념은 자신이 가진 창조적 잠재력의 산물을 타인에게 양도하는, 따라서 자신의 노동을 소외시키는 사회적 행위와 그 결과로 말미암아 나타나는 정신의 상태 — 사회적 삶 한가운데서 나타나는 분리감, 거리감, 외로움 — 를 모두 포함한다.

　　『자본』에서 마르크스는 상품 이론의 일부로서 다소 상이한 강조점을 가지고 이런 주제를 다루고 있다. 그는 상품 체계(전면적 분업과 그에 부수적인 전문화)가 실제로는 사회의 생산적 성원으로서 우리 모두의 선택과 행위의 집합적 생산물이라고 주장한다. 사실상 분업은 우리의 생산과 생존에 대한 필요를 만족시키기 위한 다른 사람들과의 현실적 상호 의존이라는 거대한 그물망 속에 우리 서로를 연관시킨다. 하지만 우리는 실제로 우리 자신의 집합적 행위에 지나지 않는 이런 체계를, 통제될 수 없는 외적 현상으로서 하나의 독립적 실존을 갖고 있는 것으로 이해한다. 시장, 화폐, 그리고 상품의 체계는 외적 힘으로서 인간을 통제하고 위협하는 "물신"fetish 이 된다.

마르크스는 현대사회의 가장 골치 아픈 문제의 근원에 이런 물신주의가 존재하는 것으로 보았다. 예를 들어 시장과 자본주의 체계는 현존하고 있는 인간관계와 제도들에 어떤 해를 끼치든지 간에 끊임없는 축적과 상품 형태의 확대를 요구하는 것으로 보인다. 시장의 압력으로 말미암아 가난하다고 스스로 믿게 되고, 이로 말미암아 엄청나게 확대된 생산력에도 불구하고 기본적인 인간의 필요를 만족시키고 빈곤을 완화시키는 사회적 제도를 만들 수가 없다. 부모들은 아이들에게 더 나은 삶을 제공하기 위한 돈을 벌기 위해 과로에 시달리고 있다. 그러는 동안 아이들은 자신들이 갈망하는 직접적인 안락함과 사랑을 빼앗기고, 인간적 관계는 화폐와 상품으로 대체되어 버린다.

마르크스의 관점에 따르면, 현대인들이 깊이 경험하고 있고 분개하고 있는 이와 같은 상처들은, 고대 그리스 비극의 영웅들에게 닥친 파국처럼, 근본적으로 스스로 초래한 것이었다. 이런 관점의 긍정적인 측면은, 인간이 스스로 자신을 옭아맴으로써 해를 입히는 다른 환영들illusions과 마찬가지로, 상품 물신주의 역시 의식적으로 용기 있게 맞선다면 없애 버릴 수 있는 것들이라는 점이다. 병적 상상이 무시무시한 밤의 유령을 불러내듯이, 상품 물신주의도 비판적 의식과 분석이라는 밝은 빛에 의해 흔적 없이 사라질 것이다. 마르크스는 이를 그의 시대의 혁명적 과업이라고 보았다.

오늘날 우리는 상품 물신주의를 물질적 소비에 지나친 가치를 부여— 우리의 타고난 권리인 자기 발전을 배제하고 화폐와 그것으로 살 수 있는 사물을 숭배하는 것 — 하는 것으로 해석하는 경향이 있다. 이는 확실히 마르크스의 생각 가운데 일부다. 좀 더 정확하게 말하면 물질주의와 소비주의는 상품 물신주의가 초래하는 심리적 부작용을 징후적으로 보여 준다. 하지만 마르크스는 더 나아가 전체 상품 관계 체계와 그 배후에서 이루어지고 있는 인간들 사이의 현실적 상호 작용의 세계를 들여다보기를 촉구했다.

상품 물신주의 이론은 마르크스 특유의 지적 전략을 보여 주는 사례 가운데 하나라 할 수 있다. 그는 현존하는 이념과 개념 체계 내부에 숨어 있는 완전히 다르고 놀라운 관점을 드러내기 위해 그것을 거꾸로 하거나 (뒤집는) 방안을 끊임없이 모색했다. 상품 물신주의의 경우, 원재료는 노동 생산성을 촉진하는 분업과 시장의 확대 사이의 선순환이라는, 아담 스미스가 이미 제시한 강력한 관점이었다. 마르크스는 우리에게 축적과 전문화의 순환에 대한 매우 상이한 심리학적 독해와 그런 드라마의 매우 상이한 결말을 보여 주기 위해 동일한 재료를 갖고 다시 서술했다.

따라서 마르크스는 상품 물신주의 이론을 정교화해 직접적으로 아담 스미스의 오류와 대결했다. 법에 의해 규제되는 사적 소유관계의 맥락에서조차, 이기심의 추구는 좋은 삶으로 나아가는 경로가 결코 아니다. 그와는 반대로, 이기심의 추구는 개인들이 자신의 진정한 실존 조건(얄궂게도, 아담 스미스가 그토록 명확히 묘사한 분업)을 보지 못하게 하며, 인류가 분업과 기술이 가능케 하는 사회 변화의 실질적 가능성 및 그 조건 모두와 대면하지 못하도록 한다. 여기서 우리는 마르크스가 고드윈의 완전 가능주의를 놀라울 정도로 매우 구체적인 형태로 이어받고 있으며 갱신하고 있음을 알 수 있다. 마르크스가 생각하기에 물신주의에 갇힌 자본주의적 분업 형태를 해방적인 사회적 힘으로 바꾸어 내는 일은 고드윈의 관념론을 초월하는 심리적 긴급성과 역사적 구체성을 갖는다.

자본주의적 착취와 축적

마르크스는 『자본』 제1권 2부에서 그가 독창적으로 제시하려던 문제, 즉 역사 유물론적 의미에서 자본주의를 계급사회로 설명하는 문제에 착수한다. 그런 설명은 상품과 노동 가치론에 대한 비판적 분석을 기초로 한 것이었다.

우리가 앞서 본 것처럼 자본주의는 돈[화폐_옮긴이]을 벌기 위해 돈을 사용한다. 마르크스는 그것을 자본순환 속에서 설명했는데, 자본가는 생산수단과 노동력을 구매하기 위한 자본으로서 일정량의 화폐를 사용한다. 그런 화폐는 자본가가 지출한 것보다 더 많은 화폐로 팔리게 되는(또는 "실현되는") 새로운 상품을 만들기 위한 생산과정 속에서 결합된다. 자본가가 상품을 판매해 얻게 될 화폐와 생산을 위해 지출했던 화폐 사이의 차이가 잉여가치다. 자본가에게 잉여가치는 자본순환의 목적이다. 노동 가치론적 입장에서 잉여가치의 원천을 설명하는 것이 바로 마르크스가 당면했던 분석 프로젝트였다.

마르크스는 이 문제에 대한 우리의 관심을 자극하기 위해, 다음과 같은 지적 퍼즐의 형태로 이를 제시했다. 노동 가치론에 따르면 상품 교환에서는 어떤 새로운 가치도 생겨나지 않는다는 것이 문제다. 누군가 어떤 상품에 대해 상품에 투하된 노동 등가보다 더 많은 화폐를 지불한다면, 가치는 구매자로부터 판매자로 이전될지 모르지만 판매자 수익은 구매자의 손실이다. 상품 체계 전체에서 이런 부등가 교환으로 발생하는 수익과 손실은 사라져야만 한다. 하지만 우리는 잉여가치(자본주의 기업의 이윤)가 체계 전체에 걸쳐 발생하는 것을 목격하고 있다. 그렇다면 잉여가치는 도대체 어디서 온 것일까?

몇몇 경제학자들은, 이윤이란 자본가들이 생산에 실제로 기여한 바를 보상하는 임금이 변형된 것이라고 주장하려고 노력해 왔다. 마르크스는 잉여가치가 이런 방식으로 설명되는 것보다 훨씬 크며, 화폐를 대부한 자본가 — 은행가와 채권 보유자 — 는 생산과정에서 그 어떤 기여를 하지 않았음에도 불구하고 여전히 잉여가치를 받는다고 주장했다.

자본가들이 생산에 자신의 화폐를 투자하는 데 따르는 위험에 대한 보상이 이윤이라고 주장하는 또 다른 시도도 있었다. 이는 더 위험한 투자가 더 많은 평균 수익을 올린다는 정확한 관찰에 기초한 이론이었다. 하지만 마르크스는 이런 리스크 이론은 자본가들 사이에서 리스크의 정도에 따라 잉여가 분배되는 것을 설명할 뿐, 사회적 수준에서 잉여가치가 존재하는 이유를 설명하는 것은 아니라고 주장했다. 매우 낮은 리스크를 갖지만 양의 수익률(대개는 낮은 수준이지만)을 벌어들이는 채권 보유자의 사례를 다시 들 수도 있다.

우리가 잠정적으로 노동 가치론과 그 배후에 있는 리카도의 논리 및 명성을 받아들인다면, 자본주의적 생산에서 잉여가치의 출현을 어떻게 설명할 수 있을 것인가? 이것이 마르크스가 스스로 풀기 위해 제시했던 수수께끼다.

잉여가치, 임금노동, 그리고 착취

마르크스는 이런 문제의 유일한 논리적 해답을 자본가들이 자신의 자본으로 구매하는 상품들 중에서 발견해야 한다고 주장했다. 자본가들은 교환가치를 창조하는 특별한 성격의 상품을 생산과정 속에서 소모한다. 자본가들이 이 특수 상품을 사용하게 되면, 새롭게 창조된 부가가치가 생산되고 있는 상품의 가치에 추가된다. 만약 이런 특수 상품의 가치가 그것이 창조하는 교환가치보다 낮다면, 자본가는 잉여가치 또는 이윤과 같은 초과분을 영유할 수 있다.

우리는 노동 가치론을 통해 가치를 창조하는 것은 바로 노동 지출이며, 가치를 창조하는 특수 상품이 노동자의 "노동력", 즉 생산과정 속에서 유용한 노동을 할 수 있는 능력이어야만 한다는 것을 알 수 있다. 마르크스는 노동 — 생산과정에서 실제로 지출되는 인간의 노력 — 과 노동력 — 유용한 노동을 할 수 있는 노동자의 역량 또는 잠재력 — 의 구분을 정치경제학에 대한 자신의 독창적인 기여로 간주하고 있다. 스미스와 리카도는 시장에서 자본가가 구입하는 투입물과 상품에 가치를 추가하는 활동 모두에 대해 노동이라는 용어를 사용했다. 따라서 마르크스는 실제로 자본주의적 생산의 수익성이 의존하고 있는 부분을 명확하게 구분했지만, 스미스와 리카도는 혼동하고 있는 것이다. 마르크스에 따르면, 자본가들은 노동을 구입하는 것이 아니라 노동력을 구입하는 것이며, 이는 중요한 두 가지 결과를 낳는다. 한편으로, 만약 노동력의 가치가 노동이 생산한 가치보다 작다면 자본가는 생산으로부터 잉여가치를 얻을 수 있다. 따라서 우리는 이윤의 기원을 설명할 수 있다. 다른 한편으로 노동력을 단순히 구입했다고 해서 고용된 노동자들의 유용하고도 가치 창조적인 실제 지출이 보장되는 것은 아니다. 이는 자본주의적 생산의 노동 규율과 유인 구조의 출현을 설명해 준다.[2]

---

2 노동력의 가치는 임금의 노동시간 등가다. 예를 들어 노동시간의 화폐적 표현이 시간당 40달러이고, 평균임금이 시간당 20달러라고 하면, 임금의 노동시간 등가는 2분의 1이다. 다른 말로 하면, 자본가에게 유용한 가치 노동으로 지출될 수 있는 노동력은 노동 2분의 1 시간의 비용으로 산정된다. 마르크스의 노동 가치론 해석에 따르면 이런 차이가 이윤 또는 잉여가치

이런 관점에서는 무엇이 노동력 가치를 규정하는지 이해하는 것이 가장 중요하다. 마르크스는 『자본』의 서로 다른 논의들 속에서 이런 질문에 대한 상이한 대답을 내놓고 있다. 『자본』 제1권의 2부에서 그는 맬서스와 리카도의 논의와 다소 가까운 형태로, 노동력의 가치를 가장 근사적으로 규정하는 것이 재생산을 위한 생존비용이라고 이야기하고 있다. 이는 노동자가 생존하기 위해서 자신의 노동 능력을 쇄신하고 재생산하는 데 필요한 상품으로 구입하는 일정량의 음식, 주거, 옷 등을 말한다. 마르크스에 따르면 임금은 노동자들이 이런 상품들을 구입할 수 있을 정도가 되어야만 한다(이는 본질적으로 리카도와 맬서스의 임금 이론이다). 그리고 이런 사회적이며 역사적인 생활수준이 노동력의 가치를 제어한다.

마르크스는 노동력이 시장에서 광범위하게 이용할 수 있는 상품으로 등장하기 위해서는 노동자들이 이중적 의미에서 자유로워야 한다고 말한다. 첫째, 노예제 및 농노제에서와는 달리 노동자들은 법적으로 자유롭게 자신의 노동력을 판매할 수 있어야 한다. 이런 분석에 따르면 자본주의는 노예제 및 농노제와 같은 예속된 형태의 노동에 완전히 적대적이며, 프랑스대혁명과 미국 남북전쟁과 같은 정치적 상황에서 이 예속된 형태의 노동을 폐지하려고 투쟁한다. 하지만 둘째로 노동자들이 만일 생산수단 — 생산적 활동을 수행하는 데 필요한 원료와 도구 — 에 접근할 수 있는 권한을 갖고 있다면, 자신의 노동력을 시장에서 판매하지 않을 것이다. 생산수단을 소유하고 있는 노동자들은 자기 혼자 일하려고 하지, 노동력을 상품으로 판매하는 임금노동자가 되려고 하지는 않을 것이다. 따라서 노동자들은 역사적으로 생산수단에 대한 접근권이 없어야 하는데, 마르크스는

______

의 원천이다.

이를 전통적으로 농가들이 사용하던 목초지나 산림의 인클로저를 통해 근대 초기 유럽에서 토지에 대한 사적 소유를 만들어 낸 운동을 통해 설명하고 있다.

임노동을 노동력 상품의 판매로 분석함으로써, 마르크스는 역사 유물론적 측면에서 자본주의사회를 계급사회로 간주한다. 그는 양의 이윤이 존재하고 있는 자본주의사회에서 노동력의 가치는 보통 1보다 작다고 지적한다.[3] 이는 노동자들의 임금에 대한 노동시간 등가[노동력 가치_옮긴이]가 실제 수행한 노동의 일부에 지나지 않는다는 점을 의미한다. 자본가는 그 초과분을 이윤 또는 잉여가치의 형태로 영유한다. 노동자는 자본주의적 고용주와 법적으로 대등하게 협상하지만, 자본가계급은 자신의 생산수단에 대한 소유권을 통해 사회의 잉여노동시간을 화폐로 영유하며, 이것이 노동자에 대한 자본주의적 착취 메커니즘이다. 마르크스는 자본주의적 착취 메커니즘이 노예 또는 봉건적 착취 메커니즘과 다른 반면, 계급적 관점에서 보는 결과 — 특정 계급에 의한 사회적 잉여생산물의 영유 — 는 동일하다는 것을 보여 준다.

상품 가치의 구성 요소

임금노동 이론을 통해 보충된 노동 가치론은 자본주의 체계 전체 수준에서 자본가들이 노동력 구매를 위해 임금으로 지출하는 화폐와 다른 생산

---

3 옮긴이_이렇게 거시적 관점에서 노동 가치론을 보는 방식은 노동력 가치를 단위 임금에 화폐의 가치(부가가치 화폐 단위당 노동시간)를 곱한 것으로 표현한다. 이럴 경우 노동력 가치는 임금 몫(부가가치 대비 총임금의 비중)과 근사적 관계를 맺는다고 볼 수 있으며, 이윤 또는 잉여가치가 존재하는 이상 임금 몫은 1보다 작다.

투입물(도구와 원료)을 구매하기 위해 지출하는 화폐 사이에 결정적 차이가 존재한다는 것을 의미한다. 노동 가치론의 관점에서 보면, 자본가들이 원료와 기타 비노동 투입물에 대해 지출한 만큼의 화폐는 상품 판매 시 변화되지 않은 채로 회수된다. 그 결과, 마르크스는 비노동 구성 요소에 대한 자본 지출을 ("비확장 자본"nonexpanding capital이라는 용어가 더 나은 용어임에도 불구하고) "불변자본"constant capital이라고 불렀다. 이와 달리 자본가들이 임금에 지출한 화폐는 노동자들이 임금 등가 이상으로 지출하고 있는 노동을 표현하는 잉여가치와 함께 자본가들에게 돌아온다. 마르크스는 임금 부분에 대한 자본 지출을 ("확장 자본"expanding capital이라는 용어가 더 적절할지 모름에도 불구하고) "가변자본"variable capital이라고 불렀다. 불변자본과 가변자본의 총합이 상품의 비용이다. 상품의 판매 가격은 잉여가치를 포함하므로, 평균적 상품의 전체 가치는 불변자본과 가변자본, 그리고 잉여가치의 합이다. 부가가치는 가변자본과 잉여가치의 합이며, 이는 상품을 생산하는 데 지출된 산노동living labor이다(부록에서 이런 다양한 구성 요소의 비율을 정의하고 분석했다).

오직 노동만이 잉여가치의 사회적 원천이라는 것을 인식하지 못하고 있는 자본가들은 이윤을 전체 자본 스톡 덕분이라고 생각한다. 이는 이윤이 노동으로부터가 아니라 자본으로부터 나오는 것으로 보이도록 하는 자본주의 기업들 사이에 벌어지는 경쟁을 통한 이윤율 균등화 경향 때문이다. 사회적 관점에서, 마르크스는 가변자본 플로우와 잉여가치 사이의 비율이 중요하다고 주장했는데, 이는 산노동이 자본가에 의해 영유되는 잉여가치와 노동의 재생산으로 분할되는 것을 나타내기 때문이다. 마르크스는 이를 "잉여가치율" 또는 "착취율"이라고 불렀다.

노동일

마르크스는 자본주의사회에 대한 자신의 계급적 분석을 통해 제기된 문제들을 탐구하기 위해 "사회적 노동일"social working day이라는 개념을 사용했다. 그는 우리에게 전체 사회의 노동시간을 거대한 단일 노동일로 상상해 보라고 요청한다(물론 우리는 노동년working year 또는 다른 특정한 시간 단위에 대해 생각해 볼 수도 있다). 노동 가치론은 이런 노동일이 노동이 상품에 추가하는 가치와 비례한다고 가정한다. 여기서 마르크스가 암묵적으로 모든 생산은 시장을 통해서 교환되는 상품 형태를 취한다고 가정했음을 파악하는 것이 중요하다.

사회적 재생산의 관점에서 보면, 노동일은 노동자들이 재생산에 필요한 생존 재화를 생산하는 데 요구되는 노동시간(필요노동시간)과 잉여 생산에 기여하는 노동시간(잉여노동시간)으로 나뉜다. 노동 가치론적 관점에서 보면, 필요노동시간은 부가가치 가운데 임금 부분에, 그리고 잉여노동시간은 부가가치 가운데 잉여가치 부분에 상응한다.[4]

계급적 관점에서, 마르크스는 임금에 상응하는 노동일을 "지불" 노동으로, 잉여가치에 상응하는 부분을 "부불" 노동으로 불렀다. 물론 그가 노동자들이 자신의 노동일 가운데 앞선 4시간만을 지불받는다는 의미로 이야기한 것은 아니다. 그들은 8시간 모두에 대해서 임금을 받는 것이지만, 임금으로 표현되는 노동시간은 노동자들이 실제로 수행한 노동의 일부분이다.

---

4 만약 사회적 노동일이 8시간이라고 하고, 노동의 화폐적 표현이 시간당 40달러이며, 평균임금이 시간당 20달러이면, 필요노동시간은 4시간이며, 잉여노동시간은 4시간이다. 총부가가치는 노동자당 320달러이고, 160달러가 노동자에게 임금으로 돌아간다.

노동일의 이미지는 임금노동시간의 분배, 즉 노동력 상품의 판매 결과로 사회에서 수행된 노동의 분배를 나타낸다. 하지만 현실적으로 사회적 노동시간은 집안일과 아이 돌보기 같은 비임금노동을 포함한다. 그러므로 사회적 노동시간 전체는 부가가치 또는 임금노동시간보다 크며, 사회를 재생산하는 데 필요한 노동시간은 임금노동자의 지불 노동시간보다 크다.

상품 생산이 사회 전체로 확산됨에 따라, 점점 더 많은 사회적 필요노동이 임금노동이 되고, 이는 임금노동일을 확대시킨다(부록에 나와 있는 그림 설명을 참조).

절대적 잉여가치

마르크스는 잉여가치의 근원은 필요노동시간 이상으로 노동일을 확장하는 것이라고 주장했다. 역사적 측면에서, 자본주의는 상대적으로 원시적인 기술을 가진 사회에서 발생한다. 이 사회에서 스스로 생산수단에 접근할 수 있는 사람들은 자신의 생계 수단을 생산하는 데 필요한 최소한의 시간만을 일할 것이다. [따라서_옮긴이] 자본가들은 수익성 있는 자본주의적 생산을 위해 노동자들이 사회적 필요노동시간 이상으로 일하도록 하는 방법을 찾아내야만 한다. 마르크스는 노동일의 연장을 통해 생산되는 잉여가치를 "절대적 잉여가치"라고 불렀다.

노동일의 길이는 발전도상에 있는 자본주의사회에서 나타나는 정치적 계급 대립의 주요 쟁점이 된다. 노동조합과 좌파 정치 그룹은 노동일을 제한하는 법적 수단들에 대해 노동자계급이 강력한 지지를 보낸다는 것을 알게 되었다. 가장 진보된 기술을 보유한 거대 기업 같은 자본의 중요한 구성원들 또한 뒤쳐진 경쟁자들보다 훨씬 쉽게 노동일 제한에 따른 비용 증가분을 흡수할 수 있기 때문에 노동일 제한을 지지했다. "근로기준법"은 대부분의 산업자본주의 국가에서 가장 중요한 노동정책이 되었다. 예를 들어 미국에서는 대개 연장 노동에 대해 고용주에게 정규 임금의 50퍼센트 정도를 더 지불하도록 하는 벌금 형태로 노동일을 제한하고 있다("연장 근로에 대해 1.5배").

우리가 본 것처럼 필요노동시간은 사실상 개별 노동자뿐만 아니라 노동자 가족을 재생산하기 위해 필요한 시간이다. 이렇게 보면 노동일은 개별 노동자의 임금노동시간뿐만 아니라 노동자계급의 재생산 단위인 전체 가족에 의해 행해지는 노동시간이다. 여성 고용에 대한 법적 제한 그리고 아동노동에 대한 규제 및 금지는 노동일을 제한해 착취를 제어하려는 시도의 한 측면이다. 이런 정책은 고유한 성적 편향으로 말미암아 자본주의 노동시장에서 여성을 주변화하는 데 기여하기도 한다. 페미니즘은 남성과 동등한 조건에서 노동력을 판매할 수 있는 여성의 권리에 대한 제한의 철폐를 주요 목표로 해왔다.

상대적 잉여가치

절대적 잉여가치에는 고유한 한계가 있다. 긴 노동일과 노동주는 노동자의 체력을 약화시키고 피로·부주의·사고로 말미암아 생산성을 떨어뜨린다. 이런 한계가 분명해짐에 따라 자본가들은 잉여가치를 증가시키는 다른 방법을 찾으려고 한다. 만약 노동일의 상한이 정해져 있다고 한다면 노동력 가치를 낮추는 것, 즉 필요노동시간을 축소하는 것이 잉여가치를 증대시키는 유일한 방법이다. 마르크스는 이와 같은 방벽으로 생산되는 잉여가치를 "상대적 잉여가치"라 불렀다.

　　자본가들이 노동자의 실제 소비를 낮춤으로써 노동력 가치를 저하시키는 데 관심을 갖고 있는 반면, 노동자들은 그에 저항하려고 한다. 자본주의의 일정 시기 동안, 예를 들어 산업혁명 초기 영국이라든지 1970년대 이후 미국에서 노동자계급 일부의 생활수준 하락은 잉여가치율을 증대시키는 중요한 요소가 되기도 했다. 하지만 자본주의적 발전과 더불어 노동자의 생활수준이 증가하는 동시에 잉여가치율도 증가하는 것이 더 흔한 방식이다. 이는 노동생산성이 증가해 노동자가 소비한 상품의 노동 가치가 하락할 때만 가능하다. 이런 환경 속에서는 노동자들의 일정한 생활수준이 더 적은 비중의 노동일로도 유지될 수 있으며, 잉여가치는 증가할 수 있다. 잉여가치율은 노동생산성의 성장보다 노동자 생활수준의 증가가 더 작을 경우 상승하는 경향을 나타낼 것이다.

자본주의적 경쟁과 혁신

상대적 잉여가치는 사회적 현상이다. 즉, 노동자가 소비하는 임금재의 점진적이고 일반적인 가격 하락의 결과다. 그 어떤 개별 자본가도, 그가 아무리 많은 자본을 가지고 있다 해도, 노동력 가치에 직접적인 영향을 미칠 수는 없다. 그러나 자본가들 사이의 경쟁은 모든 상품을 더 낮은 가격과 비용에서 생산하게 하여 간접적으로 노동력의 가치를 낮추는 기술혁신을 가능하게 하도록 한다.

　　만약 특정 자본가가 조직적 또는 기술적 혁신을 통해 생산 비용을 낮출 수 있다면, 그는 평균 이윤 이상의 "초과이윤"을 영유할 수 있는 지위에 있다. 상품 가격이 경쟁자들의 더 높은 비용에 의해 결정되기 때문이다. 이런 초과이윤은 컴퓨터 산업 혁신자들의 경험에서 나타나는 것처럼 매우 클 때도 있다. 하지만 각 혁신의 이점은 경쟁자가 동일하거나 그에 상응하는 비용 절감 방법을 발견하고 이를 채택함에 따라 점차 사라진다. 어떤 산업에서 모든 자본가들이 비용을 절감하고, 경쟁으로 말미암아 상품의 가격이 하락하게 되면, 점진적으로 초과이윤은 사라진다. 시간이 흐른 후에 자본가들은 자신이 출발했던 평균 이윤율 수준으로 돌아왔다는 것을 알게 된다. 그리고 다시 순환을 시작하기 위해 새로운 혁신을 찾아 나서야만 한다.

이런 과정을 통해 자본가들은 초기의 경쟁적 지위로 돌아가지만 사회 전체적으로 보았을 때에는 상품의 생산 비용과 가격이 낮아지는 지속적인 효과가 있다. 혁신을 통한 초과이윤의 모색은, 그것이 자본주의적 생산 전반에서 일반화됨에 따라, 기술 변화의 강력한 엔진이 된다.

마르크스는 기술적 진보성이 자본주의의 가장 깊은 내적 본성이라고 생각했다. 그는 아담 스미스의 분업의 확대에 대한 논의로부터 기술 변화에 대한 분석을 발전시켰다. 마르크스는 그런 과정이 인간 사회 일반에서 나타나는 몰역사적 특징이 아니라 자본주의적 사회관계와 경쟁 메커니즘에 고유한 것임을 보이려고 애썼다. 마르크스는 아담 스미스의 오류를 받아들이지는 않았지만, 스미스적인 관점에서 자본주의 생산의 현실적 동역학을 바라보고 있었다.

상품이 값싸질수록 노동력의 가치도 떨어지겠지만, 노동자계급의 정치·사회적인 염원은 이에 대한 중요한 반경향을 구성한다. 노동자들은 더 높은 생활수준과 자기 발전에 대한 여지를 모색하기 때문에 더 높은 실질임금과 노동력의 가치를 요구하는 경향이 있다. 마르크스는 자본주의적 발전의 지속으로부터 노동자가 얻을 것은 아무것도 없다는 자신의 정치적 수사 때문에 자본주의 발전의 이와 같은 측면에 대해서는 등한시했다. 하지만 역사는 노동력 가치와 잉여가치율의 진화가 더 높은 임금을 요구하는 노동자의 사회적 투쟁과 기술 변화 사이의 상호 작용의 결과라는 것을 보여 주고 있다.

축적, 기술 변화, 이윤율 저하

자본순환은 자본가가 출발했던 지점보다 더 많은 화폐가치를 영유하면서 끝을 맺는다. 이런 화폐가 다시 자본순환에 들어가고 확장해 나갈 수 있는 가능성이 항상 존재하기 때문에, 마르크스는 자본주의적 생산의 전형적인 유형을 확장 또는 "축적"이라고 주장했다. 하지만 자본순환이 매번 이루어질 때마다 새로운 기술과 조직 형태가 나타나서 생산에 통합되기 때문에 축적을 순수하게 양적 자본 팽창 과정으로만 볼 수는 없다. 축적은 시장의 확대와 분업 사이에 긍정적인 피드백이 발생하는 마르크스적 버전의 스미스적 선순환 과정이다. 마르크스는 스미스가 이 전체 과정이 역사 구체적인 생산의 사회적 관계를 통한 노동 착취에 기초하고 있다는 점을 설명하지 못했다고 보았다.

스미스와 리카도 모두 이윤율이 자본축적과 더불어 저하하는 경향을 갖는다는 것을 알고 있었다. 리카도는 한정된 토지의 수확체감과 지대의 성장에 기초해 이런 경향에 대한 정밀한 설명을 제공했다. 마르크스 또한 이윤율이 자본축적에 따라 저하한다고 믿고 있었지만, 스미스처럼 기술혁신을 통한 수확체감의 극복이 자본의 내적 본성이라고 믿고 있었기 때문에 리카도의 수확체감 모델은 받아들이지 않았다.

이윤율은 생산에 투자된 총자본 대비 잉여가치의 비율이다. 이 비율은 노동자 한 명당 투자된 자본 대비 노동자 한 명당 잉여가치의 비율로 생각할 수도 있다. 리카도는 자신의 이론에서 산업 노동자 한 명당 잉여가치는 농업 한계 토지에 의해 규정되며, 농업 투자의 수확체감 때문에 시간이 지남에 따라 하락한다고 가정했다. 다른 모든 것이 일정할 때, 노동자 한 명당 잉여가치의 저하가 이윤율을 저하시키는 경향이 있다는 것을 알기는 어렵지 않다. 반면, 마르크스는 그와는 다르게 자본주의적 생산은 노동자 생활수준의 상승보다 상품의 노동 가치를 더 빨리 저하시켜 노동자 한 명당 잉여가치를 높이는 경향이 있다고 주장했다. 이윤율은, 노동자 한 명당 투자된 자본이 노동자 한 명당 잉여가치의 상승을 상쇄할 만큼 빠르게 상승해야만, 노동자 한 명당 잉여가치가 상승함에도 불구하고 저하할 수 있다.

마르크스는 이것이 자본주의 발전의 전 과정에 걸쳐 일어나는 경향이 있다고 보았다. 자본주의는 다른 생산양식에서 나타난 후진적이고 원시적인 기술을 가지고 자신의 역사적 이력을 시작한다. 이런 기술 — 원시적이고 값싼 도구를 사용하는 수공업적 방법 — 은 노동자의 재생산에 필요한 수준보다 약간 많은 잉여생산물을 제공할 뿐이다. 따라서 노동자 한 명당 잉여가치는 최초에는 필연적으로 매우 낮다. 다른 한편으로 이런 원시적 방법에 요구되는 생산수단은 양적으로 매우 적고 구입하는 데 매우 저렴하다. 따라서 초기 자본가들은 생산을 수행하는 데 있어 많은 양의 화폐를 투자할 필요가 없다. 노동자 한 명당 투자된 자본 또한 매우 적을 것이며, 노동자 한 명당 잉여가치의 수준이 매우 낮음에도 불구하고 이윤율은 높다.

자본주의는 기술혁신을 통해 물려받은 생산과정을 재형성하기 시작했다. 상대적 잉여가치는 노동자 한 명이 생산하는 잉여가치의 수준을 높이는 경향이 있지만, 자본가계급은 좀 더 진보된 생산 방법을 통해 최종

생산물을 생산하기 위해서는 공장을 늘리고, 중장비를 확충하며, 더 많은 양의 원료를 구입하기 위해 더 많은 자본을 투자해야만 한다는 사실을 발견한다. [결국_옮긴이] 마르크스의 관점에 따르면, 노동자 한 명당 투자된 자본은 증가하며, 이는 시간이 지남에 따라 이윤율을 점차 하락시킬 수 있을 정도로 상승하는 경향이 있다.[5]

자본축적에 대한 마르크스의 개념화는 이윤율 저하에 대한 자신의 설명 배후에 있는 기술 변화 과정과 상대적 잉여가치를 통합한다. 축적 이론은 분업의 확대와 시장의 확장에 대한 스미스적 선순환의 마르크스적 종합과 확대라고 할 수 있다. 한편으로 보면, 축적은 마르크스가 논의한 "확대재생산"이라는 측면으로서, 자본 가치의 양적 증가다. 확대재생산은 사용하고 있는 기술, 임금과 잉여가치 사이의 부가가치 분할 그리고 노동자 한 명당 투자된 자본이, 일정한 질적인 변화 없이, 규모만이 변화하고 증가하는 경제 체계라고 상상할 수 있다. 하지만 현실 세계의 자본가들은 축적 과정에서 새로운 생산기술을 찾아내고, 인수와 합병을 통해 기업을 재조직화하며, 노동력의 새로운 원천을 발견한다. 이에 따라 경제 체계는 질적으로 변화하는 것이다. 아담 스미스는 분업의 확대에서 이런 질적 변화의 측면을 보았다. 마르크스는 자본축적 과정에 이런 양적이고 질적인 변화 모두를 통합했다.

---

5 역사적 통계는 마르크스의 설명이 자본주의 생산 기간 전부는 아니지만 일부에서 정확했다는 것을 보여 준다. 예를 들어 미국을 보면 1869년부터 1910년경까지 그리고 다시 1950년부터 1990년까지 노동자 한 명당 잉여가치와 투자된 자본이 상승하는 마르크스적 양상이 나타난다. 하지만 1910~50년까지의 중간 기간에서는 노동과 자본 생산성이 모두 급속히 상승해 노동자 한 명당 투자된 자본은 상승하지 않고 이윤율이 극적으로 회복되는 상이한 양상이 나타나기도 한다.

노동 예비군

노동력 수요의 변동은 자본축적과 함께 일어나는 질적인 변화의 한 측면이다. 자본의 양적인 증가로 노동력 수요가 급속하게 증가하는 시기와 노동생산성의 증가로 일자리와 고용된 노동자의 수가 감소하는 시기는 번갈아 나타난다. 마르크스는 이런 고용된 노동의 변동이 "노동 예비군", 즉 불경기에는 실업 상태의 노동자들을 흡수하고 수요 증대의 시기에는 노동을 공급하는 잠재 노동력 풀pool의 변동을 통해 조정된다고 보았다.

노동 예비군은 이윤율과 임금의 수준을 조절하는 역할을 한다. 축적이 급속하게 발생해 노동력 수요가 증대하고 자본가들 사이의 경쟁이 임금을 상승시킬 징후가 보일 때, 고용된 노동자들과 실업자들 사이의 경쟁은 임금에 대한 [상승_옮긴이] 압박을 축소하는 경향이 있으며, 급속한 기술 변화로 많은 노동자들이 일자리를 잃고 과잉 노동력을 창출할 징후가 보일 때, 노동 예비군으로부터의 노동의 유입은 감소하거나 심지어는 그 흐름이 역전되어 임금 하락 압력을 둔화시키기도 한다.

마르크스는 노동 예비군을 세 가지 범주로 구분했다. "유동적"floating 노동 예비군은 현대 경제학자들이 부르는 실업자에 가깝다. 이들은 일시적으로 해고되었다가 다시 적극적으로 새로운 일자리를 찾고 있는 노동력 풀이다. 유동적 예비군은 비록 현재 고용되어 있지는 않지만, 자신의 재생산과 생존을 임금노동에 의지하고 있는 프롤레타리아화된 사람들로 구성된다.

유동적 노동 예비군의 일부는 일자리를 더 이상 찾을 수 없는 "정체적"stagnant 노동 예비군 — 산업 현장에서 일자리를 찾는 데 실패하고 범죄와 의존적 삶으로 전락하는 프롤레타리아 — 으로 전락한다. 오직 노동시장의 극단적 변동만이 정체적 예비군에 영향을 미친다.

자본주의의 잠재적 발전에 매우 중요한 것은 "잠재적latent 예비군", 즉 전통적 농업 사회와 자본주의사회 내부에서 노동시장에 참가하지 않은 집단으로 존재하는 거대한 잠재적 프롤레타리아 대중이다. 예를 들어 19세기 영국 자본주의에서 잠재적 예비군은 농업 생산의 합리화와 공유지로부터의 인클로저로 말미암아 농촌 농업 경제로부터 추방된 영국과 아일랜드의 토지 잃은 농업 노동자들로 구성되었다. 잠재적 예비군은 세계 자본주의 발전 속에서 여전히 중요시되고 있다. 제2차 세계대전 이후 유럽의 "경제 기적"이라고 불리는 재건 기간 동안, 유럽 국가들은 급속하게 증가하는 노동력 수요를 충족시키기 위해 남부 유럽, 북아프리카, 터키로부터의 이민자들에게 의존하게 되었다. 미국 경제는 성장 과정의 여러 기간 동안 유럽, 카리브 해와 멕시코, 중앙아메리카, 아시아로부터 이민을 유도하기 위해 노력했다. 마르크스는 자신의 분석을 통해 이런 이민자의 유입이 성장하고 있는 자본주의경제의 임금수준 변동을 조절하는 중요한 역할을 한다고 이야기했다. 많은 발전도상국에서는 농업에 종사하는 오래된 지역으로부터 도시 산업 고용으로의 노동의 이동이 결정적인 역할을 한다. 이런 유입은 마을로 돌아가서 가족을 꾸리고 토지를 매입하고 결혼을 하기 위해 부를 쌓기를 희망하는 젊은 남녀의 일시적인 이주에서 시작한다. 시간이 지날수록 사람들이 도시에 사는 것을 더 선호하거나 결혼을 하기 위해 도시에 정착하면서 이런 일시적 이주는 점점 더 영구적인 것이 되어 간다.[6]

---

6 여성들의 노동력 참가율이 증가하고 점점 임금노동자화됨에 따라 여성들은 선진 자본주의경제의 잠재적 노동 예비군의 주요 부분을 구성했다. 경제사가들의 최근 연구에 따르면 여성들은 전형적으로 전통적 농업 사회에서 중요한 경제적 역할을 했는데, 약 1920년에서 1960년 사이에 걸쳐 미국에서 많은 여성들이 비임금노동의 상태로 가계에서 대부분의 삶을 보냈다는 것은 이례적이라고 말하고 있다.

앞으로 25년에서 50년 사이에 선진 자본주의국가의 자본축적으로 라틴아메리카, 아시아, 아프리카의 잠재적 노동 예비군의 이동이 전 세계적으로 나타나는 거대한 드라마를 쉽게 볼 수 있을 것이다. 이런 과정이 어떻게 발생하게 될지, 어떤 제도가 그런 과정을 형성하도록 할지, 그런 과정에 연루된 경제들에서 어떤 변화가 일어나게 될지는 풀리지 않은 흥미로운 문제들이다.

시초 축적

마르크스는 자본주의의 역사적 기원들, 즉 그가 "시초 축적"이라고 부른 과정에 대한 논의로 『자본』 제1권을 끝맺는다. 마르크스의 역사 유물론적 관점에서 보면, 양도 가능한 사유재산의 형태를 갖지 못했던 전 자본주의 사회의 생산수단들이 어떻게 자본의 역할을 할 수 있는 사유재산으로 전환되었는가가 흥미로운 질문이 될 수 있다. 마르크스는 자본주의적 사회 체계의 초기 자본 가운데 일부만이 상인들과 자본주의 초기의 소규모 기업들이 얻은 이윤으로부터 축적된 것이라고 보았다. 그는 초기 자본의 대부분은 이미 만들어진 생산수단을 자본으로 강제적으로 전환함으로써 축적된다고 주장했다.

요컨대 시초 축적은 마르크스가 근대 초기의 유럽 역사를 바라보는 강력한 렌즈다. 그가 기술했듯이, 전 자본주의적 생산양식에서 축적된 생산수단이 자본으로 전환된 것은 대부분 폭력 — 전쟁, 혁명, 대량 학살, 약탈, 종교전쟁 — 의 결과였다. 전통적인 역사학은 이 사건들을 개별 참여자들의 의식성과 그들이 가진 이데올로기의 측면에서 해석하지만, 마르크스는 이들을 단일한 양상으로 결합하는 더 심층적인 역사적 힘들을 보았다.

자본주의적 생산 형태가 전 지구적으로 확산됨에 따라, 시초 축적 과정의 많은 부분이 지속적으로 중요한 역할을 한다. 예를 들어, 새로운 종자, 살충제, 경작 방식을 전통적인 농업 사회에 도입한 "녹색혁명" 역시 소유권과 재산 분배에 강력한 효과를 발휘했다. 일반적으로 새로운 농경 수단의 산출력을 이용하기 위해서는 자원에 대한 상당한 투자가 필요하기 때문에 한 마을에서 가장 부유한 농부들이 그런 변화로부터 경제적으로 가장 많은 이득을 얻는다. 그 결과 부유한 농부들이 결국 훨씬 더 많은 토지를 소유하게 되어, 대부를 통해 그 마을의 생산 자원들의 많은 부분을 간접적으로 통제하게 되는 상황에 놓인다. 발전된 자본주의적 기술에 의해 생산된 상품들의 확산 역시 전통적인 상품들을 대체하고, 전통적인 생산자들의 생산수단을 자본으로 전환시키는 경향이 있다. 마르크스주의적인 관점에서 볼 때 시초 축적은 근대 초기 유럽에 대한 단순한 역사적 가설이 아니라 자본주의적 축적이 진행되는 양상인 것이다.

사회주의로의 이행

마르크스가 생을 마친 무렵, 그는 고타에서 열린 당대회에서 작성된 강령에 대한 논평을 요청받았다. 대회의 목적은 (마르크스를 포함해) 사회주의 지도자들 사이의 반목으로 말미암아 나타난 다양한 분파들을 독일사회주의노동자당으로 통합하는 것이었다. 고타강령은 전형적인 위원회의 산물이었다. 즉, 강령의 작성자들이 상충하는 분파들의 모순적 슬로건들을 통합하는 방법을 찾으려 했기 때문에 단어 하나하나가 타협의 산물이었다. 마르크스는 논평을 통해 다양하게 얼버무린 이런 단어들을 비판할 수 있는 좋은 기회를 잡았고, 이 논평은 이제 우리가 고타강령을 읽는 유일한 이유가 되었다.

그러나 마르크스와 여타 사회주의자들 사이의 분열은 당내의 정치적 분쟁을 넘어, 정치경제학의 근본적인 쟁점들을 제기하는 것이기도 했다. 당시 좌파 내에는 자본주의에서의 착취 문제를 생산된 전체 가치의 일부분일 뿐인 임금의 관점에서 보려는 강한 경향이 있었다(그리고 이 경향은 현재에도 남아 있다). 이렇게 본다면 사회주의적 변혁 프로젝트는 마르크스가 잉여가치(조이윤)라고 통칭한 것을 제거함으로써만, 그리고 부가된 총가치가 노동자들의 손에 들어오도록 보장함으로써 달성될 수 있는 것이다. 마르크스는 좌익 정치인들과의 초기 논쟁에서부터 이런 식으로 문제를 보는 것에 언제나 반대했다. 흥미롭게도 이런 맥락에서 마르크스는 동료 사회주의자들에게 예산과 자원 제약의 현실을 상기시킨 보수적인 경제학자의 역할을 한다.

마르크스는 정치경제학에 대한 자신의 비판 가운데 몇 가지 기본적인 결론들을 검토하면서 비판을 시작한다. 그는 먼저 노동이 단독으로 사용가치, 즉 구체적인 생산품을 생산할 수 없으며, 생산수단(도구와 설비)과 지구의 자연적인 생산력을 필요로 한다는 것을 상기시킨다. 마르크스는 자본주의적 생산관계에서 토지를 포함한 생산수단이 사적 소유제 아래에서 잉여가치를 영유할 수 있는 자본으로 변화된다는 것을 핵심으로 보았다. 마르크스에게, 사회주의 프로젝트는 잉여생산물이 취하는 형태를 변화시키는 것이다. 즉, 잉여생산물을 사회화함으로써 더 이상 어떤 특정 계급이 그것을 영유하지 못하게 함으로써 잉여가치를 제거하는 것이다.

고타강령은 모호한 용어들을 통해 생산품이 여전히 상품의 형태를 취하지만 노동자들("직접생산자들")이 생산된 총가치("손실되지 않은 노동의 결과물")를 받는 사회를 구상하는 것처럼 보인다. 마르크스는 이런 구상이 실행 불가능한 것으로서 순진하고 위험한 생각이라고 주장한다. 그런 사회에서는 잉여 생산이 전혀 없을 것이고, 따라서 스스로를 재생산하거나 발전시킬 수 없을 것이다. 그는 자본주의와 같은 착취적 생산 양식에서처럼 노동자들이 총생산 가운데 일부만을 받는 대안적 모델을 내세우는데, 이 모델에서 잉여가치는 사적으로가 아닌 사회적으로 통제된다.

마르크스의 이 대안적 모델은 두 가지 중요한 특징을 지닌다. 첫째, 어떤 산출물이 노동자들에게 분배되기 이전에 잉여생산물의 사회적 통제를 보장하는 몇 가지 메커니즘이 존재한다. 마르크스는 잉여생산물을 총생산물에서 "공제"된 물자라고 부르며, 이 물자들이 투자될 용도들의 목록을 작성한다. 그 목록은 마모된 생산 설비를 대체하고, 생산수단의 확장에 대비하며, 자연재해 및 여타 사회적 위험들에 대한 예비금을 만들고, 이런저런 이유로 "노동할 수 없는 이들"을 부양하며, 교육, 건강, 그리고 여타 사회적 소비 욕구들을 위한 기금을 마련하는 것들이다. 자본주의적 생산관계 아래에서 이런 사회적 기능들은 사적으로 충당된다. 자본가들이 총투자를 담당하고 보험 충당금을 제공하며, 자본주의적 국가는 잉여가치에 대한 과세를 통해 교육·보건·복지·빈민 구제에 대한 지출의 원천을 마련한다.

이런 공제 이후에 남겨진 것은 모두 노동자들에게 분배되어야 한다. 공제 이후의 분배 원칙들을 검토하면서 마르크스는 그의 많은 저작 가운데 가장 재미있는 구절 하나를 만들어 낸다. 그는 분배가 원칙적으로 사회적 노동에 따라야 한다는 고타강령의 전제로부터 시작한다. 이 전제는 아마도 노동자들이 자신들이 수행한 사회적 노동시간의 양에 비례해 사회적 생산물을 획득할 것이라는 생각일 것이다. 이는 노동을 해서 얻은 노동 증서가 화폐처럼 유통되는 "노동 화폐" 체계를 제안한 초기 "리카도주의적 사회주의자들"의 생각으로 되돌아가는 것이다. 이 원칙은 "평등한 권리" 가운데 하나로 나타나는데, 왜냐하면 모든 노동자들이 사회적 노동시간에 각자 얼마나 참여하는지에 비례해 분배받을 것이기 때문이다. 그러나 마르크스는 분배에 대한 이런 사고방식에 내재하는 모순을 지적한다.

이 평등한 권리는 불평등한 노동에 대한 불평등한 권리다. 그것은 어떤 계급 차이도 인정하지 않는데, 왜냐하면 모든 이들이 다른 모든 이들과 마찬가지로 노동자일 뿐이기 때문이다. 그러나 그것은 암묵적으로 개인의 불평등한 소질을 인정하며, 따라서 노동자의 생산능력을 자연적 특권으로 인정한다. 그러므로 그것은 모든 권리가 다 그렇듯이 내용상 불평등 권리다. 권리는 그 본성상 평등한 척도의 적용에서만 존재할 수 있지만, 불평등한 개인들(만일 그들이 불평등하지 않다면 그들은 서로 다른 개인이 아닐 것이다)이 동일한 척도로 측정될 수 있는 것은 오로지 그들이 동등한 관점 아래 놓이는 한에서, 즉 어떤 특정한 측면에서만 파악되는 한에서이다. 예를 들어, 이 경우에 그들은 오직 노동자로서만 간주되고 그들에게서 그 이상의 것은 보이지 않으며, 다른 모든 것들은 무시된다. 그런데 어떤 노동자는 결혼하고, 어떤 노동자는 결혼하지 않았으며, 어떤 노동자는 다른 이들보다 자식이 많다. 따라서 동일한 노동의 수행으로, 그러니까 사회적 소비 기금에서 동등한 [몫]을 가지고 있는 경우에도, 어떤 사람은 사실상 다른 이들보다 더 많이 받게 될 것이고, 어떤 사람은 다른 이들보다 부유해질 것이다. 이런 폐단들을 피하기 위해서 권리는 평등하지 않

고 오히려 불평등해야 할 것이다.[7]

이 문장은 마르크스가 분배의 평등에만 관심을 가진 "평등파"였다는 무분별한 가정을 교정하는 중요한 역할을 한다. 사실 마르크스는 순진한 평등주의에 대한 예리한 비판가다.

마르크스는 자신이 차용하는 고타강령의 분배 원칙이 임시적인 성격을 갖는다는 것을 설명하면서, 훨씬 더 급진적인 사회변혁의 비전, 즉 분배의 체계적 규칙이 전혀 존재하지 않을 정도로 생산력이 풍족한 사회를 염원했다. 마르크스는 이를 "능력에 따라 일하고, 필요에 따라 분배받는다"는 유명한 구절로 요약했다. 이 구절은 사회주의를 믿는 사람들에게는 공산주의의 목표에 대한 단호한 표현이지만, 사회주의에 회의적인 이들에게는 세상 물정 모르고 인간 본성의 근원을 부정하는 것일 뿐이다.

다음으로 마르크스는 그의 모든 저작을 관통하는 하나의 주제, 즉 경제적 분배의 유형은 생산 조직화의 반영일 뿐이라는 주제로 돌아간다. 그는 자본주의사회에서 나타나는 부와 소득의 불평등한 분배는 자본주의적 생산의 조직화 양식, 즉 임금노동자들이 자본가들의 통제 아래에 들어가도록 조직되어 있다는 사실로부터 직접적으로 유래한다고 믿었다. 마르크스는 고타강령이 암묵적으로 상품 생산 형태와 (이전보다 고임금을 받는 하지만) 상품 형태의 임금노동을 용인하는 것은 구제불능의 모순이라고 보았다.

고타강령에 대한 마르크스의 논평은 또한 그 자신이 전망했던 급진 사

---

7 Karl Marx, "Marginal Notes to the Programme of the German Worker's Party"(1875), Karl Marx and Friedrich Engels, *Selected Words*(New York: International, 1977), p. 324.

회주의로의 이행을 성취할 수 있는 현실적 정치과정에 대한 마르크스의 생각을 통찰할 수 있는 기회를 제공한다. 마르크스는 여기서 정치권력의 이행적 형태로서 "혁명적인 프롤레타리아독재"를 언급한다. 20세기에 발생했던 격변을 겪은 우리가, 이 표현을 19세기 후반의 맥락에서 이해하기는 매우 어렵지만, 그런 시도를 해보는 것은 중요하다. "혁명적 독재"라는 문구는 프랑스대혁명의 "공포" 국면[공포정치_옮긴이]과 관련된 것으로, 여기서 혁명정부는 소수의 공안위원회Committee of Public Safety에 무제한적인 경찰 권력을 부여했다. 이 위원회는 이와 같은 권력을 이용해 단두대로 상징되는 합법화된 살인이라는 준사법적 조치를 통해 봉건귀족들(그리고 혁명정부를 방해한 이들이면 누구나)의 저항을 진압했다. 19세기 후반에 유럽의 여론은 전반적으로 프랑스대혁명의 이런 국면을 반기진 않았지만, 유럽 사회의 민주화에 필요한 일회성 사건으로서 마지못해 승인했다.

따라서 마르크스는 "프롤레타리아의 혁명적 독재"라는 문구의 사용을 통해, 근대적인 정치발전의 핵심 비전이었던(오늘날에도 여전히 핵심인) 광범위한 민주주의 혁명운동과 혁명적 사회주의 기획을 연결시켰다. 마르크스가 이해했던 것처럼, 자본주의적 생산관계 속에서 경제적 불평등이 지속적으로 악화되는 한, 민주주의를 향한 역사적 추진력은 결국 제한된 정치적 민주주의와 시민권의 실현에만 머물 수밖에 없었다. 따라서 마르크스는 혁명적 독재의 내용을 구체화하기 위해 이 문구에 "프롤레타리아의"라는 표현을 덧붙였다. 그는 노동 착취를 통한 잉여생산물의 사적 통제로부터 벗어나 잉여생산물의 사회화로 이행하기 위해서는 유럽이 그때까지 경험했던 정치적 투쟁 가운데 가장 극단적인 수단들을 사용할 필요가 있다고 보았다. 이는 20세기의 무시무시하고 운명적인 고통을 예견하는 것이었다.

　마르크스가 전망했던 사회주의의 일반적 윤곽은 매우 분명하다. 그는 잉여생산물 개념과 잉여가치 개념을 구분하고, 잉여가치와 노동자들에 대한 착취의 철폐라는 해결 가능한 문제와 잉여생산물 없이 살아가는 것과 같은 해결 불가능한 문제를 구분한다. 그는 잉여생산물을 사회적으로 통제하기 위해서는 생산을 조직화하는 방식을 철저히 변혁할 필요가 있다고 설득력 있게 주장했다. 또한 마르크스는 발전된 기술의 토대 위에서 높은 수준의 노동생산성을 유지하는 것이 바람직하다는 비전을 가지고 있었다. 사회적 잉여생산물을 사회적 통제 아래에 두어야 할 필요성에 대한 마르크스의 주장은 매우 현실적이었고, 아마도 이 때문에 19세기의 다양한 사회주의자들 가운데 유독 마르크스의 생각만이 자본주의사회를 확실하게 위협할 수 있었을 것이다. 다른 사회주의자들은 사회적 생산물 전체를 이런저런 형태로 노동자들에게 직접 분배하는 것을 구상했고, 이런 생각들은 근대 산업사회를 조직하는 제안으로 진지하게 고려될 수 없었다.

　그러나 우리가 마르크스의 수사적 표현으로부터 한 걸음 물러서서 본다면, 사회주의에 대한 그의 전망이 자본주의사회와 매우 유사하다는 것을 알 수 있다. 노동자들은 자본주의사회에서와 마찬가지로 생산된 가치 전체를 직접적으로 분배받지 않는다. 마르크스는 자본주의사회에서 잉여가치의 대부분이 자본축적에 투자되는 것처럼, 사회주의사회에서도 생산수단의 확대에 투자되는(혹은 적어도 투자될 수 있는) 잉여 생산이 존재한다고 보았다. 비유럽 전통 사회의 관점에서 보면, 마르크스의 사회주의 형태는 넓은 의미에서 자본주의와 거의 구분되지 않을 수 있다.

　또한 고타강령은 마르크스의 주장에 치명적인 공백들이 있음을 드러내 주는데, 이 공백들은 20세기의 혁명적 사회주의 프로젝트들의 가장 나쁜 측면들로 발전했다. 마르크스는 자신이 잉여 생산의 사회적 통제로 묘사한 간단한 문구들에 내재하는 제도적 권력의 문제를 완전히 모르고 있었던 것으로 보인다. 총투자, 빈민 구제, 교육 등에 얼마만큼의 [잉여_옮긴이]생산물이 할당되어야 할지를 실제로 누가 결정할 것인가? 필요한 자원을 확보하고, 이 자원들이 낭비되거나 부패되지 않고 생산적으로 사용될 수 있도록 보장하는 제도적 메커니즘은 무엇인가? 고타강령에서 제시된 사회주의 단계에서 이루어지는 노동에 기초한 분배든, 마르크스가 머나먼 공산주의적 낙원에서 그리는 필요에 기초한 분배든, 누가 이런 분배 메커니즘을 감시할 것인가? 분배의 새로운 사회적 원칙에 상응하여 생산의 조직화 방식을 변혁시킬 필요가 있다고 할 때, 누가 실제로 공장을 운영할 것인가? 자본가들과 관리자들이 사라진 사회에서 무엇을, 어떻게 생산할 것인지를 누가 결정할 것인가? 마르크스는 이 문제들에 대한 어떤 해답도 갖고 있지 않았거나, 혹은 이 문제들을 사회주의의 발전 과정에서 해결할 수 있는 사소하고, 부차적인 행정의 문제로 생각했다. 그러나 20세기 사회주의의 경험은 사회주의적 계획에서 이 문제들이 엄청나게 중요했다는 것, 그리고 이 문제들에 대해 실현 가능한 답을 제공하기에 마르크스의 분석이 상당히 불충분하다는 것을 분명히 보여 준다.

마르크스와 프롤레타리아혁명

정치경제학에 대한 마르크스의 연구와 그의 정치학, 특히 혁명적 정치학 사이의 교차 지점을 이해하는 데 있어서 가장 중요한 쟁점은 한편으로는 기술 진보와 노동생산성 향상이고, 다른 한편으로는 실질임금의 결정이다. 지금까지 살펴보았듯이 자본주의사회에서 잉여생산물은 노동을 통해 생산한 것과 노동자가 임금으로 소비한 것의 차이인 잉여가치의 형태를 취한다. 마르크스는 자본주의사회의 동학을 이해하는 데 있어서 부가가치의 크기를 결정하는 기본적인 힘들과 그 부가가치가 임금과 잉여가치로 분할된다는 사실을 이해하는 것이 핵심이라고 보았다. 특히 마르크스는 이런 분할을 잉여가치율, 또는 임금에 대한 잉여가치의 비율인 착취율의 형태로 분석했다. 마르크스는 유럽 사회에서 일어날 수 있는 혁명적 변화에 대해 고전학파 정치경제학이 지녔던 함의들에 대해서 두 국면에 걸쳐 논했다. 초기 국면에서 마르크스는 자본주의 발전에서 착취율과 잉여가치 창출이 불안정하고, 지속 불가능하게 증가하는 경향, 즉 착취 체증의 법칙 a law of increasing exploitation을 강조했다.[8] 그러나 그가 정치경제학에 대해 점점 더 많이 알아 가고, 유럽 자본주의의 발전을 목격하면서, 그는 이윤율 하락의 법칙에 좀 더 많은 강조점을 두기 시작한다.

고전파 정치경제학은 잉여가치의 크기와 분배를 결정하는 요소에 대해 두 가지 극단적인 견해를 보여 준다. 아담 스미스는 『국부론』에서 확대되는 분업에 의해 지탱되는 노동생산성의 무한한 향상을 염두에 두면서, 하나의 생산양식으로서 자본주의가 갖는 기술적 발전 과정에 주된 강조점을 둔다. 스미스는 실질임금의 진화에 대해 내세울 만한 자신의 관점을 갖고 있지는 않았지만, 급속도로 성장하는 자본주의경제에서는 [실질임금이_옮긴이] 실질적으로 증가할 수 있을 것이라고 생각했던 것으로 보인다. 반

---

8 이런 관점은 마르크스의 소책자 『임금노동과 자본』(*Wage Labor and Capital*), 『임금, 가격, 이윤』(*Wage, Price, and Profit*)(종종 가치, 가격, 이윤이라는 제목을 달기도 하는)의 기초가 된다. 예를 들어 『임금, 가격, 이윤』에서 우리는 "자본주의적 생산의 일반적 경향은 평균임금수준을 상승시키는 것이 아니라 하락시키는 것이다"라는 표현을 발견한다.

대로 리카도는 노동생산성이 언제나 궁극적으로는 자원과 토지의 고갈로 말미암은 수확체감에 의해 제한된다고 보았으며, 맬서스와 마찬가지로, 노동자들의 생활수준이 높아지면, 출생률이 높아지고 인구가 성장할 것이기 때문에, 실질임금은 최저 생계 수준 이상으로 훨씬 많이 증대될 수 없을 것이라는 생각을 수용한다.

마르크스는 (적어도 정치경제학에 대한 그의 초기 저작에서) 자본축적의 결과로 발생하는 노동생산성의 무한한 향상에 대한 스미스의 견해와 리카도, 맬서스의 생계 임금 이론을 결합해 고전학파 정치경제학의 사고방식을 혁신했다.[9] 실제로 마르크스는 몇몇 저작들에서 자본주의적 발전이 전통적인 생산양식에 미치는 파국적 효과와, 생계 임금의 지속적인 하락 및 생산 계급의 "궁핍화"와 같은 생활수준의 하락을 예상했다. 청년 마르크스 이후의 역사는 자본주의적 생산의 기술 발전 과정이 자원과 토지의 한계를 극복하고, 따라서 리카도의 수확체감을 패배시킬 것이라는 스미스와 마르크스의 입장을 입증해 주었다. 19세기 전반부에는 산업자본주의의 실제 경험 속에서 생계 임금 이론이 잘못되었다는 신호가 거의 없었지만, 더 장기적인 자본주의 발전의 역사에서는 그 이론이 잘못되었다는 것이 극적으로 밝혀졌다.

마르크스가 생계 임금수준의 정체 및 이와 더불어 나타나는 노동생산성의 지속적인 향상을 독창적으로 결합함으로써 얻을 수 있었던 중요한 함의는 무제한적이지만 자기 모순적인 잉여가치율의 상승이었다. 이를 다른 방식으로 말하면, 노동생산성이 무한히 향상되고 실질임금이 정체된다

---

9 마르크스는 생계 임금을 인구학적 균형에서 도출하는 맬서스를 비판하고, 이를 보완하기 위해 노동 예비군 이론을 도입한다.

면, 임금이 부가가치의 매우 작은 구성 요소가 된다는 것이다. 이와 같은 분배 유형은 자본주의사회를 심각하게 불안정하게 하는 효과들을 발휘할 것이다. 자본축적의 장기적 경향, 계급 관계, 자본주의경제의 안정성, 자본주의의 정치경제학, 그리고 자본주의적 생산양식을 변혁하기 위한 도구로서의 프롤레타리아혁명에 대한 마르크스의 초기 논의들은 이런 시각에 집중되어 있다.

지속적인 착취율 상승의 모순들

착취율의 무한한 상승을 경험하고 있는 자본주의사회는 어떤 곳일까? 그런 사회가 제어할 수 없는 수많은 경제적·사회적 모순들에 직면한다는 것을 인식하기는 어렵지 않다(19세기 전반부에 벤저민 디즈레일리Benjamin Disraeli 같은 현실주의적인 보수주의자나 토머스 칼라일Thomas Carlyle 같은 급진주의자들을 포함한 많은 사회 사상가들도 마르크스의 이와 같은 견해를 공유했다).

총수요와 잉여가치율의 불안정한 상승을 어떻게 함께 유지하느냐가 직접적인 경제적 문제일 것이다. [착취율이 무한히 상승하는 자본주의사회에서_옮긴이] 노동자들의 지출은 막대한 사회적 생산물들이 실현되는 데 필요한 지출 가운데 극히 일부만을 차지하게 될 것이다. 자본가들의 투자 지출이 그 차액의 상당 부분을 흡수할 수 있을 것이지만, 마르크스가 보기에 이는 문제를 더욱 악화시킬 뿐이다. 왜냐하면 투자는 분업을 확대하고, 노동생산성의 향상을 가속화할 것이기 때문이다. 자본가들의 소비가 이 차액을 메우게 된다면, 그것은 아낌없이 낭비하는 자본가들의 생활 방식과 정체하거나 하락하는 노동자들의 생활수준 사이에 더 크고, 사회적으로 폭발하기 쉬운 심연의 골을 만들게 될 것이다. 어떤 경우든 수요(과잉생산)의 위기가 계속해서 빈번해지고, 심각해지며, 치유 불가능하게 될 것이다.

그러나 마르크스는 이렇게 착취율의 무한한 증대로 말미암아 발생하는 자본주의 체계의 예측 가능한 경제적 기능 장애가 훨씬 더 심층적이고 중요한 정치적 모순(그는 이것이 주요한 역사적 결과들을 초래할 것이라고 생각했다)들의 표면적인 모습일 뿐이라고 생각했다. 착취율이 상승함에 따라 노동자들은 자신들의 생산력은 점점 더 거대해지는 데 반해 그 생산력의 과실에 대한 통제력은 점점 더 작아지는 상황에 직면하게 될 것이다. 이런 상황은 분배적 수준에서 계급 적대와 분노의 정치를 위한 조건이 된다. 착취율이 높아질수록, 분명하고도 정치적으로 폭발력을 갖는 이런 긴장이 계급 관계에 더욱 심각하게 가해질 것이다.

그러나 마르크스는 이런 모순적 상황이 내포하는 가장 심각한 문제는 분배적 불평등에 대한 분노의 지속적 증대가 아니라고 보았다. 분노는 관리될 수 있고, 억제될 수 있으며, 다양한 방식으로 포섭될 수 있다. 실제로 조심스럽고 수완이 있는 지배계급은 오랫동안 계급투쟁을 억제할 수 있었다. 그러나 이런 유형의 자본주의사회에서 궁극적으로 결정적인 역할을 하는 또 다른 요소가 있을 수 있다는 것을 당연히 상정할 수 있을 것이다. 즉, 사회의 잉여가 계속해서 무제한적으로 증가함에 따라, 모든 계급에서 더욱 많은 사람들이 이와 같은 잉여의 사회화 구상을 현실적이고 바람직한 것으로 간주하게 되는 것이다. 자본주의를 대체하는 사회주의 체계가 자본주의보다 훨씬 더 비효율적일 수도 있지만, 대부분이 자본가들의 소비로 낭비되는 막대한 잉여생산물이 존재하는 것보다는 나을 것이다. 따라서 착취율의 지속적인 상승이 가져오는 하나의 필연적인 결과는 사회주의적 프로젝트의 실행 가능성이 증대되는 것이다.

마르크스는 실제 정치에서 이와 같은 시나리오가 시사하는 바를 분명하고 날카롭게 예견했다. 지배계급은 경제적 불안정과 계급 간의 긴장을 관리하는 데 있어서 점점 더 많은 문제들에 지속적으로 직면하게 된다. 나아가 그들이 이 문제들을 관리하기 위해 취하게 될 모든 수단들은 결국 그 문제들을 더욱 악화시킬 것이다. 마르크스는 진정한 정치투쟁은 노동자계급이 경제를 관리하는 책임감 있고, 신뢰할 만한 행위자가 되도록 하는 것이라고 생각했다. 그러나 동시에 그는 노동자계급의 개혁 지향적인 정치와 싸우는 것 역시 진정한 정치투쟁이라고 생각했다. 이것이 마르크스의 양면적two-sided 정치의 토대다. 한편으로 그는 자본주의 아래에서 여러 조건들을 개선할 것을 주장했던 이들에 대해, 자본주의의 점증하는 모순으로 말미암아 장기적으로는 부적절함이 입증될 개혁주의자들에 불과하다고 끊임없이 혹평했다. 이는 결국 사회주의적 혁명으로 노동자계급이 운전석에 앉기 전까지는 어떤 것도 이루어질 수 없을 것이기 때문에 자본주의 아래에서는 노동자계급의 운명을 개선하기 위한 어떤 것도 행해져서는 안 된다는 주장으로 이어졌다. 다른 한편으로, 마르크스는 노동자계급들 사이에서 나타나는 기회주의적이고 이상주의적인 경향들 ― 자신이 자본주의의 근본적인 모순이라고 보았던 것들을 외면한 채 노동 화폐나 재분배 계획[10] 등과 같은 엉터리 처방책을 유포시키는 ― 에도 분명히 반대했다.

---

10 옮긴이_리카도주의적인 사회주의자였던 존 그레이(John Gray)는 과잉생산 위기를 포함하는 일반적인 경제적 불안정성이 고유하게 희소한 금이 화폐로 사용됨에 따라 발생한다고 생각했다. 따라서 생산자는 생산물에 투하된 노동을 표현하고 있는 노동 화폐를 중앙은행의 창고로부터 받아 생산물을 실현시켜야 한다고 보았다. 이리하여 생산물은 본질적으로 노동시간에 비례하는 가격에서 교환된다. 마르크스가 보기에 그레이의 제안은 상품에 투하된 사적 노동이 직접적으로 사회적 노동으로 표현됨을 전제하고 있지만, 이는 자본주의사회에 본질적인 분권화된 생산을 인식하는 데 실패하게 된다. 만약 그레이의 제안이 실현되려면 중앙은행은 생산 또한 통제할 수 있어야 한다. 이런 노동 화폐론은 다른 한편으로 특정한 분배 양식을 목표로 하고 있는데, 그것은 로버트 오언(Robert Owen)의 개혁론에서

마르크스의 정치 강령에는 몇 가지 심각한 문제들이 존재한다. 노동자계급의 정치적 운동이 임금과 노동시간의 법제화와 같은 매력적인 자본주의 개혁을 지지하지 못하게 하기 위해서는 노동자계급에게 거의 초인적인 억제력이 요구될 것이지만, 이것이 마르크스의 원칙적인 혁명적 입장이 갖는 논리적 함의였다. 자본주의의 모순에 대한 마르크스의 분석은, 그 탁월성에도 불구하고, 매우 추상적인 수준에서만 이해할 수 있다. 이 과정에서 직접적인 경험은 흔히 간과될 수밖에 없다. 예들 들어, 계급 수준에서 나타나는 자본주의적 사회관계의 동역학은 개별 노동자들이 개별 고용주들과의 관계에서 경험하는 것과는 매우 다르다. 마르크스의 추상적 분석의 논리는 종종 개별 노동자들이 인식하는 이득과 불일치하는 정치적 행동으로 귀결된다. 따라서 추상적 분석에 대한 일관되고 원칙적인 입장을 고수하기가 어렵고, 이런 어려움은 반민주적이고, 기만적인^{manipulative} 혁명의 정치로 귀결된다. 게다가 지금까지 살펴보았듯이, 마르크스는 사회주의경제에서 생산을 조직화하는 실천적 문제들이나, 사회주의사회의 정치적 조직화라는 중요한 문제들을 다루려고 하지 않았다. 그는 혁명적 민주주의를 재생산하는 장기적인 문제들을 고려하기보다는, 혁명적 권력(즉, 프롤레타리아독재)을 지키기 위한 (아마도 "현실주의적으로"인 이유로) 철저한 규율과 심지어는 공포정치의 필요성에 집중했다. 물론, 혁명적 사회주의가 거대한 사회적 잉여를 가진 사회 속에서 권력을 차지했다면, 그 사회의 지도부가 이 세부적인 문제들을 해결할 수 있을 만한 충분한 시간을 (몇 세

드러난다. 즉, 하루에 8시간 노동을 한 노동자는 동시에 8시간 노동에 대한 권리를 가지며, 이는 8시간의 노동을 대표하는 노동 화폐로 실현될 수 있다. 이런 사회에서는 어떤 잉여도 존재할 수 없다.

기는 아니지만 몇 십 년 정도) 가졌을 수 있고, 마르크스 자신보다 이 문제들을 다루기에 더 좋은 처지에 있었을지도 모른다고 상상하는 것이 완전히 터무니없는 것은 아니다. 그럼에도 불구하고, 마르크스의 분석이 갖는 추상적인 성격과 현실의 혁명적 정치 운동에서 나타났던 분열적이고, 배타적인 정치적 실천들 사이에는 어떤 연관이 있었다.

실질임금에 생긴 사건

산업자본주의 경제에서 임금이 실제로 최저 생계 수준에서 멈춰 있었다면, 마르크스의 강령이 성공할 수 있는 기회가 있었을지도 모른다. 실제로 그가 분석한 많은 요소들은 역사적 경험을 통해 입증되었다. 19세기와 20세기 초반에 걸쳐, 선진 자본주의사회에서는 수요의 위기가 더욱 잦아졌고, 더욱 심각해졌으며, 사회적으로 더욱 파괴적이었다. 유럽 자본주의사회에서 계급투쟁은 가장 중심적인 정치적 문제가 되었다. 특히 유럽에서 계급 분노의 정치와 사회혁명은 노동자계급의 주요 분파들로부터 지지를 얻어 냈다. 혁명을 불러일으킬 위기들이 발생했고, 그 안에서 마르크스주의적 사회주의 혁명가들이 주도한 노동자계급 정당들은 주도적인 역할을 했다. 임금이 노동생산성에 발맞춰 지속적으로 상승하지 못한 유럽 사회들에서 선진 노동자계급 집단이 주도하는 사회혁명을 상상하기는 어렵지 않았다.

그런데 마르크스가 고전학파 정치경제학자들에 대한 집중적인 연구를 시작했던 1850년대에 영국 산업 노동자들의 생활수준이 눈에 띄게 개선되기 시작했다. 마르크스가 『자본』 제1권을 출간했던 1868년에 이르러서는 산업자본주의가 언제나 노동자들의 임금을 최저 생계 수준으로 떨어트리는 경향이 있다는 통념은 매우 의심스러워져 갔다.

19세기의 소득분배에 대한 통계는 불분명하지만, 우리는 20세기의 임금 몫에 대해서는 좀 더 많은 것을 알고 있다. 국민소득(혹은 약간의 조정을 통해 국민소득과 동일해지는 순 국내 생산) 가운데 임금 몫은 마르크스가 노동력의 가치라고 부른 것과 기능적으로 충분한 등가성을 갖는다.[11] 만일 우리가 노동생산성(경제학자들이 "실질" 생산이라고 부르는 것)을 주어진 것으로 받아들인다면, (실질)임금과 노동력 가치는 함께 움직인다. 즉, 실질임금이 높아진다는 것은 노동력 가치가 상승한다는 것을 의미하고, 그 역도 마찬가지다. 그러나 노동생산성이 상승하는 경우, 산업자본주의 경제에서 전형적으로 그렇듯, 실질임금이 그대로 유지되는 것은 노동력 가치(또는 임금 몫)의 하락을 의미하며, 노동력 가치의 유지는 실질임금이 노동생산성과 같은 비율로 상승하는 것을 의미한다.

산업자본주의 경제에서 장기적인 자본축적의 기간 동안 임금 몫이 거의 변동하지 않는다는 사실은 현대의 경제성장 이론들이 기초하고 있는 "정형화된 사실" 가운데 하나가 되었다. 현대 자본주의경제에서 임금 몫은 완전히 고정되어 있지 않으며, 임금 몫에 약간의 변화만 있어도 자본주의적 생산의 수익성과 생존 능력에 큰 영향을 미치기는 하지만, 실질임금은 전반적으로 장기적인 자본주의 발전에서 노동생산성과 거의 같은 비율로 상승했다. 따라서 리카도와 맬서스가 수확체감 때문에 발생한다고 예측했던 경제의 정체나, 마르크스가 자본주의적 발전에 대한 초기 분석의 토대였던 불안정한 착취의 급증은 모두 발생하지 않았다.

자본주의경제에서 임금이 노동생산성과 함께 상승하는 이유가 무엇인지는 매우 난해한 문제다. 많은 이들은 생산성이 상승할 때 임금이 상승

---

11 옮긴이_이 책 149쪽의 각주 3을 참조하라.

하는 것을 "당연한" 것이라고 생각하지만, 마르크스의 임금 계약과 임금노
동에 대한 분석은 이것이 사실이 아니라는 것을 분명하게 밝혀 준다. 임금
은 부가된 가치만큼의 몫이 아니라, 자본주의적 고용주가 노동자에게 지
급하기로 계약한 고정된 금액이다. 따라서 생산성이 상승하면 자본가는
전체 수익을 이윤으로 가져갈 뿐, 노동자들의 임금을 높이는 데에는 신경
을 쓰지 않는다. 임금이 대략 생산성과 같은 비율로 상승한다면 이는 분명
다른 요인들로 인한 결과일 것이다.

임금 몫의 상대적인 안정성에 대해서는 크게 세 가지 유형의 설명이
존재한다. 첫째, 노동자들의 최저 생계 수준은 노동자들의 생산성과 함께
상승하는 경향이 있다. 열악한 주거 생활과 식생활에 초라한 의복을 입은
초기 산업혁명 시대의 노동자들이 현대의 정교한 생산기술을 조작하는 모
습을 상상하기는 어렵다. 그러나 이와 같은 설명은 임금 몫의 안정성을 제
한적으로만 설명할 수 있다. 예를 들어, 현대자본주의 세계에서는 상이한
국가들만큼이나 상이한 생활수준에서 사는 노동자들이 동일한 기술들을
조작한다.

둘째, 마르크스가 자본주의적인 사회적 생산관계의 표현으로 생각했
던 계급투쟁이 전체 자본주의 체계의 수준에서 임금 인상을 초래하는 정
책들에 대한 정치적 압력을 만들어 낸다. 마르크스가 "방어적" 계급투쟁
(노동조합의 결성, 파업, 노동 연대 등과 같은)이라고 불렀던 것 역시 개별 자본
가와 노동자 사이에서 진행되는 경쟁적인 협상 과정 밖에서 높은 임금을
강제할 수 있다. 그러나 안정적인 임금 몫을 갖는 몇몇 자본주의경제에서
이런 제도들은 오히려 빈약하다.

셋째, 자본주의경제에서의 기술 진보율, 노동 예비군의 규모, 임금을
포함하는 체계적인 안정화 피드백 효과들이 있을 수 있다. 고임금은 자본

가들이 노동 절약적인 기술 변화를 발견하고 도입하도록 하는 중요한 유인이다. 이후 이와 같은 변화는 어떤 자본축적 수준에서 노동에 대한 수요를 감소시킨다. 만약 자본축적의 속도가 매우 빠르다면, 마치 임금은 낮고 이윤율은 높았던 자본주의 발전의 초기 단계에서처럼, 노동에 대한 수요가 증가함에 따라 쉽게 이용할 수 있는 노동 예비군이 고갈되고, 임금(그리고 임금 몫)은 상승하게 된다. 이는 다시 노동 절약적 기술 변화에 대한 유인을 증대시키고, 이어서 이런 기술 변화는 노동 수요의 증가율을 낮추고 임금과 임금 몫에 대한 압박을 낮추게 된다. 이 피드백 체계 역시 임금 몫의 안정화에서 중요한 요소가 될 수 있다.

　이유가 무엇이든 간에 자본주의적 발전 과정에서 나타난 임금 몫의 안정화는 현대자본주의 정치경제학에서 중요한 함의를 지닌다. 마르크스는 1860년대에 나타난 임금 상승 현상을 접하게 되면서, 자본주의 및 자본주의의 장기적 경향에 대한 분석을 수정하려고 노력하게 된다. 분석적 관점에서 보았을 때, 마르크스는 실질 생계 임금이라는 가정으로부터 일정한 (혹은 천천히 하락하는) 노동력 가치에 대한 가정으로 관심사를 이동시킨다. 노동생산성이 증가하지 않는다면, 이런 가정들은 동어반복에 불과하지만, 노동생산성이 증가할 때는 실질임금의 움직임에 대해 개우 다른 함의를 가지게 된다. 또한 마르크스는 착취율의 증가 경향으로부터 자본주의 발전에 따른 이윤율 하락의 경향으로 관심사를 이동시킨다. 논쟁의 관점에서 보았을 때, 마르크스는 자본주의적 발전의 결과와 관련해, 노동자들의 "절대적" 궁핍화보다는 "상대적" 궁핍화를 강조하는 방향으로 수사적으로 이동한다. 노동자들의 상대적 궁핍화는 착취율의 완만한 상승과 노동력 가치의 하락을 의미하며, 노동력 가치의 하락은 노동자의 생활수준 향상과 양립 가능하게 된다.

　　마르크스의 사상에서 나타난 이런 이론적 혁신들은 자본주의경제의 동역학에 대한 중요하고도, 지속적인 이해를 제공하지만, 내가 보기에 사회혁명이 일어나게 되는 하나의 동기인 잉여가치율의 불안정한 상승 이론을 이런 이론적 혁신들로 대체하는 것은 불충분해 보인다. 이윤율의 하락은 선진 자본주의경제의 만성적인 불만거리이고, 이 현상을 상쇄하고 조절하기 위해 지속적인 정치적 노력들이 요구된다. 이윤율 하락이 끝까지 계속되도록 허용된다면, 그것은 실제로 자본주의적 축적의 지속 가능성을 위협할 것이다(그 효과가 비록 마르크스가 고유하게 원했던 생산양식의 세계사적 변혁보다는 리카도의 정상상태와 더욱 비슷할지라도). 그러나 결국 이윤율의 하락은 자본주의의 곤란이 너무 적은 잉여가치에 있다는 것을 의미한다. 이는 생계 임금과 노동생산성 상승이라는 모델을 기반으로 자본주의가 너무 많은 잉여가치로 인해 곤란을 겪는다는 주장보다 변증법적으로 훨씬 덜 강력한 주장이다. 또 하나는 생산을 사회주의적으로 조직화하는 것이 자본주의보다 더 많은 잉여생산물을 현실에서 실현할 것이라고 생각할 만한 특별히 타당한 이유가 없다는 것이다. 실제로 생산의 사회주의적 조직화가 낮은 노동 숙련도와 서투른 사회적 분업을 초래할 것이고, 따라서 [사회적_옮긴이] 잉여생산물이 더 작아질 것이라고 생각할 만한 충분한 이유들이 존재한다. 착취율 상승의 법칙에서 이윤율 하락의 법칙으로 옮겨 간 마르크스의 관점 변화는 사회주의혁명 프로젝트를 사회적 딜레마에 대한 실용적이고, 상식적인 응답이 아닌 사변적이고 유토피아적인 사회공학의 문제로 변화시킨다.

20세기의 마르크스주의 이론과 사회 변화

계급, 착취, 그리고 혁명적 사회 변화에 대한 마르크스의 이념은 20세기에 역사적·이데올로기적으로 중요한 역할을 했지만, 그 역할이 실제 프롤레타리아혁명에 집중된 것은 아니었다. 대신 마르크스주의는 두 가지 역사적 운명을 경험하게 되었다. 하나는 착취의 규제와 제도화를 통해 중심부 자본주의경제에서 불안정성을 완화하는 것이었고, 다른 하나는 현대화의 강력한 대리인으로서의 자본주의를 주변부 국가에 확산시키는 것이었다.

산업자본주의 국가들에서 자본주의가 성공을 거둠에 따라, 나머지 세계에서도 자본주의의 모순이 확산되기 시작했다. 이로 말미암은 사회·문화적 위기는 비자본주의사회들에 끔찍한 딜레마를 안겨 주었다. 이를 불가피한 것으로 간주한 상당수의 국가들이 이질적이고 때로는 이해할 수조차 없는 자본주의적 제도들과 가치들을 받아들이고 [산업화된 자본주의국가들과의_옮긴이] 협력을 추구했으나, 이는 만성적인 종속을 낳았다. 반면, 마르크스주의는 현대화로 가는 또 다른 경로, 즉 세계 자본주의의 헤게모니적 요구에 굴복하지 않고도 전통적인 문화와 사회적 관계들을 파괴할 수 있는 대안을 제공했다. 유럽과 북미 이외의 지역에서 마르크스의 확고한 경제적 현실주의는 현대화를 추진하는 민족주의적 엘리트들에게 축적과 상품화라는 자본주의의 핵심적 가치를 심어 주었다.[12]

---

12 일본에서는 전통적이지만 극단적으로 실용주의적인 사무라이 이데올로기가 이런 기능 가운데 일부를 수행했다. 그러나 이런 흐름을 지배했던 전사의 가치관은 일본 자본주의를 불안정한 정치적 경로로 몰아넣었는데, 이는 자살로 결말을 짓는 사무라이 전통을 상기시키는 제2차 세계대전의 대재앙 속에서 극에 달했다. 일본은 이런 사무라이 전통과는 다른 (미국적인) 실용주의적인 기질을 가진 전사들의 후견 아래에서만 어느 정도 안정적으로 세계 자본주의 체계와 통합할 수 있다는 것을 알게 된다.

실제로 일어난 혁명들

현대화의 계기로서의 마르크스주의는 러시아에서 처음으로 세계 무대에 등장하게 되는데, 이는 직접적으로는 멘셰비즘에서, 그리고 간접적으로는 볼셰비즘에서 표현되었다. 멘셰비키들은 사회주의에 이르기 위해서는 사회 발전의 예비적 단계가 필요하며, 그 예비 단계로서 러시아의 체계적이지 못한 전통적인 정치·경제적 체계를 근대 자본주의의 형태로 변화시키는 것이 러시아의 근본적인 문제라고 생각했다. 그들은 설득력 있는 논리를 통해 마르크스주의적 사회주의자들이 수행할 수 있는 가장 효과적인 역할은 러시아의 자본주의의 발전을 지지하고 가속화하는 것이라고 주장했다(사회주의자들의 이런 지지는 러시아의 신생 부르주아지들이 가진 무능함을 고려했을 때 특히 도움이 되는 것이었다). 볼셰비키들은 러시아 사회를 현대화하는 책임을 자신들이 떠맡기로 결정했는데, 이는 근본적으로 이들이 러시아 부르주아지들의 능력 — 심지어 멘셰비키들과 동맹을 맺어서라도 뭔가를 달성할 수 있는 능력 — 을 전혀 신뢰하지 않았기 때문이었다. 1920년대에 신경제정책New Economic Policy을 통해 멘셰비키 모델과 불장난을 한 이후, 볼셰비즘의 스탈린주의적 분파는 시초 축적, 상품화, 프롤레타리아화, 자본축적에 대한 마르크스주의 이론들을 자본주의적 경제 발전에 대한 서툰 모방으로 변환시켰다. 정치적으로 강제된 그리고 매우 효율적인 노동 착취 체계에 기반을 둔 이 체계는 몇 십 년 동안 눈부신 성공을 거두었다. 오늘날 우리는 역사적인 관점에서 러시아 공산주의가 러시아식의 자본주의를 발전시킨다는 자신의 역사적 임무를 망각하고, 스탈린주의적 체계를 지나칠 정도로 오랫동안, 고지식하게 고수했다는 것을 알 수 있다.

현대화의 측면[자본주의로 가는 하나의 경로_옮긴이]으로서 마르크스주의는 20세기 중국의 역사에서 훨씬 더 분명하게 드러난다. 자본주의가 전통

사회를 파괴하고, 전통 사회의 제도들을 변모시키도록 놔둘 것인지, 아니면 그런 제도들을 변화시키면서도 민족의 독립을 유지하기 위해 마르크스주의적 이데올로기를 사용할 것인지 사이에서의 선택이 20세기 중국의 정치사를 결정했다. 중국의 공산주의 체제가, 러시아 공산주의와 대조적으로, 자립적인 자본주의경제를 가능케 하는 정치적 기반으로 스스로를 변화시킬 수 있는 방법을 찾을 수 있을지는 여전히 불확실하다. 인도·인도네시아·베트남·남아프리카공화국을 포함한 많은 다른 국가들에서도 마르크스주의는 자본주의적 제도의 확립을 촉진하는 현대화의 대리인으로서 비슷한 역할을 해왔다.

이렇게 유럽의 고도로 발전된 침략적 자본주의와의 대결이라는 위기에 직면한 세계의 일부 국가들에서 마르크스주의는 사회 변화의 강력한 대리인이 되어 왔다. 이런 경우들에서 마르크스주의는 프롤레타리아혁명을 통해 사회주의를 획득하기보다는 자본주의적 제도의 출현을 강제하며 전통적 사회 형태를 변화시키고 파괴함으로써 민족의 독립을 지켜 내는 데 더욱 성공적이었다.

일어나지 않았던 혁명

20세기의 마르크스주의는 산업화된 자본주의국가들에서 나타난 사회 변화에서도 중심적인 역할을 했다. 그러나 여기서도 마르크스가 구상한 혁명이라는 외피는 제거되었다. "수정주의적" 마르크스주의는 자본주의적 사회관계의 모순에 대한 마르크스의 분석을 자본주의사회를 관리하는 강력한 정치·사회적 도구로 변화시켰다. 유럽에서 사회민주주의 정당들과 강력한 노조들의 결합은 계급 관계를 안정화시켰다. 마르크스가 살던 시기에는 대부분의 사람들에게 도덕적 공분을 일으켰던 착취가 제도화된 사회 조직화 유형으로 받아들여졌다. 노동자들은 잉여가치를 자본주의사회에서 나타나는 사회적 잉여의 형태로 간주하게 되었다. 이 잉여가치를 스스로 처분할 수 있는 자본가들의 권력이 점차 정치제도를 통해 다른 계급들과 공유되고 유지됨에 따라 노동에 대한 착취는 도덕적 감수성을 자극하는 용어가 아닌, 상투적인 표현이 되어 버렸다. 오늘날에도 계급 분할은 미약하게나마 여론을 들끓게 하는 역할을 하고는 있지만, 정치적으로 기능적인 역할을 하는 경우가 더 많다. 이 과정에서 마르크스의 자본주의 분석의 중요성이 과소평가되어서는 안 된다. 여전히 마르크스의 자본주의 분석이 대중적으로 교육되고 있는 곳의 시민들은 착취가 자본주의사회에서 이루어지는 경제활동의 핵심적인 측면이라는 사실에 익숙하게 된다. 이런 상황에서는 착취가 너무 지나칠 때는 비난받아야 하며 이데올로기적으로 수용 가능한 목적으로만 한정되어야 한다는 관점, 즉 필요악으로서의 착취라는 관점이 일반적이게 된다.[13]

사회주의적 이상

20세기 전반에 걸쳐, 마르크스주의는 사회민주주의적 방식과 공산주의적인 방식으로 영리 기업을 정치적으로 통제함으로써 사회주의를 광범위하게 실험해 보았다. 이런 체계들을 옹호하는 이들이 가졌던 높은 희망과 고귀한 열망에도 불구하고 이 체계들은 대체로 실패했거나 혹은 실망스러웠

---

13 어떤 마르크스주의적 견해도 이데올로기나 정치를 형성하는 데 중요한 역할을 하지 못했던 미국은 중요한 예외적 경우다.

던 것으로 드러났다. 소비에트연방의 붕괴는 중앙 집중화된 경제 제도의 실패로 말미암아 직접적으로 일어난 것이 아니었다. 그 제도들은 소비에트 체계를 전복시킨 정치적 위기 때까지도 고유한 방식으로 계속해서 작동하고 있었다. 그러나 소비에트 경제는 혁신을 촉진하고, 상품의 질을 보장하며, 노동 규율을 유지하는 영역에서, 그리고 잉여노동을 노동 제약적 labor-constrained 투자 정책[14]에 동원하는 데서 주요한 문제들을 안고 있었고, 이는 정치 체계에 엄청나게 누적된 긴장을 초래했다. 중국은 민간 부문을 위해 국가 부문을 해체하고 방치하는 정책을 의식적으로 착수해 왔는데, 최근 몇 년간 이 정책은 일자리와 생산량 증대의 대부분을 담당해 왔다. 외부의 정치적 압력으로 인해 혹독한 사회주의 시기를 경험한 쿠바 역시 생산량 증대와 생활수준 개선의 측면에서 열악한 경제적 성과를 보여 주었다.

마찬가지로 제2차 세계대전 이후 부르주아적 정치제도의 틀 내에서 주요 경제 부문들을 사회화하기 위해 유럽의 사회민주주의적 정당들이 취했던 시도들도 확실한 성공을 거두지 못했다. 국고에서 충당한 자본은 사회화된 경제 부문의 재정적 불안정성을 차단함으로써 성과를 향상시켰다. 그러나 이런 이득은 대부분 구태의연한 관리와 정치적 후원의 부담으로 상쇄되었다. 생산 기업들을 국가가 편제하는 것이 항상 민간 경영보다 열등하다는 민영화 주창자들의 교조적인 결론을 수용하는 것은 잘못이겠지만, 사회주의적 모델이 우월하다는 주장 역시 증거가 거의 없다. 국가 사

---

14 옮긴이_자본주의가 이른바 노동 절약적, 자본 소비(기계화)적 투자를 하는 반면, 사회주의가 노동 소비적 투자를 했다는 것을 의미하는 것이다. 다시 말하면 투자가 노동에 종속(제약)되어 있으므로 기술 진보를 통한 것이 아니라 노동 투입량을 증대시키는 투자 형태를 말한다.

회주의 모델의 역사적 쇠퇴는 오늘날 사회주의 정치 이데올로기의 위기를 초래한 가장 직접적인 원인이다. 왜냐하면 이로 말미암아 사회주의자들은 사회를 혁신하는 사람들로서 가져야 할 당연한 급진적인 정치적 역할이 아닌 현존하는 국가 제도들을 보호하는 보수적 자세를 어정쩡하게 취하도록 강제되었기 때문이다.

　　국가 사회주의적 기획의 정치적 붕괴를 마르크스주의 정치의 종식으로 이해하는 것은 실수일 것이다. 분명 마르크스는 단순히 통치자 위원회를 구성하는 것보다 더 큰 문제들에 초점을 맞췄고, 더구나 착취, 제국주의, 계급 분할의 문제는 신자유주의적 정책들로 해결될 수 있는 것들이 아니다.

혁명과 생산양식

마르크스가 산업자본주의 발전의 일반적 유형과 특수한 모순들을 성공적으로 입증했음에도 불구하고, 프롤레타리아 사회혁명 이론에서는 실패했던 이유는 무엇 때문인가?

　　마르크스가 프롤레타리아 사회혁명을 자본주의에서 발생할 수 있는 사회 변화의 유일한 경로로 생각했던 것은 아니다. 그는 자본주의적 제도들이 역사적·사회적 압력에 적응하고 진화하는 경향을 예리하게 간파했다. 예를 들어, 마르크스는 자본주의적 기업이 주식회사 혹은 합자회사의 형태를 띠는 현상을 자본의 불완전한 "사회화"(이는 사회주의의 전조이기도 했다)라고 생각했다. 『공산주의자 선언』의 결론 부분에 제시된 현실 정책 제안들은 대부분의 선진 자본주의국가들에서 몇 년도 지나지 않아 개혁을 통해 달성되었다. 그러나 마르크스는 산업화된 자본주의사회에서 프롤레타리아 사회혁명이 전면적으로 일어날 것이라는 데 큰돈을 걸었고, 이는 커다란 대가를 치러야 할 것으로 보인다.

이 부분에서 한 가지 수수께끼 같은 문제가 발생한다. 즉, 마르크스가 노예제에 기반을 둔 고대의 생산양식에서 봉건제로, 그리고 농노제에 기반을 둔 봉건적 생산양식에서 자본주의적 생산양식으로의 변화를 사회적 생산관계의 모순으로부터 발생하는 사회적 변화의 주요한 역사적 사례들로 생각했느냐는 것이다. 이 역사적 유비들 가운데 어떤 것도 프롤레타리아 사회혁명에 대한 전망과 관련해서 마르크스가 생각했던 핵심 요소들을 입증해 주지 않는다.

예를 들어, 봉건제에서 자본주의로의 이행 과정에서 낡은 생산양식을 전복한 이들은 착취 받는 계급인 농노들이 아니었다. 제3의 사회 구성원인 신흥 부르주아지가 봉건제를 파괴하는 적극적인 정치적 행위자였다. 자본주의 발전에 유리한 정치·사회적 조건들을 형성하는 과정에서 부르주아지들은 노동을 농노제에서 임금노동제로 변화시켰고, 이를 통해 다양한 피착취계급을 창출했다. 이는 프롤레타리아 사회주의혁명 이론 — 부르주아 제도 내에서 형성되고, 부르주아 이데올로기에서 출발한 자본주의적 노동자계급이 어떤 방식으로든 사회주의를 성립시키는 보편 세계사적 역할을 수행한다는 — 과는 현격한 차이를 보인다.

이 문제는 마르크스가 사회주의의 내용에 있어서 경제적 현실주의를 주장한 것과 관련된다. 예를 들어, 『고타강령 비판』에서 마르크스는 사회주의사회가 생존하기 위해서는 계급사회와 마찬가지로 사회적 잉여를 동원할 필요가 있다고 반복하여 주장한다. 이때 사회적 잉여를 동원하는 것과 계급 착취를 구분해 주는 것은 동원 과정이 갖는 사회적 성격이다. 따라서 마르크스가 상상했던 것은 생산 계급의 자기 착취로 묘사될 수 있을 것이다(이것은 사실 마르크스와 프루동Pierre-Joseph Proudhon, 라살Ferdinand Lassalle, 그리고 노동자들에게 "노동의 과실"을 직접적으로 귀속시키는 방식들을 제안했던 리카도주의적 사회주의자들 사이의 논쟁의 핵심이었다). 한마디로 사회주의 체제는 일종의 집산 자본주의collective capitalism를 작동시키는 것이다. 그러나 부르주아 혁명은 농노들이 부르주아들의 장원을 관리하고, 토지를 인수하도록 하는 것을 목표로 하지는 않았다. 상품 생산 형태에 대한 엄격한 비판에도 불구하고, 사회주의에 대한 마르크스의 구체적 상은 자본주의적 인습을 동반하고 있는 것이다.

봉건제로부터 출현하는 자본주의적 생산양식과 자본주의로부터 출현하는 사회주의 사이의 유비에서 풀리지 않는 또 다른 문제는 본래부터 분권화되고, 세포화된 자본주의적 사회관계와 관련된다. 자본주의가 번영하기 위해서는 항상 국가의 정치적 통제가 필요하지만, 자본주의가 단순히 생존하는 데에는 국가의 정치적 통제가 필요하지는 않다. 교환을 위한 분권화된 생산에 기초하고 있는 자본주의적 생산의 기본적인 작동 방식은 탄력적이고 강건하다. 그것이 어떤 이유로 세계의 어느 지역에서 억제되거나 혹은 파괴된다고 하더라도 그것은 마치 절단된 부분으로부터 다시 자라날 수 있는 생물학적 유기체와 같이 스스로를 재생시킬 수 있다. 따라서 자본주의는 살아남을 수 있었고, 봉건사회의 틈새에서도 살아남아 새로운 생활 방식을 추구하는 경향으로서 더욱 강해질 수 있었다. 그러나 사회주의가 자본주의사회의 틈새에서 실제의 사회적 습속으로 발전할 수 있는 방법은 없는 것 같다. 사회주의가 자본주의사회에서 이데올로기적 경향으로 번성한다는 것은 사실이지만, 이런 사실과 사람들이 현실적으로 대안적인 생산양식을 — 심지어는 부분적으로라도 — 경험할 수 있다는 것은 전혀 다른 문제다.

혁명은 어디로 사라졌는가?

20세기는 마르크스의 프롤레타리아혁명에 대한 전망과는 매우 다른 모습을 나타냈다. 그러나 자본주의가 역사적으로 우연적이고, 제한적이며, 모순적인 생산양식이라는 마르크스의 역사 유물론적 비판에는 여전히 강력한 힘이 남아 있다.

자본주의는 근본적으로 모순적인 자신의 성격을 드러내지 않았다. 우리가 오늘날 전 세계적 규모에서 직면하고 있는 부와 권력의 막대한 차이들에 비하면 19세기의 유럽과 산업이 고도로 발달했던 영국의 적나라한 사회적 양극화조차 작아 보인다. 마르크스와 엥겔스가 『공산주의자 선언』에서 예상했듯이 자본주의적 경제 발전은 계속해서 생산력 발전을 가능케 하는 수단이 되고 있다. 그러나 이 과정은 전통 사회를 대규모로 파괴하고, 발전도상에 있는 자본주의사회 내에서, 그리고 그 사회들 사이에서 극단적인 빈부 양극화를 영속화시키고 있다. 이런 현실에 비추어 볼 때, 자본주의적 기술과 조직 속에서 인류 발전의 잠재적 이익을 실현하기 위해 사회적 관계를 혁명적으로 변화시키고자 했던 마르크스의 이상은 여전히 강력하고 주목할 만한 것이다.

21세기에 우리는 아마도 인구학적 맥락에서 세계 자본축적의 획기적인 변화를 목격하게 될 것이다. 세계 인구는 안정화될 것처럼 보이지만 실제로는 매우 불균등하고 양극화된 경향을 보일 수 있다. 즉, 세계 인구의 대부분은 젊은 세대로 구성된 상대적으로 빈곤한 사회에 살고, 소수만이 고령화된 인구로 구성된 부유한 사회에 사는 경향이 나타날 수 있는 것이다. 이전까지의 자본주의 발전 과정은 임금 상승을 막기 위해 항상 노동예비군에 의존해 왔고, 꾸준한 노동생산성 증가를 위해 분업의 확대에 의존해 왔기 때문에, 이 인구학적 전환은 자본축적의 역사적 유형에 근본적인 도전을 제기하게 될 것이다. 자본축적이 그 역사적 유형을 어떻게든 유지하려면 기술 변화가 분업으로부터 분리되어 일어나야 하고, 더불어 이를 통한 노동생산성의 증대 자체가 끊임없이 노동 예비군을 보충할 수 있어야 할 것이다.

이 문제는 분업의 문제와 불가피하게 얽혀 있는 것으로 보인다. 마르크스의 주장 가운데 가장 단호하고도 가장 어려운 주장 중 하나는 자본주의의 모순이 상품 생산 형태에 그 근원을 두고 있다는 주장이다. 따라서 마르크스는 단지 두 가지의 가능성만이 존재한다고 암시하는 것으로 보인다. 하나는 인류가 역사적으로 조직해 왔던 상품 생산 형태와 함께 분업을 포기하는 것이고, 다른 하나는 복잡한 분업을 지탱할 수 있는 대안적 제도들을 발견하는 것이다. 이 두 가지 세계 가운데 어떤 세계도 구체적으로 상상하기는 쉽지 않다. 하이에크는 사회주의를 가로막는 진정한 장벽은 사회주의적 생산자들이 직면하는 약한 물질적 동기라기보다는 시장과 시장 신호들이 부재한 상황에서 무엇을 어떻게 생산할지를 계산할 수 있는 능력이 없다는 것이라고 주장했다. 가장 이상주의적이고 이타주의적인 사회주의적 인간조차도 자신들의 자원을 특정한 방식으로 사용하는 것이 사회에 순이익이 되는지 안 되는지를 어떻게 확실히 알 수 있는가? 이는 오늘날 사회주의혁명을 지지하는 이들이 쉽게 빠져나갈 수 없는 문제다. 그것은 사회주의사회 내에서는 생산의 정치적 통제라는 어려운 문제와 얽혀 있고, 부르주아 사회에서의 의미를 넘어서는 정치적 권리와 자유라는 총체적인 문제와도 얽혀 있다.

마르크스가 자본주의사회를 혁명적 사회 변화로 이끌 것이라고 본 힘들은 여전히 강력하고 현재적이다. 현재 세계적 규모에서 드러나고 있는 자본주의사회의 모순은 격렬한 비판 사상과 행동을 계속해서 자극하고 있다. 그러나 이런 힘들이 결정적인, 집중화된 혁명적 변화로 집적될 수 있는 시기는 거의 지난 것 같다. 우리는 변화의 잠재적인 동인들이 소득분배, 사회정의, 환경보호, 사적 안전과 자유에 대한 수천 가지의 특수한, 그리고 종종 드러나듯이 접속되지 않은 투쟁들로 흩어져 있는 시대에 살고 있다. 이런 사회변혁의 계기들이 결합하여 자본주의사회를 전환시킬 수 있을지는 두고 보아야 할 일이다.

4장

한계주의자들

경제사상사에서 가장 기이한 전환점 가운데 하나는 리카도의 경제학이 이후에 "신고전파 경제학"이라고 불릴 "한계주의자들"에 의해 대체된 것이다. 가치(또는 가격)론이 바로 이런 학설들이 경쟁하던 전쟁터이기 했지만, 훨씬 많은 것들이 관련되어 있음이 드러났다. 고전학파 경제학이 현실의 역사적 경험으로부터 일반화하는 귀납적이고 역사적인 경향을 띠고 있었다면, 한계주의는 사전에 결정된 공리집합의 틀 내에서 경험을 설명하려고 노력하는 연역적이고 수학적인 경향이 있다. 고전학파 경제학의 주제가 변화 및 진화와 밀접한 관련이 있는 동역학과 발전이었다면, 한계주의는 효율성 개념과 밀접히 연관된 정태학과 할당[배분_옮긴이]을 주요 주제로 삼고 있다. 고전학파 경제학이 균형을 끊임없는 변동의 평균이라고 이해한다면, 한계주의는 사실상 현실 속에서 달성되거나 근사화될 수 있는 것으로 균형을 이해한다. 고전학파 경제학이 사회학으로부터 많은 영향을 받았으며 계급과 같은 새로운 범주를 수용했다면, 한계주의 경제학은 공리주의 철학에 근거를 두고 있으며 개인적 행동이나 그것의 단순한 조합을 넘어서는 사회적 범주는 없다고 보았다. 고전학파 경제학이 시장 관계를 국부와 번영이라는 목적을 위한 편리한 수단으로 이해하는 반면, 한계주의는 시장에 의해 규정된 할당 그 자체를 목적으로 한다.

한계주의 학설이 스스로 리카도의 논리적 방법과 지대론을 확장했다고 자임했다는 점에 비추어 볼 때 이는 더욱 더 기이한 것이다. 하지만 리카도가 경제학적 논거의 유일한 논리적 기초로 노동 가치론을 고수했음에도 불구하고 한계주의는 노동 가치론을 거부했다.

노동 가치론은, 상대가격이 서로 다른 상품의 상대적 생산 비용에 의해 결정된다는, 가격의 비용 이론에 기초하고 있었다. 경제적 과정에 대한 이런 일반적 "시각"으로 말미암아 고전학파 경제학자들은 가격 결정에 있어 수요가 갖는 역할에는 그다지 관심이 없었다(리카도가 가격이 오로지 희소성에만 의존하는 희귀한 그림과 같은 상품을, 노동시간에 의한 가치 결정이라는 일반 원칙에서 명시적으로 배제하고 있음을 기억하자). 고전학파 경제학자들은 상품의 사용가치 또는 유용성이 교환가치를 갖는 상품의 전제 조건임을 인식하고 있었지만, 그와 동시에 상품 전체의 유용성은 가치 또는 가격과 아무런 상관이 없음을 지적했다. 이런 관점과 관련된 가장 유명한 표현이 "물과 다이아몬드"의 역설이다. 즉, 물은 인간 생활에 훨씬 더 유용하고 필수적이지만 온대기후의 정상적 조건에서는 다이아몬드가 물보다 더 큰 교환가치를 갖는다.

고전학파 경제학은 다이아몬드는 묻혀 있는 곳을 발견하기가 어려워 더 많은 노동량을 필요로 하므로 더 비싼 것이고, 샘이나 개울, 우물에서 물을 확보하는 데에는 상대적으로 더 적은 노동이 필요하므로 (온대기후에서) 물은 저렴하다고 보았다. 아마도 (내가 알기로는 어떤 고전학파 경제학자도 직접적으로 이 문제를 제기한 사람은 없다) 고전학파는 물이 사막에서는 비쌀 것이라고 예측할 것이다. 왜냐하면 물을 다른 곳으로부터 그곳으로 운반하거나 생산하는 데 많은 노동이 들기 때문일 것이다.

아담의 오류에는 새로운 신발이 필요하다

물과 다이아몬드의 역설 자체는 역사적이고 정치적인 변화가 없었다면 경제학의 패러다임 전환을 촉진하기 어려웠을 것이다. 1860년대 이후, 영국과 미국 같은 선진 자본주의 국가에서는 거대 카르텔과 트러스트들이 빠른 속도로 성장하고 공고화되고 있었고, 리카도식의 아담 스미스의 오류는 점차 받아들여지기 어려워지고 있었다. 이 기간의 중요한 정치적 대립은 고용 안정, 임금수준, 파업권과 단결권, 그리고 노동시간의 제한과 같은 문제들을 둘러싸고 노동과 자본 사이에서 발생했다. 리카도의 언어와 개념틀을 이와 같은 쟁점들에 적용하는 것은 매우 거북해 보였다—이는, 마르크스 역시 마찬가지였다.

이런 상황에서 아담 스미스의 오류를 좀 더 현대화하고 갱신할 필요가 있었다. 수리물리학 또는 진화 생물학보다 더 나은 것을 찾을 만한 곳은 없었다. 무엇보다도 이런 경성 과학hard science은 막대한 명성과 상당한 과학적 성공이라는 자산을 보유하고 있었다.

19세기 경제학의 역사는 두 개의 극점 사이에서 동요했다. 그 스펙트럼의 한쪽 끝에는 수리물리학이 있었다. 윌리엄 스탠리 제번스, 칼 멩거, 빌프레도 파레토Vilfredo Pareto, 존 베이츠 클라크, 어빙 피셔Irving Fisher, 레옹 발라스Léon Walras 등과 같은 사람들은 자본주의적 사회관계가 경제생활의 합리성과 안정성을 보증하는 "자연법칙"으로 보일 수 있게 하는 공리화된 수리적 경제학을 만들어 내려고 노력했다. 반대편에는 생물학이 있었는데, 소스타인 베블런과 같은 경제사학자들과 경제사회학자들은 역설과 아이러니를 특징으로 하는 역사적 진화 과정으로 현대자본주의를 규정하려고 했다. 20세기 경제학의 출현에 가장 큰 영향을 준 인물인 알프레드 마셜Alfred Marshall 같은 경우에는 (그가 자신의 교과서 구석진 부록에다 분류했던) 수학적 방식으로 자신의 경제적 원칙을 제시하려고 노력하면서도, 동시에 생물학의 진화론적 수사를 채택해 이런 두 극 사이의 동요를 흡수했다.

서로 다른 방식이긴 했지만 수학적 방식이든 생물학적 방식이든 간에 경제학은 아담 스미스의 오류를 일신할 필요가 있다고 보았다. 수학적 방식의 경제학은 경제적 생활로부터 윤리적 질문을 완전히 제거하려고 했다. 그것은 경제적 생활을 "선택의 자유"를 따를 수밖에 없는 객관적 법칙에 의해 지배되는 것으로 나타내려고 했다. 생물학적 방식을 따르는 경제학은 자본주의적 사회관계에 대해서 객관적으로 바라보려고 했고, 따라서 비판적이었으며, 자본주의를 진화 과정에서 나타나는 하나의 결과이자 단계로 보았다. 하지만 진화는 헤겔이 말했듯이 주체 없는 과정이다. 포유류는 혁명적 전복을 조직하지 못하며, 공룡들이 자살 협약을 맺지 않는다. 여기서 자본주의적 사회관계의 도덕성에 관한 문제는 적자생존과 적응이라는 진화적 선택의 냉혹한 과정 속에 완전히 감추어지게 된다.

한계주의

제번스와 한계효용

한계주의 "혁명"은 시장 가격의 결정에서 수요가 미치는 영향에 대해 고전학파가 제시하는 것보다 좀 더 적절한 이론을 제공한다는 주장을 하면서 시작된다. 제번스의 획기적인 발견은 한 개인이 이미 소비하고 있는 상품을 한 단위 더 소비할 때 추가적으로 발생하는 유용성usefulness, 즉 한계효

용marginal utility은 상품의 소비로부터 개인이 얻는 총효용과는 매우 다르다
는 인식이었다. 이에 따르면 상대가격은 총효용과는 비례적인 관계를 형
성하지 못하긴 하지만, 여전히 한계효용의 비율과는 비례한다.

제번스는 효용을 극대화하는 합리적 개인은 여러 가지 용도에 따라 고
정된 자원량을 배분한다고 보았다. 이런 합리적 개인들은 먼저 가장 높은
효용을 주는 곳에 자원을 할당하고, 그로부터 발생하는 한계효용이 차선
의 용도에서 얻을 수 있는 한계효용 수준에 도달할 때까지 자원을 계속 할
당하는 것으로 간주되었다. 그리고 행위자는 두 가지 용도가 주는 한계효
용이 동일하게 유지될 수 있도록 자원을 배분해야 한다(그렇지만 아마도 더
많은 자원이 각각 투여됨에 따라 한계효용은 저하한다). 이런 행동은 한계효용이
저하해 세 번째 용도로 자원이 배분되고, 이런 과정이 끊임없이 진행되다
가 자원이 완전히 소모될 때 끝난다.

개인들의 시간 배분 사례를 살펴보자. 사람들은 모두 하루에 제한된
시간만을 활용할 수 있고, 따라서 이런 제한된 자원을 여러 가지 용도로
할당해야만 한다. 개인들은 잠을 자거나, 음식을 먹고, 공부를 하거나, 일
을 하며, 운동을 하기도 하고 다투기도 하며, 연애를 하기도 한다. 한계주
의의 관점에 따르면, 각 개인은 생명을 유지하는 데 가장 필수적인 부문에
우선적으로 시간을 할당한다. 잠자기 같은 것 말이다. 개인들은 8시간 또
는 7시간, 6시간 동안 잠을 잔 후, 어느 시점에서 추가적으로 10분 정도 더
잠을 자서 얻을 수 있는 한계효용이 음식을 먹는 데서 얻을 수 있는 한계
효용보다 더 이상 크지 않다고 느끼게 된다. 이제 음식을 먹는 데 시간을
10분 또는 20분 늘려 나가다가, 어느 정도의 시점이 되면, 그다음의 절박
한 용도, 이를테면 시험공부보다 음식을 먹는 것의 한계효용이 낮아질 것
이다(아마도 개인들은 잠자는 시간의 한계효용을 시험 준비 시간의 한계효용보다 낮

추기 위해 좀 더 자야 할지도 모른다). 비슷한 이야기가 화폐소득 또는 부의 할당에 적용될 수 있다.

이런 할당 과정 전체에 걸쳐, (자원이 더 많이 할당됨에 따라서 한계효용 전체가 하락하기는 하지만) 투여되는 모든 용도의 희소한 자원이 갖는 한계효용은 모두 같아야 하며, 그렇지 않으면 행위 주체는 낮은 한계효용 활동으로부터 높은 한계효용 활동으로 희소한 자원을 재할당해 총효용을 증가시킬 수 있다. 이리하여 제번스는 그의 "최종 효용도"의 균등화 법칙[또는 한계효용 균등화 법칙_옮긴이]에 도달했다.

이런 방식으로 인간 문제를 보는 것은 미적분학의 사용을 용이하게 한다. 이 점에서 미적분학은 경제 이론과 긴밀한 관계를 갖는다. 할당 문제를, 미적분학으로 풀 수 있는, 제약 아래에서의 극대화 문제로도 나타낼 수 있는 것이다.

제번스는 제한된 화폐소득을 다양한 용도로 할당하는 사례에 이런 수학적 접근 방식이 적용될 수 있음을 보여 주고 있다. 이 문제에서 총효용을 극대화하는 수학적 필요조건은 일 달러당 한계효용이 모두 균등하게 되는 것이다. 따라서 제번스는 각 상품에 대해 단일한 가격이 존재하는 시장에서는 교환을 통해 상품의 상대가격과 한계효용의 비율이 동일하게 된다고 주장한다. 물론, 이것이 한계효용 비율이 가격 비율을 결정한다는 것을 증명하는 것은 아니다. 사실, 이 주장은 시장가격을 이미 주어진 것으로 가정하고 있다.[1]

---

1 옮긴이_이는 현대 경제학에서 사용되는, 제약 아래에서의 최적화(극대화 또는 극소화) 방법을 사용해 쉽게 달성할 수 있다. 현대 경제학에서 대표적 개인의 소득 제약 아래에서의 효용 극대화 문제를 풀면 우리는 재화가 주는 한계효용과 상대가격 사이의 비례 관계를 구할 수 있지만, 그렇다고 무엇이 어떤 것을 규정하는지(즉, 무엇이 종속변수이고 독립변수인지)는

　　한계주의적 접근의 시각은 심각한 가상적 비약에 기초하고 있다. 한계주의자들은 개인이 자원을 합리적으로 배분함으로써 균등화되는 한계효용의 비율과 현실 경제의 실제 시장가격을 매우 유사한 것으로 간주한다. 이와 같은 관점은, 전체 경제를 하나의 커다란 합리적 자원 할당 과정으로 보는 것이라 할 수 있다. 이와 같은 유비가 성립하려면, 사회가 이용할 수 있는 다양한 상품의 양을 주어진 것으로 간주해야 하며, 따라서 그런 상품들의 상대적 희소성이 한계효용과 가격을 결정할 수 있어야 한다.

　　이와 같은 시각을 발전시키는 과정에서, 한계주의적 관점이 부딪힌 한 가지 난점은 경제가, 효용을 극대화하면서 서로 경쟁하는 수많은 개인들 — 이들은 서로 다른 효용 함수를 가질 수 있다 — 로 구성되어 있다는 점이다. 하지만 한계주의적 입장은 경제가, 서로 다른 수많은 개인들로 구성되어 있음에도 불구하고, 본질적으로 어떤 단일한 희소 자원 묶음을 배분하면서 단일하고, 일관된 효용 함수를 극대화하는 단일한 개인이 있는 것처럼 작동한다는 것이다. 한계주의 경제학의 수많은 수학적이며 개념적인 복잡성이 이런 주장들을 논증하기 위해 등장한다. 신고전파 경제학자들이 자주 쓰는 한 가지 손쉬운 방법은 모든 개인들이 서로 동등하다고 가정하는 것이다. 그러면 그들을 "대표적 행위자"로 환원할 수 있으며 그런 대표적 행위자가 어떻게 현존하는 상품 스톡을 배분하는지, 어느 정도의 한계효용(그 비율은 시장가격으로 해석될 것이다)이 나타나는지 알 수 있을 것이다. 하지만 합리적 행위자에 대한 해석은 시장이 현실적으로 작동하는 방식을 명확하게 하는 데에는 그다지 도움이 되질 않는다. 동일한 대표적 행위자의 사회에서는 시장에서 상품을 교환할 필요가 없을 것이다. 왜냐하면 각

알 수가 없다. 물론 던컨 폴리의 설명처럼 이미 재화의 가격은 주어져 있다.

행위자들은 전체 경제의 축소판이 될 것이며, 혼자서도 할당 문제를 해결할 수 있을 것이기 때문이다.

우리는 한계주의자들이 고전학파적 용어인 자연가격이 아니라 시장가격에 대해서 이야기하는 것을 볼 수 있다. 또한 한계주의적 가격 이론에 적합한 조건은, 상품 스톡이 생산과 소비의 결과로 변화하는 장기 또는 중기라기보다는, 상품 스톡이 [일정하게_옮긴이] 주어져 있는 단기와 관련되어 있음도 볼 수 있다.

우리는, 한계주의적 관점에서 모든 자원은 완전히 사용되며, 아니면 희소하지 않다는 것을 알고 있다. 자원이 이러저러한 용도에서 효용을 추가한다면, 그런 자원은 모두 사용된다. 이를 달리 표현하면, 사용되지 않는 자원은 제로 가격zero price을 가져야만 하며, 어떤 무엇인가가 그다음 최선의 용도에 전용되는 것을 방해하지만 않는다면, 가격을 갖는 자원은 모두 사용된다 — 이를 거꾸로, 사용될 수 있는 모든 자원은 가격을 지닌다는 식으로 말할 수도 있다. 이는 사회를 여러 가지 목적으로 희소한 자원을 배분하는 하나의 거대한 합리적 개인과 동일시한 결과다. 가격을 갖는 자원은 희소하고 완전히 사용되어야만 하고, 제로의 가격을 갖는 자원은 풍부하고 부분적으로만 사용된다는 관점은 한계주의적 시각과 깊은 관련이 있다. 이런 식으로 본다면, 예를 들어 몇몇 노동자들이 경기후퇴 또는 침체 과정에서 비자발적인 실업 상태[2]에 빠지는 것에 대해서는 이야기하

---

2 옮긴이_비자발적 실업에 대해서는 이 책 27쪽 각주 5와 5장의 케인스 논의를 참고하라. 한계주의(또는 신고전파)의 입장에서 실업은 균형 임금보다 높은 수준의 임금 때문에 균형 고용량보다 — 즉, 이 상태는 완전고용 상태다 — 더 많은 노동 공급을 원하는 노동자들이 존재하는 것이다. 하지만 비자발적 실업은 현재의 동일한 임금을 지불받는다고 해도 기꺼이 노동을 제공하려 하지만 일자리가 없는 사람들을 뜻한다. 전자의 노동 공급은 이미 8시간을 일하고 있는 사람이 앞으로 1시간을 더 공급할 것인지 아닐지를 결정하는 모형으로 표현된다.

기 어렵다. 하지만 위에서 말한 관점은 세의 법칙과는 일치한다. (예를 들어 외국과의 경쟁으로 인해) 일자리를 빼앗긴 노동과 같은 자원은 실업 상태로 남아 있다기보다는 다른 최선의 용도로 이전될 것이기 때문이다.

멩거와 요소 가격

칼 멩거는 한계주의의 논리를 투입물 가격 문제에 적용했다. 멩거는 최종 소비자의 직접적 효용 때문이 아니라, 소비재 생산에 대한 간접적인 유용성 때문에 가치가 매겨지는 투입물을 "고차재"higher order goods라 불렀다.[3] 이리하여 멩거는 최종재로 이어지는 가치화의 연쇄를 확인했다. 가치화의 연쇄는 한계효용의 원칙에 따라 가치가 매겨질 뿐만 아니라, [가치화의 연쇄에 상응하는_옮긴이] 생산 사슬에 의해 뒷받침되는 것이다.

생산 사슬의 맨 위에서 노동 및 토지와 같은 1차적인 생산 투입물이 희소성에 따라서 가치가 매겨진다. 따라서 멩거는 고차재들을, 완전히 비탄력적인 [수직의_옮긴이] 공급곡선으로 나타나는, 공급상 고정되어 있는 것으로 간주했으며, 그 가격은 리카도 이론의 지대처럼 결정되는 것이라고 보았다.

멩거의 주장은 상품의 가격이 그 절대적 희소성과 연관되어 있다는 한계주의적 가치론의 기본 전략을 분명히 나타낸다. 따라서 논리적으로 보면 한계주의 이론은 가격을 알기 이전에 이용 가능한 생산 투입물의 총량을 계산할 수 있어야만 한다(한계주의 이론의 이런 핵심 가정은 흔히 공급과 수요가 균형가격을 결정하는 방식에 대한 논의 속에 암묵적으로 남아 있다).

---

3 옮긴이_이에 비해 소비를 위해 생산된 상품은 "1차재"(the first order goods)라고 불렀다.

노동의 경우에는, 한계주의적 관점에 의하면, 각 개인이 통제하고 잠재적으로 시장에 투입할 수 있는 최대 노동 공급[수준_옮긴이]이 있다고 볼 수 있다. 사람들이 잠재적인 최대 노동력[예를 들어 24시간_옮긴이]을 실제로 판매하는 것은 아니기 때문에, 한계주의자들은 개인들이 자신의 노동시간 가운데 일부를 실질적으로 "되사들여", "여가", 즉 비임금 활동으로 사용한다고 보았다. 우리가 살펴보았듯이, 여가에는 아이를 낳고 기르는 것이나 주택을 유지하고 보수하는 것과 같은 상품을 매개로 하지 않는 수많은 행위들이 포함된다. 임금을 지대로 규정하는 수요곡선은 그 구성 요소 가운데 하나로 여가에 대한 이와 같은 사적 수요를 이론적으로 포함하고 있다.

어떤 시점에서 경제적으로 의미 있는 각 재화마다 고정된 양이 존재한다는 것은 상식적으로 보인다. 하지만 한계주의 이론을 이용할 경우 몇 가지 당혹스러운 문제에 봉착한다. 예를 들어, 미국 경제의 실질임금을 예측하기 위해 이론적으로 필요한 총노동 공급을 어떤 식으로 규정하겠는가? 청소년과 은퇴한 노인들을 포함시켜야 하는가? 우리는 미국의 높은 실질임금으로 말미암아 등록·비등록 이주자들이 증가하는 경향이 있다는 것을 알고 있다. 그렇다면 미국 시장으로 들어올지 모르는 모든 잠재적 노동 공급을 포함시켜야만 하는가? 노동 경제학자들은 한계주의 이론을 활용하는 데 있어 이론 그 자체로는 그리 많은 도움을 얻을 수 없기 때문에 이러저러한 상대적으로 자의적인 일련의 가정들을 통해 이 문제들을 해결하려고 한다.

클라크와 분배

존 베이츠 클라크는 요소 가격 결정에 관한 한계주의적 접근을 활용해 무엇이 임금과 이윤, 그리고 지대로의 소득분배를 규정하는지 논의했다. 그 자신이 분명히 한 것처럼 클라크의 목표는 시장을 통해 이루어지는 소득분배에 대한 설명뿐만 아니라 그것의 정당화였다. 바로 이것이 클라크적인 아담 스미스의 오류다. 그는 이윤과 임금률이 희소성에 의해 사회에 부과된 기본적인 경제법칙의 결과로 보았다. 요소들이 [각 요소 단위의 증가에 따른 생산물 증가분을 의미하는_옮긴이] 한계 생산물 가치를 받는다는 법칙을, 각 요소들이 생산에 기여한 만큼의 보수를 받는다는 원칙으로 변화시켜야 한다는 것이 클라크의 생각이었다.

나중에 신고전파 경제학자들은 클라크의 한계 생산물 해석의 오류를 인식하게 되었다(비록 신고전파 경제학자들이 이를 미시 경제학 수업에서 학생들에게 실제로 가르치는 것은 아니지만). 각종 투입물을 필요로 하는 복잡한 생산 과정에서 어느 한 투입물의 "생산에 대한 기여"를 규정하는 방식이란 없다는 것이 문제였다. 노동 투입을 모두 중단하거나 자본재 투입을 모두 중단하는 상황에서는 생산이 이루어지지 않을 것이다. 그것은 각 요소가 사실상 전체 생산물에 기여하고 있다는 사실을 나타낸다. 한계 생산물은 기껏해야 다양한 투입물들 사이에 생산물의 가치를 귀속시키는 방식이며, 높은 한계 생산물 요소의 소유자가 당연히 높은 요소 가격을 받아야 한다는 어떤 특정한 도덕적 주장은 있을 수 없다.

특히 클라크는 "자본의 한계 생산성"이라는 관점을 통해 자본주의경제 내에서 발생하는 이윤 플로우를 정당화하고 설명하기 위해 한계 생산성 이론을 활용하는 데 관심이 있었다. 클라크의 추론에 따르면, 개별 소기업(또는 자본가)은 시장 임금과 자본재 가격에 영향을 주기에는 그 크기가 너무 작다. 결과적으로 기업은 현재 시장가격에서 어떤 기술의 가격을 평가하고, 이용 가능한 가장 낮은 비용의 기술을 선택한다. 이 과정에서,

임금과 자본 비용은 기업의 입장에서 보면 서로 다른 생산 투입물로 나타
난다. 기업은 임금 비용과 자본 투입 비용 각각의 고저에 따라 노동을 더
많이 사용하고 자본을 덜 사용할 수도 있고, 그 역을 선택할 수도 있다. 가
장 낮은 비용의 기술을 선택하는 과정에서, 기업은 노동 및 자본의 한계
생산물 가치와 임금 및 이윤율을 동일시하고 있다고 할 수 있다.

그다음 클라크는 이런 논증을 전형적인 한계주의적 방식으로 전환시
켰다. 그리고 그것은 임금과 이윤이 노동과 "자본"의 희소성에 의해 규정
됨을 의미한다고 주장했다. 그는 이윤을 임금과 마찬가지로 리카도적 의
미에서 지대라고 보았다(신고전파 경제학자들은 종종 자본 스톡이 시간이 흐름에
따라 변화하지만, 어떤 특정한 시점에서는 고정되어 있다는 사실을 인정하면서 이윤
을 "준지대"quasi-rent라고 부른다). 이런 주장은 거대한 논쟁으로 발전했다. 이는
"케임브리지 자본 논쟁"이라고 불리는 것으로, 1960년대와 1970년대 최
고조에 달했다. 한편으로 조운 로빈슨Joan Robinson이 이끄는 영국 경제학자
들의 케임브리지 그룹이 있었고, 폴 새뮤얼슨Paul Samuelson과 로버트 솔로
Robert Solow가 이끄는 매사추세츠공과대학교MIT 경제학자들의 케임브리지
그룹이 있었는데, 이들은 클라크의 이론이 서로 다른 종류의 자본재가 존
재하는 현실 세계에서도 일관되게 유지될 수 있는지를 두고 논쟁했다. 문
제는 다음과 같은 사실에서 기인한다. 즉, 클라크는 개별 기업의 선택과
관련해 모든 다양한 자본재의 가격을 주어진 것으로 간주했는데, 이는 기
업이 요소 시장에서 상대적으로 작은 비중만을 차지한다는 가정 아래에서
는 정당한 것으로 보인다. 이런 추론을 통해 임금 및 이윤율과 노동 및 자
본의 한계 생산성 사이의 동등성을 확립할 수 있다. 이런 맥락에서 보면,
주어진 시장 임금, 자본재 가격, 그리고 평균 이윤율이 비용 극소화 결과
로 나타나는 자본과 노동의 한계 생산물을 규정한다. 그러나 클라크는 방

정식을 뒤집으려고 시도하면서, 자본 및 노동의 한계 생산성이 균형 이윤과 임금률을 결정한다고 주장했지만, 다양한 자본재의 가격 결정 문제를 고려하는 데는 실패했다. 로빈슨은 시장을 통해 개별 기업들에게 이런 가격들이 주어지기는 하지만, 그런 가격들은 전체 경제 체계 내에서 결정되는 것이고, 그러기에 임금과 이윤율을 결정하는 데이터로는 주어질 수가 없다고 주장했다. 게다가, 자본재 가격이 다양화됨에 따라, 동일한 물리적 자본재 집합(공장, 기계, 기타 등)은 클라크적 의미에서 서로 다른 "자본"량으로 나타날 것이다. 따라서 현실 경제에서 준지대로서 이윤율을 결정하는 주어진 "자본"량의 희소성에 대해 말하는 것은 불가능하다는, 영국 케임브리지 비평가들의 비판이 성립한다.

이 논쟁에서 결국 매사추세츠 케임브리지 측은 로빈슨이 순수 이론적 측면에서 옳다고 인정했지만, 신고전파적 시각을 가진 경제학자들은 여전히 희소한 생산 투입물로서 "자본" 개념을 사용하고 있었으며, 대다수의 학부생들은 이윤율을 "자본"의 한계 생산물에 의해 규정되는 것으로 생각하라고 배우고 있다. 신고전파 일반 균형 이론가들은 가장 추상적인 수준에서 임의의 수의 구체적 자본재(자본재 각각은 준지대를 갖고 있다)에 동반하는 균형에 대한 연구를 통해 "자본" 개념을 생략하려고 시도했다. 이것은 특히 시간을 고려할 때, 고유한 문제들을 안고 있는 매우 복잡한 이론으로 귀착한다.[4]

---

4 옮긴이_한계주의의 방식은 주어진 자본량을 토대로 하여 이런 자본의 한계 생산물이 이윤율을 결정한다는 것을 논증하려는 시도라 할 수 있다. 먼저 이런 논증을 하려면 이질적 상품의 집합인 "자본"을 측정해야 하는데, 이 가운데 하나의 방식이 각 자본재의 물리적 양에 가격을 곱하는 방식이라 할 수 있다. 그런데 여기서 문제가 생기는데 이렇게 측정되는 자본량 자체가 이윤율의 변화에 영향을 받기 때문이다. 즉, 이윤율의 변화는 가격에 영향을 주고 이는 주어진 자본량을 변화시킨다. 이에 대한 더욱 자세한 논의는 박만섭, "과거를 향하여 앞으로—

가격은 어디서부터 오는가?

한계주의적 접근은 개별 가계 또는 기업이 어떤 균일한(혹은 그에 가까운) 상품 가격 집합이 존재하는 잘 조직화된 시장에서 거래하는 상황에서 출발한다. 이는 고전학파 정치경제학의 틀에서도 마찬가지다. 잘 발전된 분업을 갖춘 경제 내에서 각각의 가계 또는 기업은 자신에게 필요한 상품을 구입하기 위해 시장에서 자신의 부존자원이나 생산물을 교환해야만 할 것이다.

하지만 상품의 교환 가격은 어디서 나타나는 것인가? 만약 우리가 시장가격이 형성되기 이전에 기업과 가계 각각이 보유하고 있는 [부존자원이나 생산물_옮긴이] 소장품들에서 출발한다면, 어떤 과정을 통해 시장가격이 형성되는 것일까? 이것이 바로 경제 이론 분야에서 가장 추상적인(어떤 사람들은 이데올로기적이라고 말하기도 하는) 일반 균형의 문제다.

우리는 먼저 가계와 기업이 시장에서 상품을 교환하지 않는 상황에서, 교환을 통해 더 많은 이익을 얻을 수 있는 기회가 있을 것이라고 생각해 볼 수 있다. 식량은 없고, 판매할 수 있는 노동력만을 갖고 있는 가계는 매우 낮은 가격에서도 기꺼이 노동력을 판매하려고 할 것이며, 상품을 생산했지만 아직 이를 판매하지 못하고 있는 기업은 매우 헐값으로라도 상품을 기꺼이 판매할 것이다. 경제가 균형 상태에 있지 않을 때, 우리는 행위자들의 "유보 가격"reservation price[행위자가 상품을 구매(판매)하기 위해 지불할 용의가 있는 최대(최소) 가격_옮긴이]으로 가계의 구매(판매) 용의를 측정할 수 있다. 이런 상황에서는, 잠재적인 거대한 경제적 잉여[소비자의 지불 용의에

스라피언 경제학," 『경제학, 더 넓은 지평을 향하여』, 이슈투데이, 2005를 참조.

서 구매 가격을 뺀 소비자 잉여와 판매 가격에서 비용을 뺀 생산자 잉여_옮긴이]가 존재하며, 이런 잉여는 잠재적인 구매자와 판매자가 맺어져 양측이 이익을 얻을 수 있는 가격에서 상품을 교환함으로써 실현된다. 이것이 자발적 시장 교환 과정이다. 시장 교환이 일어나면서 가계와 기업의 유보 가격은 서로 가깝게 수렴되는 경향이 있다[균형가격 수준에서 생산자와 소비자의 유보 가격은 일치한다_옮긴이]. 가계가 노동력의 일부를 판매하고 식량을 구매하면, 그런 특정한 교환에 대한 요구가 쇠퇴하며, 따라서 노동력과 식량 교환의 조건이 조금 더 완화된다.

빌프레도 파레토는 교환 이전 경제의 초기 조건 — 유보 가격이 매우 상이해 상품의 균일 가격이 존재하지 않고, 교환이 시작되면 그로부터 수익이 발생할 가능성이 존재하는 — 과 교환이 다수 발생한 이후의 경제 조건을 대조했다. 그는 모든 가계와 기업의 유보 가격이 동일하게 되며, 교환에서 더 이상 수익을 얻을 수 없는 극한적 상황을 가정했다. 그런 상황에서는 실제로 자발적 교환이 더는 발생하지 않을 것이며, 이전에 발생한 교환으로 모든 가계와 기업이 공유하고 있는 상품들의 균일 가격 집합이 존재하게 될 것이다. 신고전파 경제학자들은 이런 상황을 "파레토 최적점들"이라고 부른다. 하지만 파레토 최적에서 어떤 특정한 "최적점"이 존재하는 것은 아닌데, 이는 자발적 교환 안에 다양한 참가자들 사이의 올바른 소득분배와 경제잉여를 보증할 수 있는 어떤 것도 존재하지 않기 때문이다. 어떤 가계와 기업들은 [다른 가계들에 비해_옮긴이] 더 큰 몫의 경제적 잉여를 시장 교환 과정에서 챙길 수도 있다.

(좀 더 중립적으로 말해) 파레토 배분을 두 가지 방식에서 파악할 수 있다. 한편으로, 파레토 배분은 자발적인 상품 교환의 체계적 결론을 나타낸다. 즉, 파레토 배분 속에서 교환을 통해 경제적 잉여를 획득할 수 있는 기

회는 더 이상 없다. 이런 의미에서 보면 파레토 배분은 동역학적 교환 과정의 균형 상태다. 이론적으로는 어떤 자발적 교환 과정이라도 충분한 시간 동안 진행된 것이라면 파레토 배분으로 이어질 것이다. 다른 관점에서 보자면, 파레토 배분은 분업으로부터 모든 잠재적인 경제적 잉여를 뽑아내는 과정으로 보인다. 파레토 배분에서는, 그 어떤 가계나 기업도, 다른 가계 또는 기업의 상황을 어렵게 만들지 않는 한(말하자면, 법률 제정을 통한 상품의 재할당을 통해), 상황이 호전될 수 없다(만약 입법가가 [법률 제정을 통해_옮긴이] 모든 가계와 기업의 상황이 호전될 수 있도록 상품을 재배치할 수 있었다면, 그것은 자발적 교환으로도 가능했을 것이다). 따라서 파레토 배분은 모든 이용 가능한 경제적 잉여가 그 체계로부터 나올 때만이 효율적이다.

파레토 배분에 관해 생각할 수 있는 두 번째 방식은 아담 스미스의 오류의 또 다른 버전으로 이어진다. 분업을 뒷받침하고 자본주의적 사회관계로의 참여를 의미하는 자발적 교환은 그 체계로부터 모든 잠재적인 경제적 잉여를 뽑아내는 것이기에 (필연적으로 도덕적 선은 아니지만 적어도 공리주의적 의미에서는) 좋은 것이다. 따라서 스미스가 제시했듯이, 그것은 필요악으로서, 또는 목적으로 위한 수단으로서 참고 받아들여야 할 문제가 아니다. 경제적 효율성이 그 자체로 좋은 것으로 간주되면, 그것은 상품 교환의 틀 내에서 자기 이익을 추구해야 할 절대적인 도덕적 의무를 부과한다.

이와 같은 판본의 아담의 오류가 가진 시각에서 본다면, 자유로운 교환에 대한 법률적 개입은 분업에 의해 창조된 모든 이용 가능한 경제적 잉여를 실현하는 시장의 자율적 경향을 방해한다(법률적 개입이 경제적 잉여의 좀 더 평등한 분배로 이어질 수 있다는 사실은 이런 사고방식에서는 무시되거나 폄하되는 경향이 있다). 이런 가정에서 한계주의 경제학은 국가의 개입에 반대한다. 예를 들어 조세를 걷는다고 하자. 상품에 대한 조세는, 교환으로부터 얻게 되는 잉여가 조세를 지불할 만큼 크지 않다면, 잠재적으로 서로에게 이익인 몇몇 교환이 발생하지 못하게 한다. 따라서 조세와 그 밖의 정부 개입은 잠재적인 경제적 잉여의 손실로 이어진다. 즉, 비효율성으로 이어진다. 이런 관점에 따르면, 조세 및 그 밖의 개입이 도움이 되는 것은 이런 경제적 손실을 능가하는 (조세를 통해 재원을 충당하는 공적 서비스와 같은) 일부 사회적 재화를 만들어 내는 경우가 유일하다. 이런 판본의 아담 스미스의 오류는 현대 신고전파 경제학 연구의 압도적인 부분을 차지하고 있는 기초이자, 경제학 교육의 주요한 테마가 되었다.

어떤 파레토 배분인가?

하지만 일반 균형 논증에는 주요한 허점들이 많이 남아 있다. 교환 이전의 상황으로부터 발생할 수 있는 수많은 자발적 교환 때문에, 수많은 파레토 배분이 존재한다. 어떤 두 개의(또는 그 이상의) 가계와 기업이 일단 서로 간의 유보 가격이 상당히 상이한 상품 교환 과정 안에 존재하고 있는 상황에서 자발적 교환[의 발생_옮긴이]을 확인하기는 쉽다 ― 실제로 유보 가격 사이에 있는 그 어떤 가격에서도 교환이 일어날 수 있기 때문에, 그만큼의 수많은 가능성이 존재할 것이다. 파레토 배분에 도달할 수 있는 유일한 방법은 다수의 자발적 교환을 허용하는 것이며, 각각의 자발적 교환은 다수의 현실적 가격이 형성될 수 있는 여지를 허용하는 것이기 때문에, 그런 체계는 서로 다른 무수히 많은 수의 파레토 배분에 휘말릴 수 있다. 한 평면상에서 이런 복수의 파레토 배분이 서로 상이하게 이루어지는 경우를 가계들과 기업들 사이의 경제적 잉여의 분배에서 발견할 수 있다(상품들의 최종 가격 또한 상이할 것이다)[즉, 파레토 배분이 가계와 기업들 사이의 공정한 분배를 의미하는 것은 아니다_옮긴이].

　이런 가능성들 때문에, 신고전파적 아담의 오류를 사람들에게 납득시키기 어렵다. 실제로 사람들은 자발적 교환에서 이익을 빼앗길 가능성을 매우 잘 의식하고 있다. 물론 이것은 불이익을 주는 제의를 (정상적 상황에서) 거부할 수 없다는 의미에서가 아니라, 그들이 다른 가격에서 교환이 이루어질 수 있는 가능성을 알지 못하기 때문에[파레토 최적 배분은 어떤 가격에서도 가능하기 때문에_옮긴이] 지나치게 낮은 가격에 물건을 판다거나 지나치게 높은 가격에서 물건을 구매할 것이라는 의미에서다. 이런 시장-편집증은 멀리 거슬러 올라간다. 우리는 아리스토텔레스의 공정가격 결정에 대한 논의, 거래에 공정성을 관리했던 유대법 체계, 그리고 중세철학의 공정가격 개념에 논의에서 이를 발견할 수 있다.

　한계주의자들과 신고전파 경제학자들은 일단 시장에서, 어떤 균일한 가격 체계가 수립되면, 이런 가격 체계에 의해 주어진 소득 아래에서, 가계와 기업의 의사 결정이 이루어진다고 보았다. 따라서 이들은 가계와 기업이 현실적 상품 교환이 이루어지기 이전에 궁극적 균형가격을 알고 있다는 가정을 하고, 균형의 비규정성indeterminacy 문제를 해결하려는 강한 경향을 갖게 되었다. 이는 레옹 발라스가 일반 균형 이론을 발전시키면서 따랐던 경로인데, 그는 경제 주체들이 어떻게 해서든지 어떤 현실적 교환이 발생하기 이전에 균형가격을 발견할 수 있다고 생각했다. 그는 균형가격이 될 수 있는지 알기 위해 실험적인 가격을 "부르는" 가상적 경매인을 고안했다. 경매인이 어떤 방식으로든 (수학적 관점에서는 억지스러운) 균형가격을 찾으면 기업과 가계에게 가격을 공표한다. 그러고 나서 기업과 가계는 거래를 시작한다.

　발라스의 도식은 분리될 수 없는 시장 교환의 두 측면, 즉 상품 소유권의 이전과 가격의 발견을 분리하려고 하기 때문에 납득하기가 어렵다. 현실적 생활 속에서 누군가가 어떤 상품에 대해서 얼마나 많은 비용을 지불하는지 알기 위해서는 그에게 [구매 조건을_옮긴이] 제시하고 그것을 받아들이는지를 보는 방법이 유일하다. 상품 교환에 이르게 되었을 때 "실제로 얼마나 지불하는지" 또는 "돈을 내는지 그렇지 않는지"를 보는 것 이외에 다른 방법은 없다.

한계주의와 사회 후생

한계주의 혁명은, 스스로 주장하듯 노동 가치론과 생산 비용 가치론 일반을 전복시킨 것 이외에도, 경제정책과 시장 및 국가의 관계에 대한 분석의 근본적 전환을 가져왔다. 이런 변화로 말미암아 경제정책의 목표는 자본 축적과 성장으로부터 효용 극대화와 생산 효율성을 중심으로 이동했다.

아담 스미스는 중상주의자들이 한 가지 자산, 즉 국가의 금 스톡만을 경제정책의 중심에 놓고, 금 스톡은 증가하지만 시장가격에서 평가되는 국가의 순부net worth는 줄어드는 정책을 지지한다고 비판한 바 있다. 신고전파 경제학자들은 경제활동의 현실적 목적이, 시장가격에서의 순부가 아니라, 소비자 만족 또는 효용이어야만 한다고 주장하면서 스미스의 비판을 역전시켰다. 마치 금 스톡의 극대화가 국가의 순부와 대립하는 것처럼, 시장가격에서 국가의 순부의 극대화는 소비자 만족의 극대화와 동일하지 않은 상황도 있다는 것이다. 신고전파 경제학자들은 이런 상황을 사회적 비용과 사적 비용이 수렴되지 않는 경우로 묘사했다. 전형적인 사례가 공기 오염과 같은 가격이 매겨지지 않은 환경의 외부성이다. 시장가격에서 국가 순부의 추구는 종종 오염 산업의 급증으로 이어진다. 결과적으로 평균적인 소비자는 산업 발전으로부터 나오는 임금과 배당 소득의 증가로는 심각한 환경 파괴로 말미암아 나타나는 건강과 안락함의 손실을 보상받을 수 없다는 것을 알게 된다.

경제활동의 목적이 개별 소비자의 만족이라는 생각은 한계주의적 사고 구조에 깊숙한 뿌리를 두고 있다. 한계주의적 사고 구조는 주관적 효용 평가를 가치와 가격의 규제적 요소라고 본다. 이를 통해 신고전파 경제학은 정책 문제에서 고전학파와는 다소 상이한 분석 양식을 갖게 되었다. 예를 들어, 리카도의 자유무역에 대한 옹호가 더 낮은 임금 비용과 이윤율의 상승, 그리고 자본축적과 성장의 촉진이라는 문제에 기초하고 있는 반면, 신고전파는 자유무역을 자원 할당의 효율성을 제고하기 위한 수단으로, 즉 적어도 몇몇 개인의 주관적 효용을 증가(다른 이들의 주관적 효용을 감소시키지 않으면서도)시키기 위한 수단으로 옹호하고 있다.

이런 측면에서 보면, 신고전파 분석이 자유방임 정책에만 의존하는 것은 아니다. 즉, 그들은 독점, 불완전 정보, 외부성에 대한 개입을 지지한다. 실제로 완전 경쟁과 완전 정보, 모든 경우에 해당하는 완전한 가격 형성이라는 엄격한 요구 조건을 충족시키는 경제적 거래를 현실에서 상정하기는 매우 어렵기 때문에, 신고전파 경제학은 광범위한 정부 개입에 여지를 열어 놓고 있는 것이다.

아담 스미스는 절약이 국부를 증진하는 길이라고 제자들에게 역설했다. 반면, 신고전파 경제학자들은 개인 저축의 문제에 대해서는 중립적이었다. 즉, 개인은 현재 지출과 미래 지출 사이의 소득 할당과 관련된 선택을 해야 한다. 만약 사적인 효용 극대화 결정으로 저축이 줄어들고, 성장이 감속하지만, 신고전파 입장에서 이것이 효율적 자원 배분에 해당한다면, 사적 결정의 변화시키기 위해 개입할 이유는 없다.

한계주의 경제학은, 본래 공리주의에 기초를 두고 있기 때문에, 부유한 사람들로부터 가난한 사람들로의 소득 재분배에 대한 강력한 논거를 가지고 있다. 이것은 경제정책이 사회 내에 있는 개인 전체의 효용을 극대화해야 한다는 생각에 기초를 두고 있다. 공리주의자들 대부분은 높은 소득을 얻는 부자의 한계효용이 그렇지 않은 빈자의 한계효용보다 낮으므로, 부자로부터 가난한 자로의 소득 이동은 사회의 총효용을 증가시킬 것이라 믿었다.

현대 신고전파 경제학자들은 소득분배와 관련된 이와 같은 공리주의적 분석을 대체로 거부하고 있다. 개인 사이의 효용을 객관적으로 비교할 수 없다는 이유에서다. 이와 같은 교의에 따라, 경제학은 파레토 개선적 변화(다른 사람의 상황을 악화시키지 않고 몇몇 개인의 상황을 개선하는)만을 권고할 수 있다고 본다. 하지만 불행하게도, 현실의 경제문제 가운데 파레토 개선으로 해결될 수 있는 문제는 별로 없다. 따라서 신고전파 이론이 정책에 미칠 수 있는 영향력은 매우 제한적이다.[5]

---

5 옮긴이_파레토 개선 상황이라는 것은 다시 말해 최소한 한 사람이라도 효용이 높아지는 상황을 말한다. 동시에 어떤 사람도 상황이 악화되어서는 안 된다. 하지만 현실 경제에서는 어떤 사람이 이익을 보게 되면 다른 사람은 손해를 보는 경우가 허다하다. 게다가 앞서 보았듯이 파레토 배분의 관점에서는 형평성이라는 문제가 쉽게 간과된다.

한계주의, 고전학파 경제학, 그리고 시간

신고전파의 옹호자들은 한계주의가 단순히 고전학파 경제학보다 더 낫거나, 더 진실에 가깝고, 좀 더 일반적인 이론으로서 고전학파 경제학을 대체했다고 주장하지만, 문제는 그리 단순하지 않다. 예를 들어, 계급 대립, 사회적 분배, 인구 성장, 그리고 자본축적과 같은 현상들을 다룰 때에는 고전학파 모델이 신고전파의 관점보다 더 직접적이고 더 나은 통찰력을 발휘한다. 가격을 희소성의 반영으로 보는 신고전파적 통념은, 어떤 측면에서 고전학파의 생산 비용 이론보다 더 일관적이며 일반적인 이론으로 보일 수도 있지만, 거기에는 심각한 문제가 도사리고 있다.

첫 번째 문제는, 한계주의적 관점이 인간사의 한 요소인 시간의 문제를 다루기 어렵다는 점이다. 현실 경제를 생각해 보면, 우리는 미래에 대한 기대가 한계주의적 가격이 의존하고 있는 현재 상품의 한계효용과 효용을 규정하는 데 중심적 역할을 한다는 것을 알 수 있다. 예를 들어 토지의 가격은 그 해에 토지로부터 생산되는 것은 물론이고, 장래에 경작될 작물과 경작하는 데 사용될 수 있는 기술들에도 의존한다. 기대를 통한 현재 자산의 가치 평가는 개인들의 예산 제약으로 나타나고, 그에 따라 현재의 재화와 서비스에 대한 개인들의 수요[의 수준_옮긴이]를 예고한다. 한계주의의 외견상 이점은 가격 이론을, 상대적 희소성에 의해 결정되는 것으로 명확하게 표현한다는 데 있지만, 희소성을 나타내는 수요는 기대라는 요소에 강하게 의존하고 있다. 기대에 대한 이론이 없다면 한계주의 가격 이론은 완성될 수 없다.

신고전파 경제학 문헌들에서 종종 채택되는, 이런 문제들에 대한 한 가지 형식적인 답변이 있다. 미래 전체에 걸쳐 모든 잠재적 재화와 서비스의 시장가격이 존재한다고 상상하는 것이다. 그런 시장이 존재한다면 적어도 추상적인 수준에서 신고전파 이론의 비규정성을 극복할 수 있을 것이다. 하지만 불행히도 현실에 존재하고 있는 시장의 스펙트럼은 이론의 이런 간극을 메워 줄 만큼 크지 않다. [신고전파 경제학자들은] 이런 관찰에 대해서 하나의 응답으로 "합리적 기대" 가정을 제시한다. 이런 합리적 기대 가정은, 개인들을 마치 현재 시점의 일관된 수요를 형성하는 데 필요한 미래 가격 및 미래의 우발적 사건들에 대한 지식을 알고 있는 사람들처럼 가정한다. 그런데 바로 이런 합리적 기대 학설을 받아들이기가 어렵다는 것이 현대 신고전파 경제학의 가장 큰 약점 가운데 하나다.

게다가 시간은 또 다른 의미에서 신고전파와 고전학파 관점 사이의 차이를 명확히 보여 주고 있다. 고전학파 경제학자들은 장기 평균 가격(스미스의 자연가격) 개념을 통해 경제 변동과 시간을 다루고 싶어 했다. 그와는 반대로, 신고전파는 분석의 초점을 단기로 확고하게 제한하는 관점을 가지고 있었고, 고전학파가 시장가격이라고 불렀던 것을 설명하려고 노력했다. 이런 분석적 전략 가운데 어느 것도 인간의 경제생활이 갖고 있는 복잡한 시간 제약적 측면을 연구하는 데 적절해 보이지는 않는다. 장기와 단기적인 관점을 설득력 있게 종합할 수 없기에 그리고 기대 문제를 일관되게 다룰 수 없다는 점에서, 우리는 고전학파와 신고전파 분석을 모두 염두에 두고, 우리가 직면하는 실천적 문제에 따라 이 가운데 적절한 관점을 선택하는 편이 나을 것이다.

베블런과 과시적 소비

1890년대에 걸쳐, 한계주의 경제학을 통해 시장균형 및 효율성에 관한 교의가 급속히 발전하고 있을 당시, 미국의 독창적인 귀재였던 소스타인 베블런은 시카고대학교가 발간하고 있던 유명한 잡지인 『정치경제학 저널』 *Journal of Political Economy*을 편집하고 있었다(또한 많은 기고를 했다). 서부 초원지대에 정착한 이민자 가족 출신이었던 베블런은 자기만족적이고 비합리적인 것에 대한 역설적이고 신랄하며 재미있는 관찰에 헌신하면서 본능적으로 미국의 자본주의적 삶을 비판적으로 읽어 내려갔다. 사회적 관습과 체면에 대한 경멸적 태도로 말미암아, 베블런은 학문적 활동 기간 내내 대학 동료들 및 행정가들과 계속 부딪히기 일쑤였다. 그럼에도 불구하고, 그는 발전된 자본주의적 생활이 요구하는 것들의 핵심을 파헤치는 일련의 저작을 생산할 수 있었다. 베블런은 현대적이며 신랄한 문장으로 자본주의적 사회관계의 비용과 인간 왜곡을 전하는 아담 스미스의 오류에 대한 또 다른 형태의 전도사다.

과시적 소비

베블런은 마르크스뿐만 아니라 발흥하고 있던 신고전파 저자들에 대한 날카로운 비평을 쓰고 있었다. 그는 이들 모두가 서로 다른 방식으로 그 당시 상황을 잘못 인식하고 있다고 생각했다. 베블런에게 선진 자본주의의 추진력은 지위와 체통을 지키기 위한 경쟁이었다. 자본주의사회에서 상당한(또는 심지어 적당한) 부와 소득을 달성할 수 있을 만큼 좋은 지위에 있는 사람들이 자신들의 돈으로 정작 하는 일은 결국 값비싸지만 쓸모없는 시시한 것들에 대한 과시용 지출을 모색하는 것이다. 베블런은 자본주의사회에서 나타나는 인격적 특성을 이런 부의 과시를 통해 자신의 정체성의 비밀을 발견하려고 모색하는 편집증적이고 자기애적인 것이라고 보았다.

베블런은 미국 자본주의사회에 대해 비교적 정확하게 묘사했지만, 한계주의에 대해서는 매우 서투른 방식으로 문제를 제기했다. 만약 소비가 그 자체로 사회적으로 규정된다면, 생산과 시장이 오직 개별적 기호에 따라 경제적 잉여를 실현한다는 이념은 어찌되는 것인가? 베블런의 관점에서 경제 발전의 선순환은 다양한 형태의 자기만족적 과시의 결과로 보인다.

체계를 작동시키는 것은 무엇인가? 베블런은 개인의 인격 속에 있는 "장인적인 것"the workmanlike과 "금전적인 것"the pecuniary의 대립이라는 방식으로 사용가치와 교환가치를 구별했다. 금전적인 욕구가 노력과 발견을 화폐적인 부로 현금화하려고 모색하는 것이라면, 장인적 본능은 인간의 현실적 필요에 대한 품위 있는 해결책을 찾으려고 하는 것이다. 금전적인 욕구는 자원의 낭비를 부추긴다. 더 낭비할수록 낭비하는 사람의 우월성이 더 잘 드러난다. 유용성을 극대화하기 위해 자원을 보존하는 것은 장인의 본능이다.

베블런은 당시 미국 자본주의사회에서 나타나고 있는 이와 같은 두 가지 모순적인 인격적 측면—불가피하게 서로 뒤엉켜 있는—을 잘 이해했다. 그에게, 장인적 본능이 과시적 소비로 침몰하는 것은 거대한 드라마와도 같았다. 박애주의자들이 거대한 기둥과 수많은 계단을 갖춘 대학 건물을 지어 주었지만, 이런 건물의 교실은 환기가 잘 안 되었고 게다가 음향시설이 열악해 강사의 목소리가 제대로 들리지도 않았다(베블런 그 자신은 매우 단조롭고 지루한 어조로 학생들로부터 가장 멀리 떨어진 교실의 한구석으로 물러나 자신의 자극적인 사회 비판을 습관적으로 중얼거리는 경향이 있었다). 오늘날이었다면, 베블런은 자동차 장식, 트로피 전시관, 그리고 신체 피어싱에 대한 이론가쯤 될 것이다.

우리는 베블런으로부터 아담 스미스의 오류가 가진 딜레마에 대한 특이한 대답을 찾을 수 있다. 베블런은 자본주의가 관습적인 도덕성에 제기하는 위협보다 자본가가 엔지니어에게 제기하는 위협이 중요하다고 보았다. 무자비한 이기심 추구는 개인들 사이의 호혜와 의무에 대한 유대를 파괴하고, 무분별한 [부나 재산에 대한_옮긴이] 자기 확장적 욕구는 과학과 기술이 인류에게 제공하는 실천적인 선을 압도할 것이다. 베블런은 아담 스미스의 오류에 직면한 다른 사상가들과 마찬가지로 이런 딜레마에 대한 해답을 제공할 기회가 없었다. 우리는 베블런이, 장인 본능이 금전적 본능과 마찬가지로 인간 본성에 깊게 뿌리를 두고 있으며, 따라서 장기적으로는 장인 본능이 사회를 형성할 수 있는 좋은 기회가 언젠가 있을 것이라고 생각했다고 이해할 수도 있다. 하지만 베블런은 어떤 혁명적인 프로그램을 갖고 있거나 예언적 메시지를 전달한 것은 아니었다. 그는 냉정하고 과학적인 관찰자의 자세를 취했으며, 곤충 연구자가 표본질에 꽂힌 나비의 운명을 대하듯이 주체들의 행위에 대해 감정적으로 초연했다.

진화주의 모델

베블런은 진화 생물학 모델이 경제학에 더 적절한 방법론적 모델이라고 보았다. 추상적 합리성보다는 진화적 역사 속에서 인간의 일관적인 행동의 원천을 찾을 수 있다는 것이다. 예를 들어 산양치기의 후손들은 건조한 캘리포니아 사막 안에 있는 집 주위의 작은 풀밭을 키우는 데 막대한 자원을 지출할 것이다. 진화를 통해 유전자 속에 [기입된] 행위 코드가 아니면 무엇으로 이를 설명할 수 있는가? 진화 사회학 내에 있는 우연적 사건incident이라는 개념 말고 다른 식으로 법인과 규제 체계의 출현을 설명할 방법이 있는가? 경제학자들은 효율적 자원 배분에 관한 형식적인 한계 조건을 주장하는 데에는 뛰어나지만, 좀 더 근본적인 문제는 사회과학자들이 그들의 냉정한 방식으로 적절하게 접근할 수 없는 인간의 삶과 상상, 그리고 열망에 관한 것들에 있다.

진화주의적 접근은 한계주의적 경제학의 수학적 무미건조함을 제거하는 데 보탬이 되지만, 인간과 그들의 도덕적 관심을 경제적 사고를 중심으로 복귀시키는 데는 큰 힘이 되지는 못했다. 진화 과정을 잘 살펴보면, 그것은 냉혹한 논리를 따르는 객관적 과정이다. 진화를 방향과 목적(복잡성, 인간 의식, 이런저런 종류의 진보)을 갖는 것으로 해석하는 이데올로기적 경향에도 불구하고, 진화주의 이론은 진화적 결과의 가치 또는 바람직한 상황이 무엇인지에 대해서는 말하지 않는다. 경제적 관계가 순전히 진화적 힘들에 의해 형성된다는 관점은 경제적 담론에서 도덕적 문제를 제거한다. 이것은 아담 스미스의 오류에 대한 극단적이고 만족스럽지 못한 해결책이다. 진화주의 경제학이 신고전파 경제학을 지배하는 효율성이라는 표어로부터 자유롭고, 정적인 균형을 동역학적 변화의 비전으로 대체했다는 점은 사실이다. 이는 지적으로 신선하며 고무적인 관점이다. 그러나 이런 신들의[초연한_옮긴이] 관점Olympian viewpoint이 (진화적 과정을 만들어 내는 기술혁신, 협상, 직업을 추구하면서) 일상을 살아가는 우리 개인들에게 얼마나 많은 도움이 될 것인가? 우리는 여전히 산업자본주의 시장의 힘이 지나간 자리에 남겨진 주변화되고 길을 잃고 위태로워진 개인들을 보살필 수 있는 방법을 찾는 문제와 여전히 대면하고 있다. 미래에는 적합하지 않은 것들을 제거하는 무자비한 진화적 과정은 아담 스미스의 오류가 현재를 살아가는 인류의 삶에 주는 만큼의 도덕적 편안함을 주지는 못한다.

5장

허공의 목소리

20세기 전반기에 걸쳐 산업자본주의는 악천후 속으로 뛰어들었다. 폭발적인 제국주의적 경쟁 압력을 포함한 유럽 정치 체계의 실패는 제1차 세계대전으로 이어졌고, 서양 문명의 지형을 바꾸어 놓았다. 20세기 자본주의가 이어받은 금융 시스템은 기술과 기업 조직의 진보를 통해 폭발적으로 나타난 생산력의 막대한 증가에 대처하기에는 부적절한 것으로 드러났고, 이는 전 세계적인 불황을 예고하는 것이었다. 이런 일련의 과정은 자본주의적인 정치·경제적 지도력에 대한 신뢰성 위기를 만들어 냈다.

아담 스미스의 오류가 처한 딜레마는 20세기에 훨씬 더 심각한 형태를 띠었다. 아담 스미스에게, 그 문제는 비도덕적인 자본주의와 도덕적 삶을 어떻게 하면 조화시킬 수 있을 것인지였다. 초기 신고전파 경제학자들에게, 그 문제는 그 자체로 좋은 것이라 할 수 있는 경제적 잉여의 발생을 어떻게 하면 최적화할 수 있을지였다. 20세기에 살고 있는 세대들에게, 그 문제는 전 지구적 규모의 자본주의가 풀어놓은 혼돈의 기세 속에서 어떻게 살아갈 것인가였다.

케인스와 슘페터, 하이에크의 사고를 중심으로 한 세 가지 비전이 이 시기에 걸쳐 경제학의 패권을 두고 다투었다. 제2차 세계대전의 여파로 자본주의가 재구성됨에 따라, 바로 이 세 사람의 사상을 통해 제도와 사고

방식이 새롭게 형성되게 되었다. 각자의 방식으로 아담 스미스의 오류를 반복하기는 했지만, 현대 자본주의사회의 정치적 단층선을 형성하는 서로 다른 강조점과 미묘한 차이가 있었다.

존 메이너드 케인스

케인스(아버지인 존 네빌 케인스John Neville Keynes 역시 경제학자였다)는 (마르크스가 죽은 해였던) 1883년에 영국 케임브리지의 어느 정도 성공한 학자 가족에서 태어났다. 케인스는 영리하고 제멋대로인 청년이었다. 그는 심각한 지적 혼란의 시기였던 20세기 초에 킹스 칼리지King's College에 입학했다. 그의 인생 대부분은 이러저러한 식으로 킹스 칼리지와 연관되어 있었다.

빅토리아 시대의 종교·철학·도덕적 확실성은 다윈주의적 진화론과 대중사회의 출현 그리고 민족주의의 압력 아래에서 산산이 부서졌다. 케인스는 케임브리지에서 개인적으로나 정치적으로 빅토리아적 전통에 가장 비판적인 그룹에 속해 있었다. 케인스가 속해 있던 이 그룹은 예술과 문학적 작업뿐만 아니라 파격적인 성적·인격적 기행으로 20세기적 감수성에 지워지지 않는 흔적을 남긴 블룸즈버리 서클Bloomsbury circle의 일부가 되었다. 케인스는 리턴 스트레이치Lytton Strachey, 버지니아 울프Virginia Woolf와 그녀의 여동생 바네사 벨Vanessa Bell, 그리고 던컨 그랜트Duncan Grant와 가까운 사이로 이 그룹의 중심적 성원이었다. 케인스는 학생 시절과 청년 시절 동성애자였다고 알려져 있지만, 나중에 그는 러시아 출신의 발레리나와 결혼해 죽을 때까지 꽤 행복하게 살았다. 빅토리아적인 도덕에 대한 블룸즈버리 서클의 매우 비판적인 태도는 빅토리아 시대의 정통적 금융과 경제 교리에 대한 통렬한 비판과 공명했다.

제1차 세계대전 기간 동안 케인스는 전쟁으로 발생한 막대한 재정 문제를 해결하기 위해 영국 정부에서 일을 했다. 이 과정에서 케인스는 천재적인 창의성과 수완을 보여 주었다. 그가 참여했던 서클은 대체로 평화주의적이고 전쟁에 비판적인 경향을 띠었다. 따라서 그는 자신이 전쟁 자금을 관리하는 일을 수행하고 있다는 사실로 말미암아 심각한 도덕적 갈등에 빠지게 되었다. 그럼에도 불구하고, 그는 정부 내부 세력의 일원이 됨으로써 얻게 된 영향력과 권력을 좋아했다. 전쟁이 끝나고 난 뒤 케인스는 영국 대표단의 주요 성원으로 베르사유 평화 회의 ─ 실패로 끝날 운명이었던 ─ 에 참석했다. 그는 독일에 전쟁 비용 배상을 요구하는 프랑스의 강경한 정책이 실행 불가능하고 정치·경제적으로 불안정한 미래를 유럽에 가져다줄 것이라 설득했다. 케인스는 회의 후에 이런 비판적 예언들을 주장하는 명석하고도 통렬한 책인 『평화의 경제적 귀결』*The Economic Consequences of the Peace*을 출간했다. 이 책은 그를 유명 인사로 만들어 주었다.

전쟁 후에 케인스는 킹스 칼리지에서 학장을 맡았고(하지만 교수는 아니었다), 1920년대와 1930년대에 걸쳐 영국 경제학계의 중심에 있었다. 그는 킹스 칼리지의 재산을 투자해 큰 성공을 거두기도 했고, 그 자신도 돈을 벌기도 하고 잃기도 했지만, 외환시장 투기(특히 독일 마르크화)로 많은 돈을 모을 수 있었다. 1920년대에 케인스는 화폐와 거시 경제적 문제에 대한 몇 가지 팸플릿과 책을 썼다. 영국 경제는 당시 재무부 장관이었던 윈스턴 처칠*Winston Churchill*이 전쟁 이전의 평가로 파운드화의 금 태환 복귀를 결정했던 1926년 이래로 장기간에 걸친 높은 실업과 함께 경제 침체를 겪고 있었다. 케인스는 이런 결정에 대해 통렬하게 비판했다. 그는 이 결정으로 말미암아 영국의 화폐임금과 물가가 20퍼센트 하락할 것이라 보았다.

1930년대 초반에 케인스는 『고용·화폐·이자에 대한 일반 이론』The General Theory of Employment, Interest and Money[이하 『일반 이론』_옮긴이]을 쓰는 데 주력하고 있었다. 그 책은 아마도 20세기 전체, 그리고 확실히는 1970년대까지 경제학에서 가장 영향력이 있는 저서였다고 할 수 있다.

심장병으로 건강이 악화되었음에도 불구하고, 케인스는 제2차 세계대전 기간 동안 다시 정부에서 일하게 되었다. 전후 영국의 재건을 위한 미국과의 첫 번째 차관 협상에 참여한 이후, 그는 죽기 직전까지 국제통화기금International Monetary Fund과 세계은행World Bank이 설립된 브레턴우즈Bretton Woods 회의에 영국 정부의 대표로 참여하기도 했다.

케인스 시대의 세계 자본주의

케인스의 성인 시절은 유럽을 중심으로 한 세계 자본주의 체계의 고통스러운 위기 기간에 걸쳐 있다. 19세기의 자본주의적 팽창은 세계시장과 자원의 통제 및 아시아와 아프리카의 식민지를 둘러싼 유럽 강대국들 사이의 격렬한 경쟁으로 이어졌다. 이런 경쟁은 제1차 세계대전으로 가는 길을 만들어 놓았고, 전쟁은 러시아, 독일, 오스트리아, 오스만 제국의 전제 군주들을 몰락시켰고, 이와 더불어 유럽의 젊은 세대를 파괴했다. 세계 금융 시스템은 전쟁 기간에 걸쳐 극적으로 변화했다. 각 민족들은 국제무역과 투자를 조절해 왔던 금본위제를 포기함과 동시에, 중앙은행이 가진 고유한 권력과 막대한 유연성을 깨닫게 되었다.

　제1차 세계대전 이후 경제정책의 일차적 과제가 전쟁 이전 경제 및 금융 안정성의 기반이라고 생각되던 금본위제를 회복하는 것이었음에도 불구하고, 세계 자본주의는 잇따른 극단적 위기를 경험하게 되었다. 1920년대 초반 독일은 (케인스를 포함한 여러 사람들의) 독일 통화에 대한 투기와 막대한 전쟁 배상금 지불 문제에 대한 독일 정부의 정치적 무능력의 결과로 나타난 전례 없는 인플레이션으로 고통 받고 있었다. 독일 통화가 안정을 찾아갈 무렵인 1926년에는, 영국 정부가 전쟁 이전의 파운드 평가로 복귀할 것을 결정함에 따라, 영국 경제는 이후 노동 분규와 장기 침체를 겪게 된다. 1929년이 지난 후 얼마 되지 않아 미국 경제는 급격한 경기후퇴로 진입했고, 이는 높은 실업과 디플레이션, 금융적 파멸로 이어지는 파국적인 불황으로 발전했다. 1930년대 내내 세계 자본주의는 불황의 사회·정치·경제적 긴장을 관리하기 위해 발버둥 쳐야 했으며, 이는 제2차 세계대전의 발발과 그와 연관된 군사력 증강을 통해서야 해결될 수 있었다.

　케인스의 주요 작업을 관통하는 주제들은 이와 같은 자본주의적 발전의 특이한 기간을 배경으로 형성되었다. 되돌아보면, 전간기의 혼란은 자본주의적 경제 발전 유형에서 특이하게 나타난 단절로 보이지만, 당시만 해도 사람들은 자신들이 경험하고 있는 문제들이 자본주의에 고유한 것이고 다시 나타날 수도 있다고 생각했다. 제2차 세계대전 이후 이런 불안정성의 문제가 완화될 수 있었던 한 가지 이유는 전간기에 발생한 위기를 다루기 위해 고안된, 특히 그중에서도 케인스의 이론과 같은, 이념들과 제도가 있었기 때문이었다.

　그 시기의 관찰자들에게, 자유방임 정책은 선진 산업자본주의의 문제를 해결하는 데 부적절해 보였다. 금에 대한 명목 가격 기준이 없는 통화들에 대한 투기는 민족경제에 인플레이션이나 디플레이션 압력을 만들어

내고, 정치적 불안정성을 증대시켰으며, 장기적 실업을 만들어 냈다. 고전적 균형으로 이끄는 힘은 이런 기간에는 대부분 작동하지 않거나 약화되었다. 이 같은 위기 속에서, 많은 사람들이 소비에트연방의 공산주의적 모델을 따르는 사회주의가 작동 가능한 유일한 대안이라고 주장했다. 케인스는 중앙 계획적 사회주의의 강력한 비판자였고, 일국 정부와 중앙은행의 경제적 역할을 대폭 확대함으로써 오히려 자본주의가 좀 더 잘 작동하도록 하는 개혁을 추진하려 했다

세의 법칙과 자유방임

케인스는 『일반 이론』을 세의 법칙에 대한 비판에서 시작한다. (우리가 이미 1장과 2장에서 접한 바 있는) 세의 법칙은 총계적인 면에서 상품에 대한 수요가 가계와 기업의 상품 공급 용의로부터 나온다는 원칙이다. 만약 세의 법칙이 유효하다면, 정부 정책은 (말하자면, 특정 상품에 무거운 조세를 부과함으로써) 총지출과 고용이 서로 다른 상품들 사이에 배분되는 데 영향을 미칠 수 있지만, [거시적인_옮긴이] 총계적인 지출 또는 고용에는 영향을 미칠 수 없다. 케인스는 전통적인 자유방임이 세의 법칙의 타당성에 강하게 의존하고 있음을 알고 있었다. 따라서 세의 법칙에 대한 케인스의 기각은 중요한 함의를 갖는다.

　예를 들어 리카도는 공급 ─ 노동·토지·자본과 같은 생산적 자원의 소유자가 생산적 사용을 위해 자원을 제공할 용의 ─ 은 시장에 나와 있는 총생산물을 청산하기에 충분한 수요를 창출한다고 주장했다. 리카도의 추

론에 따르면, 사람들은 화폐를 어떤 식으로든 지출해야만 한다. 만약 사람들이 자신의 노동력이나 자본 서비스를 판매했다면, 그들은 이 판매 대금을 소비재를 구매하는 데 사용할 것이다. 만약 그들이 소비하기보다는 저축하기를 선택한다면, 자신의 소득을 투자해 자본재를 구매해야 할 것이다. 이처럼 어떤 식으로든지, 생산된 것을 다시 구매하는 수요가 존재할 것이다.

한계주의자들 또한 시장 교환을 본질적으로 어떤 재화 또는 서비스와 다른 재화 또는 서비스 사이의 물물교환으로 보고 있다. 이런 맥락에서는, 수요와 공급을 구별하기는 어렵다. 한계주의적 용어를 사용해 표현한다면, 노동은 상품을 구매하고 상품은 노동을 구매한다.

한계주의자들과 고전학파 경제학자들은 특정한 시장의 수요와 공급이 항상 균형으로 이어지지 않을 수도 있다는 점을 배제하지 않는다. 왜냐하면 상대가격이 균형 수준으로 조정되지 않을 수 있기 때문이다. 하지만 만약 어떤 시장, 말하자면 노동시장에 초과 공급이 존재한다면, 또 다른 시장, 말하자면 상품 시장에는 이런 추론에 따라 초과 수요가 틀림없이 존재할 것이다. 이런 부문별 초과 공급과 수요를 소멸시키는 상대가격의 배열이 존재한다. 만약 노동시장에서 실업과 같은 만성적인 과잉 공급이 발견된다면, 그 시장의 가격, 즉 실질임금의 하락을 촉진하는 것이 치유책이 된다. 이런 틀 속에서는 요소 가격의 자유로운 조정에 대한 방해가 초과 공급의 궁극적인 원인이며, 초과 공급의 궁극적 치유책은 이런 가격 변화의 방해물을 제거하는 것이다. 노동시장에서, 이와 같은 방해물은 노동시장을 청산하는 데 필요한 임금 조정을 방해하는 최저임금과 같은 법률 또는 노동조합과 같은 독점적 요소였다.

고전학파 경제학자나 한계주의자들은 모두 경제의 화폐와 금융 메커니즘이 극도로 효율적이라는 가정에 근거를 두고 있었다. 리카도는 이런 생각을 "화폐는 베일이다"라는 말로 표현했는데, 이는 마치 노동과 상품이 서로 직접 교환되는 것처럼 경제 관계를 분석할 수 있다는 것으로 이해할 수 있다. 한계주의자들과 고전학파 경제학자들은 화폐의 용도를 오직 구매만 국한된 것으로 보고 있으며, 재화와 서비스의 직접적인 교환이라는 분석 구조를 전제하고 있다.

이를 달리 표현해 보면, 고전학파와 신고전파 경제학자들은 무한대의 화폐 유통 속도를 가진 세계를 상상하고 있다고 말할 수 있다. 따라서 이런 세계에서 어떤 개인이 한 상품의 판매와 구매 사이에 금융자산을 보유하고 있는 시간은 극히 짧다. 마르크스의 상품 교환 순환 — 상품 판매자가 상품을 화폐로 바꾸고, 다른 물건을 사기 위해 다시 그 화폐를 지출하는 — 의 측면에서 보면, 가치가 화폐 형태를 매개하여 지출되는 시간이 [고전학파와 신고전파 경제학에서는_옮긴이] 사라진다. 세의 법칙의 추종자들은 화폐의 유통 속도가 무한대는 아닐지라도 구매와 판매 사이의 간극이 매우 짧고 완전히 예측 가능한 한에서, 즉 화폐의 유통 속도가 매우 빠르고 안정적인 한에서, 자신들의 분석이 현실에 근사치일 것이라 주장할지도 모른다. 그렇다면 현실 경제는 마치 노동과 상품이 서로 직접적으로 교환되는 것처럼 작동할 것이고, 세의 법칙은 매우 타당한 것으로 인정받을 것이다.

케인스는 세의 법칙이 고도로 발전된 금융 시스템을 갖춘 경제에서는 더는 유효하지 않다고 주장했다. 경제 내에 다종다양한 금융 상품이 존재한다면, 장기적이고 가변적인 기간으로 한 상품의 판대와 다른 상품의 구매가 분리될 것이다. 만약 판매와 구매 사이의 기간이 늘어난다면, 시장 판매를 위해 생산되고 공급된 모든 상품을 구매하기에는 불충분한 화폐적 수요가 존재할 것이다. 이런 경우, 몇몇 기업과 가계는 [상품을_옮긴이] 구매할 수 있는 금융 자원이 없다는 단순한 이유에서, 상품 구매를 제한받는 "유동성-제약" 상황에 처하게 된다.

이런 상황에서 화폐 지출 결정은 전체 경제에 대한 일종의 외부성을 갖는다. 화폐 지출을 결정한 사람은 자신이 원하는 상품을 구매하는 사적 이익을 얻지만, 이를 통해 다른 행위자의 화폐 잔고를 증가시켜, 다른 행위자가 이전에는 금융적 제약으로 말미암아 불가능했던 구매 행위를 할 수 있도록 해준다. 개별적 지출자들은 자신들의 결정으로 말미암아 발생하는 외(부)적 충격[효과_옮긴이]을 고려하지 않기 때문에, 지출량이 경제의 모든 자원을 사용하기에는 너무 적을 수도 있다. 이런 차이를 메우기 위해 정부가 지출을 보조(또는 스스로 지출)하기 위해 개입하는 경우가 있다.

하지만 세의 법칙에 대한 기각은 자유방임주의의 일반적 주장에 대한 더 많은 함의를 갖고 있다. 만약 자유 시장에서 수요가 침체되고 자원이 남아도는 상황이 발생하는 경향이 있다면, 세의 법칙 아래서는 이해될 수 없는 많은 정책들이 옹호될 수 있다. 예를 들어 고전학파와 한계주의 경제학자들은 보호주의 관세를 통해 수익성 높은 곳으로부터 수익성이 낮은 곳으로 고용 및 투자를 전환할 수는 있지만, 노동이나 자본의 총사용량을 변화시킬 수는 없다고 본다. 그러나 만약 세의 법칙이 유효하지 않다면, 자유무역으로 상실되는 일자리가 반드시 경제의 다른 부문에서 창출되는 일자리를 통해 상쇄되지는 않을 것이다. 또한 보호주의 관세를 통해 노동과 자본의 사용량이 증가한다면, 국부 역시 증가할 것이다. 이와 유사하게, 세의 법칙에 따르면, 정부 지출은 정부 투자로 말미암아 발생하는 사회적 수익률이 민간 투자에 의한 수익률보다 높을 때에만 정당화될 수 있다. [정부가_옮긴이] 차입이나 조세를 통해 수요를 창출하려는 시도는, 수익성이 높은 곳으로부터 낮은 곳으로 자원을 이동시켜 사회 전체의 후생을 감소시키기도 한다. 하지만 만약 세의 법칙이 유효하지 않다면, 정부 지출을 통해 남아도는 자원을 사용할 수 있고, 이를 통해 부가 증대할 수 있다.

자본주의 정치경제학에서 자유방임주의에 대한 논증의 중요성과 시장에 대한 정부 개입의 가능성을 고려해 본다면, 세의 법칙이라는 가정에 걸려 있는 이데올로기적 이해관계가 얼마나 큰지 알 수 있다. 사실, 대부분의 사람들은 경제에서 세의 법칙이 유효하지 않다고 생각하는 것처럼 보인다. 즉, 사람들은 국제무역으로 말미암아 사라진 일자리는 완전히 사라져 버리는 것이지 시장균형의 체계 전반에 대한 효과를 통해 상쇄되지 않는다고 생각한다. 경제학의 임무 가운데 하나는 바로 이런 선입견으로부터 벗어나도록 사람들을 교육하는 것이다. [하지만_옮긴이] 경제 분석의 가장 근본적 원리 가운데 하나인 세의 법칙을 의심하는 케인스 경제학의 출현으로 경제 이론 전체에 걸쳐 미묘한 문제가 나타나게 되었다.

1940년대에 케인스의 생각이 영국과 미국의 경제 이론에서 지배적인 사상으로 자리 잡기 시작하자, 하나의 타협책 — 폴 새뮤얼슨은 이를 "신고전파 종합"이라고 불렀다 — 이 제기되었다. 신고전파 종합은 케인스에 동의하면서 자유 시장이 (적어도 단기에는) 생산 자원의 완전고용을 보장할 수 없으며, 따라서 정부와 중앙은행이 완전한 또는 그에 가까운 고용이 이루어질 수 있도록 재정 정책과 화폐 정책을 조정해야간 한다고 보았다. 그러나 일단 수요가 완전고용 수준에 도달하면, 자유방임주의 분석의 기본적인 힘이 작동하기 시작하며, 더 이상의 정부 개입이 없어도, 시장이 자원을 자유롭게 배분하게 될 것이다. 그 자체로는 매우 독창적인 발상임에도 불구하고, 이와 같은 신고전파 종합은 이데올로기적으로 불안정한 것으로 드러났다. 1970년대에, 통화주의와 합리적 기대 이론을 지지하는 경제학자들은, 세의 법칙이 상정하는 가정을 포함해, 완전한 고전학파와 신고전파 정통으로 돌아갈 필요성을 역설했다. 이후 그들이 (경제정책 측면에서는 아니지만) 경제 이론의 상당한 범위에서 우위를 차지하게 되었다.

세의 법칙은 아담 스미스의 오류를 지탱하는 중요한 지주였다. 세의 법칙이 틀린 것이라면, 자본주의적 사회관계의 사회적 이점으로 알려진 것들은 우연적이며 불확실한 것이 되며, 이에 상응해 자본주의의 도덕적 약점을 감수해야 한다는 주장도 더는 통할 수 없게 된다.

노동시장과 실업

케인스의 노동시장 분석과 『일반 이론』에서 정의한 "비자발적 실업" 범주는 많은 사람들의 주목을 끌었다. 케인스가 한계주의 분석의 개념적 장치들을 받아들인 것처럼 보였지만, 비자발적 실업 개념이 균형에 대한 한계주의적 정의와 일치하지 않는다는 것이 문제였다.

노동시장 균형에 대한 한계주의적 개념화 과정에 따르면, 기업은 추가적인 한 명의 노동자가 생산할 수 있는 상품(노동의 한계 생산물)의 가치와 임금이 같아지는 지점에서 노동자를 고용한다. 반면, 노동자는 임금으로 구매할 수 있는 재화와 서비스의 한계효용과 한 시간을 추가적으로 일하는 데 따르는 음의 효용(노동의 비효용)이 만나는 지점에서 노동을 공급한다.[1] 노동시장의 균형은 한계 생산물과 노동의 한계 비효용이 만나는 곳에

---

1 옮긴이_노동을 한 단위 더 공급함에 따라 효용은 감소하므로 그에 대한 대가(임금으로 구매

이루어진다. 노동의 한계 생산물은 노동 수요곡선으로 평가된다. 여기서 노동 수요곡선은 음의 기울기를 갖는데 그것은 일정하게 주어진 고정자본 스톡 아래에서 노동 사용에 대한 수확체감이 존재하기 때문이다[또는 한 단위 노동을 더 사용함에 따라서 나오는 생산물의 양이 점점 줄어들기 때문이다_옮긴이].

케인스는 노동시장 균형이 한계주의적 노동 수요곡선 위에서 결정된다고 명시적으로 가정했다. 즉, 실질임금은 노동의 한계 생산물과 같아야 하며, 자본 스톡이 고정되어 있는 상태에서 노동의 사용이 증대함에 따라 수확체감이 발생해 노동의 한계 생산물은 감소한다. 하지만 케인스는 실질임금이 노동 공급곡선으로 평가되는 노동의 한계 비효용을 초과하는 상황에서 균형이 나타날 수도 있다고 주장했다. 이런 상황에서 실직자들은 현행 임금, 또는 심지어는 그보다 다소 낮은 임금에서도 기꺼이 일하려고 할 것이다. 케인스는 이런 노동자들을 "비자발적 실직자들"이라고 정의했다.

한계주의자들은 노동시장이 불균형 상태에 있다고 생각하기도 한다. 비록 그들이 실업을 노동의 "초과 공급"이라고 말하는 것을 선호하기는 하지만 실업이 비자발적으로 발생한다고 규정하는 것에 대해서도 반박하려고 하지는 않을 것 같다. 하지만 그들은 불균형 상황이 실질임금을 낮추는 힘을 일으키는 경향이 있다고 믿는다. 여기에서 케인스와 한계주의자들 사이의 결정적인 불일치가 발생하는데, 그 이유는 케인스가 노동시장이 균형인 상태에서도 비자발적 실업이 존재할 수 있다고 주장했기 때문이다.

이것은 어느 정도 의미상의 semantic 불일치임에 틀림없다. 균형에 대한 한계주의적 개념화는 노동의 수요곡선과 공급곡선이 만나는 곳을 가리키

할 수 있는 재화와 서비스)가 주어져야 한다. 만약 노동의 비효용보다 임금이 주는 한계효용이 크다면 노동자는 노동 공급량을 증가시킨다.

고, 그렇게 정의되기 때문이다. 하지만 케인스는 실질임금이 노동의 공급 가격 위에 존재할 때에도 실질임금을 하락시키는 경향적 힘이 실제로 존재하지 않을 수 있다고 주장했다. 그는 노동자들이 노동의 초과 공급에 반응할 수 있는 유일한 방식은 화폐임금 삭감에 의해서일 수도 있다고 주장했다. 왜냐하면 현실적인 임금 협상이 실물 재화와 서비스가 아니라 화폐적 관점에서 일어나기 때문이다. 케인스는, 그것이 경제에 도움이 되는 것이라 결코 생각하지는 않았지만, 비자발적 실업 상황에서 화폐임금의 급격한 하락이 일어날 수도 있다는 점에는 동의했다(매우 높은 수준의 실업이 존재하던 1930년대 초반 미국의 화폐임금은 급격하게 떨어졌다). 하지만 그는, 화폐임금이 생산 비용의 큰 부분을 차지하고 있기 때문에, 화폐임금의 삭감이 실질임금의 하락으로 이어질 수는 없다고 보았다. 화폐임금이 하락함에 따라, 모든 생산자들은 비용을 더 낮출 수 있는 방도를 마련하고, 경쟁의 압력으로 말미암아 낮아진 비용에 비례해 재화와 서비스를 가격을 낮출 것이다. 당연히 이로 인해 실질임금 — 노동자가 구매하는 상품의 가격 대비 화폐임금의 비율 — 은 일정하게 유지되며, 경제 내의 비자발적 실업도 사라지지 않는다.

케인스는 화폐임금과 화폐 물가의 연속적 하락이 상당한 수준의 실업을 겪고 있는 경제에 최종적으로 나타날 수 있음을 설득력 있게 주장했다. 화폐 물가와 임금의 디플레이션은 실질 이자율과 기존의 채무에 대한 부담을 증가시켜 기업들이 새로운 투자에 착수할 수 없도록 만들기도 하며, 이로써 경제를 더 심각한 유동성 제약 상황으로 이끌기도 한다(물론 디플레이션은 실질적 측면에서 기존의 채권자를 더 부유하게 만들고 소비에 더 많이 지출하도록 할 수도 있다. 하지만 채권자는 그들의 실질 부의 증가에 따라 소비를 더 증가시킬 필요가 없는 부유한 가계인 경우가 많다). 케인스는 조직된 노동자들이 심지어 상당한 수준의 실업을 겪고 있는 기간에도 화폐임금의 삭감에 저항하는 경향이 있고, 이는 물가 수준을 안정화시켜 경제에 도움이 된다고 보았다.

케인스는 만약 중앙은행이 명목 화폐량을 유지한다면, 화폐 물가와 임금의 하락은 경제의 유동성 제약을 해소하는 데 간접적으로 도움이 된다는 점을 인정했다. 물가와 임금이 하락할 때, 동일한 명목 화폐량은 더 높은 구매력을 의미하게 되며, 따라서 이는 가계와 기업의 유동성 제약을 완화하기 때문이다. 그러나 이는 매우 고통스러우며 우회적인 방식으로 경제에 더 많은 유동성을 창출하는 방식이라고 케인스는 주장했다. 중앙은행이 단순히 명목 화폐 공급을 증가시키기만 해도 동일한 상황에 이를 수 있기 때문이다.

화폐임금의 하락이 실질임금의 하락으로 이어지는 메커니즘이 잘 작동하지 않으며 간접적이라는 케인스의 주장은 설득력 있었지만, 비자발적 실업이 노동시장 균형과 공존할 수 있다는 주장은 충분히 설명되지 않은 몇 가지 문제를 남겼다. 그중 하나는 비자발적 실업이 존재할 때, 화폐임금이 하락 압력을 받는 경향이 있으며, 따라서 비자발적 실업은 경제의 중요한 모든 가격 변수들의 안정성과 양립할 수 없다는 것이다. 한계주의적 입장에서 비자발적 실업은 균형과 양립할 수 없기 때문에, 케인스가 자신이 말하는 균형의 의미가 무엇인지를 더 잘 설명했더라면 도움이 되었을지 모른다. 그는 화폐임금에 대한 단기적 압력이 존자한다고 하더라도 고용량 변화에 대한 단기적 압력은 없는 경제적 상황을 염두에 두었던 것으로 보인다.

비자발적 실업의 문제는 오늘날에도 거시 경제학 이론을 괴롭히고 있다. 신고전파적 정통은 본질적으로 비자발적 실업이 균형과 양립 불가능하다는 한계주의자들의 입장을 받아들이고 있다. 극단적인 합리적 기대 이론을 주장하는 이들은 현실 경제가 항상 한계주의 균형에 있다고 주장하는데, 이는 비자발적 실업이 발생할 수 없다는 말이다.

한편으로, 정상적인 교육을 받은 사람이라면 이런 경제 이론을 도저히 이해할 수 없을 것이다. 이는 자신이나 다른 사람들이 기존의 실질임금이나 그보다 다소 낮은 임금에서 일하기를 원한다고 하더라도 일자리를 찾을 수 없는 시기가 있다는 것을 자신의 경험과 관찰을 통해서 의식하고 있기 때문이다. 다른 한편, 합리적 기대 이론은, 노동시장이 항상 균형이라는 가정과 일관적인 실업 수준의 경기변동에 대한 또 다른 설명을 계발해야 한다는 것을 의미한다. 현실적 실업은 실제로 고용의 다른 측면이라는 한 가지 설명이 있다. 즉, 실직자는 더 나은 일자리를 찾기 위해서 자발적으로 실업 상태에 있다는 것이다. 그 외에도 경기후퇴시 실질임금이 하락하면 노동자들은 실질임금이 상승할 때까지 기다리려고 고용 시장으로부터 자발적으로 빠져나간다는 설명도 있다(경기후퇴시에 실업률이 증가함과 동시에 노동력 참가율이 하락하기 때문에 이런 말에는 의심할 여지 없이 어떤 진실이 있다고 할 수 있지만, 이런 생각을 통해 적극적으로 일자리를 찾고 있는 개인들 사이에서 나타나는 실업의 증가를 설명할 수는 없다).

기대와 화폐

케인스는 산업자본주의 경제의 화폐적 성격과 그 경제의 미래 경로가 본질적으로 규정될 수 없다는 사실 사이에 밀접한 관계가 있다고 보았다. 기업이 생산에 착수하는 동기, 즉 기업이 노동을 구입하고 투입물을 구매하는 동기는 어느 정도의 이윤에서 생산물을 판매하게 될 것인지에 대한 판단에 달려 있다. 산업자본주의 아래에서 투자자들은 향후 몇 년간 최종적으로 어느 정도의 수익을 올릴 수 있는지 알 수 없는 기획에 막대한 돈을 투자해야 하는 위험 속에 있다. 케인스는 이윤에 대한 기대로부터 그런 경제활동이 연원한다고 보았다. 하지만 미래는 여전히 불확실하기 때문에, 생산의 개시 또는 장기 투자를 위해 자본가들은 불확실한 미래를 평가하고 대비해야만 한다.

신고전파 경제학자들은 위험 평가 및 할당은 자유로운 자산 시장의 작동으로부터 나온다고 보았다. 신고전파 경제학자들은 시장의 위험 할당risk allocation의 전형적인 예로 보험을 든다. 통계적으로 예측할 수 있지만 개별적으로는 무작위로 나타나는 화재와 같은 위험에 노출되어 있는 재산 보유자 집단은 그들의 재산 가운데 일부를 공동으로 출자해 보험 기금을 만들고 손실을 겪고 있는 성원에게 지급한다. 신고전파 이론은 모든 위험이 이처럼 통계적으로 예측할 수 있는 성격을 가지고 있다고 보며, 경제가 위험에 대응할 수 있는 최선의 방법은 금융시장의 지속적인 발전이라고 생각한다.

케인스는 젊은 시절 확률론에 대한 훌륭한 책을 썼고, 위험 관리와 확률에 대한 자신의 독특한 관점을 전개했다. 그는 프랭크 나이트Frank Knight 같은 경제학자들이 지적했던 것처럼, 계산 가능하기 때문에 보험에 적합한 위험과 어떤 일관적인 통계적인 평가가 어렵기 때문에 해결 불가능한 불확실성을 구별했다.

케인스는 금융자산 및 시장이 보험에 적합한 위험을 할당할 수 있지만, 좀 더 중요한 경제적 위험은 해결 불가능한 불확실성이며 사실상 금융

시장이 그것을 더욱 악화시키는 효과가 있다고 주장했다. 문제는, 사망이나 화재와 같은 개인적인 위험과는 달리, 거시 경제적 불확실성이 대체로 경제 시스템 내에서 발생한다는 점이다. 예를 들어, 어떤 경제가 앞으로 경기후퇴에 직면한다는 위험이 존재한다는 것은 날씨와 같은 외부적 요소들에 대한 불확실성에서 발생하는 것이 아니라, 자본주의적 기대의 상호 작용에 대한 불확실성에서 비롯되는 것이다. 만약 모든 사람들이 경기후퇴가 곧 닥쳐올 것이라 믿고 있다면, 사람들은 투자 지출을 줄이고 생산을 감소시킬 것이며, 그에 따라 소득이 줄어들면서, 자기 충족적 방식으로 기대가 실현될 것이다. 경기후퇴는 계산 가능한 위험이 아니라 본질적으로 인간들 사이의 계산 불가능한 동역학적 상호 작용의 표현이며, 자산 시장은 이런 유형의 위험을 할당할 수도, 방지할 수도 없다.

나아가, 케인스는 투자 배분을 전적으로 금융시장에 맡기게 되면, 고유하게 심각한 위험이 초래된다고 믿었다. 금융적 위험이 계산 가능하다면, 자산의 근본적 가치를 평가할 수 있는 통계적 기초가 존재할 것이다. 다른 한편으로 그런 위험이 계산 불가능하다면, 자산의 가치를 평가할 수 있는 어떤 합리적 기초도 존재하지 않을 것이고, 시장의 가치 평가는 패닉 또는 집단 심리, 유행의 결과로 광폭하게 흔들릴 수 있으며, 실물경제와 투자를 불안정하게 만들 것이다. 케인스는 이런 상황에서 금융시장은 영국의 신문사들이 주최하는 일종의 미인 선발 대회 — 가장 매력적인 참가자를 뽑는 것이 아니라, 대중들로부터 가장 많은 표를 받는 참가자를 뽑는 — 와 같다고 주장했다. 금융시장의 불안정성을 억제하기 위해서, 케인스는 금융시장과 관련된 경제적 균형추 역할을 정치적 과정에 맡기는 "어느 정도 포괄적인 투자의 사회화"를 제안했다.

케인스의 관점에 따르면, 화폐의 광범위한 사용과 정교한 금융시장 및 자산의 발달은 일정 부분 재산 보유자의 입장에서 "불확실성과 시간의 어두운 힘"에 맞선 방어적 반작용이다. [실제로_옮긴이] 실물 투자는 투자가의 비유동적이고 위험을 감내하는 장기적 헌신을 요구한다. 반면, 금융자산은 어떤 형태의 자산보다 유동적인 자산이며, 그와 관련된 기금의 궁극적 사용에 관한 결정을 유예할 수 있도록 한다. 하지만 케인스는 이것이 정확히 화폐와 금융자산이 잠재적으로 위험을 갖고 있는 이유라고 보았다. 불확실성이 지배적일 때 재산 보유자들은 실물 투자를 화폐와 금융 피난처로 도피시키는 경향이 있으며, 그에 따라 실물 상품 및 서비스의 구매와 판매 사이의 시차가 넓어지고 총수요와 총공급 사이의 격차가 생겨난다. 경제의 유동성을 증가시키기 위해 금융자산을 광범위하게 활용하고, 거래 비용을 최소한으로 축소시키려는 자유방임적 논리와는 달리, 케인스는 투자자의 선택을 제한하고 실물 투자에 헌신하도록 강제해야 한다고 보았다. 그는 부에 대한 투자가 결혼과 같은 것이 되어야 한다고까지 했다. 즉, 투자자는 그들이 생각하는 실물 투자가 어떤 것이든 장기적 관점을 갖고 선택하도록 해야 하며, 그 투자 과제를 끝까지 충실히 수행해야만 한다.

단기적 기대

케인스의 관점에 따르면, 만족할 만한 이윤을 보증하는 생산물에 대한 단기적 기대가 존재할 경우, 생산자는 투입물을 구매하그 노동을 고용해 생산에 착수할 것이다. 만약 수요에 대한 단기적 기대가 상승한다면, 기업은 더 많은 노동자들을 고용하고 더 많은 투입물을 구매해 생산을 늘릴 것이다. 케인스는 산출의 "총공급가격"[총공급함수_옮긴이] — 개별적 가격이 아니라 총계적 가치와 연관된 개념이다 — 을 통해, 기업가의 단기적 기대

및 고용과 관련된 [공급_옮긴이]곡선에 대해 언급했다.[2]

생산자의 단기적 기대는 시장에서의 판매 경험을 통해 신속하게 확증되거나 거부된다. 케인스는 시장에서 실제로 나타나는 총수요는 고용의 종속변수라고 보았다. 높은 임금 소득으로 노동자 가계의 유동성 제약이 경감되면, 노동자 가계는 임금 가운데 적어도 일부를 소비재를 구입하는 데 지출할 것이다. 증가된 임금 소득의 일부분만이 소비에 지출(즉, "한계소비성향"이 1보다 작다)되고, 총수요가 새로운 생산으로 발생한 소득 1달러보다는 적게 늘어나게 됨에 따라, 총수요와 총공급 사이의 교차점에서 기업가의 단기적 기대를 충족시키는 단기적 균형이 나타난다.[3]

신고전파 이론에 따르면, 경쟁 시장에 있는 기업은 주어진 시장가격에서만 일정량의 산출물을 판매할 수 있는 것[기업은 가격 순응자다_옮긴이]으로 가정된다. 기업의 수요곡선은 시장가격에 대해 완전히 탄력적인 수평곡선이다. 이런 상황에서는, 주어진 판매량에 대한 개별 기업의 단기적 기대라는 가정은 아무런 의미가 없다. 케인스는 유동성이 제약된 경제에서 완전 경쟁이라는 추상적 개념은 작동하지 않으며, 개별 기업들은 가격과 판매 사이에 나타나는 얼마간의 역관계에 주목해야만 한다고 보았다. 실

---

2 옮긴이_주어진 고용량에 대응해 생산자가 받고자 하는 최소 예상 판매액으로 정의되는 함수다. 고용량과 총지출 사이에 45도의 우상향하는 그래프를 그릴 수 있다. 다시 말해, 기업가가 그만한 양의 고용을 제공할 만한 가치가 있다고 여기게 하는 판매 수입에 대한 기대치다. 판매 수입은 주어진 양의 고용에서 생겨나는 총소득(요소 비용과 이윤의 합계)과 같다. 이에 대해서는 케인스의 『일반 이론』 3장과 6장을 참조.

3 옮긴이_45도 곡선의 총공급곡선과 그보다 낮은 기울기의 총수요곡선(노동을 새롭게 투입해 만들어 내는 새로운 생산으로부터 발생하는 소득의 전부가 지출되는 것은 아니기 때문이다. 즉, 한계소비성향, 총수요곡선의 기울기는 1보다 작다)이 교차한대[케인지언 교차(Keynesian Cross)].

제 기업들이 이런 방식으로 행동하기 때문에 케인스의 단기적 기대라는 개념이 신고전파의 완전 경쟁 시장 개념보다 훨씬 현실적이다. 하지만 케인스는 총수요와 관련해 개별 기업들이 단기적인 기대를 어떻게 형성하는지에 대해 정확히 설명하지 않았다. 따라서 케인스의 균형 이론에는 미시적 기초가 부족하다. 케인스의 거시 경제학과 일관적이고 설득력 있는 개별 기업들 사이의 경쟁 이론을 연결하는 문제는 현대 경제학의 풀리지 않는 문제로 남아 있다.

장기적 기대

노동자의 소득은 생산에서 창출된 가치의 일부분만을 나타낸다. 나머지는 (이자와 지대를 포함하는) 이윤의 형태를 취한다. 이윤의 대부분과 임금의 일부는 화폐 또는 금융자산의 형태로 저축된다. 단기적 균형은, 저축을 상쇄하는 어떤 수준의 "자발적" 투자가 존재할 때에만, 일정한 양의 고용수준과 더불어 나타날 수 있다.

제1차 세계대전의 혼란, 유럽의 전후 인플레이션, 그리고 1930년대의 불황 속에서 살았던 케인스는 재산 보유자가 장기적인 실물 투자에 나서는 것은 기적과 같은 일이라고 보았다. 그는 재산 보유자가 그와 같은 투자를 하게 되는 동기가 있다면, 그것은 수익성에 대한 장기적 기대 때문일 것이라고 주장했다. 케인스의 전망에서, 자본주의 체계의 핵심은 장기적인 투자를 통해 장차 있을 수 있는 미래의 수익성을 얻기 위해 [시장에_옮긴이] 뛰어드는 것이었다. 케인스는 이와 같은 행위가 투자자의 박약하고도 불안정한 심리에 의존하고 있다는 것을 염려했는데, 여기서 투자자는 높은 수준의 투자 및 총수요와 고용의 자기 충족적 호황으로 이어지는 미래에 대한 극단적 낙관주의와 빈약한 투자 및 총수요와 고용의 자기 충족적 불황으로 이어지는 극단적 비관주의 사이에서 동요하는 일종의 조울증에 빠지는 경향이 있다. 케인스주의자들은 이런 장기적 기대 형성의 심리적 요소를 자본가들의 "본능적 충동"animal spirit이라고 지적했다.

하지만 케인스는, 장기적 기대가 주어진 상태에서, 화폐와 이자율 정책이 실제 투자량에 영향을 미칠 수 있다고 보았다. 이는 투자자들이 여전히 은행과 단기 정부 채권과 같은 안전한 금융자산에 붙는 이자율과 실물 투자의 수익 전망을 비교하고 있기 때문이다. 케인스는 중앙은행이 은행 시스템의 준비금을 축소하거나 확대하는 것을 통해 이와 같은 단기 이자율에 영향을 줄 수 있다고 믿었다. 따라서 중앙은행은 과도한 투자 지출을 억제하기 위해 단기 이자율을 올려 본능적 충동의 조증 국면을 제한하고, 이자율을 낮추어 본능적 충동의 울증 국면을 피할 수 있을 것이다. 하지만 케인스는 중앙은행이 이자율을 낮춤으로써 침체된 경제를 얼마나 활성화시킬 수 있을지에 대해서는 매우 회의적이었다. 이는 부분적으로는 명목 이자율이 제로 이하로 떨어질 수 없기 때문이며, 또한 부분적으로는 울증에 걸린 재산 보유자들은 유동성을 절대적으로 선호하기 때문이다.

신고전파는 자본가들이 투자를 통해 생산될 재화와 서비스의 현재 가치가 투자 비용을 초과할 때만 투자해야 한다고 주장한다. 만약 미래의 재화와 서비스에 대한 시장이 존재한다면, 이런 시장의 균형가격은 장기적 기대 상태를 나타낸다. 게다가 현재의 시장에서 재화와 서비스를 균형으로 이끄는 동일한 힘이 미래 시장futures market[선물 시장_옮긴이]에서도 작동할 것이다. 만일 현재의 생산요소에 대한 수요가 공급에 미치지 못한다면, 세의 법칙에 따라, 이는 미래의 재화와 서비스에 대한 수요(저축)가 미래의 재화와 서비스 공급(투자)을 초과하고 있기 때문일 것이다. 신고전파 이론에 따르면 이자율의 하락(현재와 미래 사이의 상대가격의 조정)은, 투자를 증가시키고, 저축을 줄여, 균형으로 이어진다. 하지만 단기적 지평에 걸친 소규모 상품과 관련된 미래 시장은 존재하고 있는 반면, 장기적 지평에 걸친 주요 투자 프로젝트에 대한 미래 시장은 존재하지 않는다는 문제가 존재한다. 따라서 시장 메커니즘이 투자자의 장기적 기대들 사이에 존재하는 비일관성을 해결하고 균형을 수립할 수 있는지는 명확하지 않다. 이것이 케인스주의와 신고전파 경제학자들 사이에 존재하는 뿌리 깊고 풀리지 않는 불일치 지점이라고 할 수 있다.

케인스는 정부가 총수요를 안정화하는 재정·화폐 정책을 채택하고, 경제의 총투자 가운데 많은 부분을 담당하는 것이, 장기적 기대의 고유한 불안정성에 대한 해법이라고 생각했다. 이를 통해 투자자가 갖고 있는 파국적 불황의 가능성에 대한 염려를 덜 수 있을 것이다. 아마도 이 대안적 시장은 시장균형이 투자 계획을 안정화하는 데 더 나은 역할을 할 수 있도록 미래의 재화와 서비스에 대한 더 많은 시장을 창출하게 될 것이다.

제2차 세계대전 이후로 선진 자본주의경제에서 이런 정책들이 사용되었다. 대부분의 선진 자본주의경제에서 정부 지출과 조세가 현재 GDP의 4분의 1에서 3분의 1 정도를 차지하고 있다. 결과적으로, 유동성 제약 효과는 급격히 줄어들었는데, 이는 산출과 소득이 줄어드는 경기후퇴기에는 정부가 예산을 적자로 전환해, 지출 흐름을 지탱하기 때문이다. 이와 동시에, 금융시장과 다양한 종류의 금융 수단이 폭발적으로 성장했는데, 이로 말미암아 위험을 관리하고, 경제의 미래 경로에 대한 좀 더 일관된 관점을 형성할 수 있는 재산 보유자들의 역량이 증가했다.

하지만 경제의 미래를 사전에 규정하거나 완전히 예측할 수는 없으며, 따라서 케인스가 확인해 준 것처럼 미래 시장이 기대의 불완전성을 완전히 제거할 수는 없을 것이다. 정부가 시장보다 미래를 더 잘 예측할 수는 없겠지만, 사회의 집단적 행위는 자본가의 투자가 이루어지는 주요 경계 조건 가운데 일부를 안정화할 수 있으며, 따라서 시스템이 의존하고 있는 "본능적 충동"을 튼튼하게 해준다.

자본주의의 운명

케인스의 경제 분석은 경제의 단기적 측면과 자원의 완전고용에 집중되어 있다. 케인스주의 이론과 고전학파 정치경제학 이론 사이의 차이 가운데 대부분은 이와 같은 관점의 차이에서 유래한다. 19세기 중반에 걸쳐, 자본주의사회들에서 나타난 매우 중요한 경제적 문제는 자본주의적 성장의 안정성과 경제 자원의 과소 사용이었다. 오늘날 우리는 적어도 부분적으로는 경제성장, 환경문제, 경쟁력과 경제적 지도력, 공평한 분배와 같은 장기적 관심으로 다시 복귀하고 있다. 어느 정도 우리는 케인스의 교훈을 당연한 것으로 생각하고 있으며 케인스주의적 공적 재정 구조를 마련해 놓고 있다. 이런 구조들은 지금까지 잘 작동해 왔으며 우리가 장기적 문제들에 대해 생각할 수 있도록 해주었다.

케인스 자신은 언제나 장기적인 문제에는 관심이 없었다. 자주 인용되는 그의 경구 가운데 하나는, "장기적으로는 우리 모두 죽는다"다. 또한 그는 장기라는 것은 존재하지 않으며, 오로지 끊임없는 단기의 연속만이 있다고 주장했다. 이는 경제와 같은 복잡계의 작동에 대해 매우 심오한 질문을 제기하는 것이라 할 수 있다. 단기적 힘이 순간순간 경제의 현실 경로를 규정한다는 것도 사실이겠지만, 결국 단기적 과정을 경향적으로 장기적 균형에 이르게 하는 포괄적인 교정력이 존재한다는 것도 사실일지 모른다. 많은 경제학자들이 이를 이러저런 방식으로 믿고 있지만, 매우 세련된 분석 기술을 사용한다 해도, 이런 장기적인 힘의 존재를 증명하는 것은 매우 어려운 것으로 드러났다.

케인스는 『우리의 자손들을 위한 경제적 전망』*Economic Prospect for Our Grandchildren*이라는 글에서 자본주의의 장기적인 운명에 대한 몇 가지 견해를 조심스럽게 제시한 바 있다. 그는 단기적 불안정성을 급속한 자본축적 및 이에 따른 노동생산성과 생활수준의 급속한 상승을 가로막는 주요 걸림돌이라고 보았다. 그는 만약 총수요가 두 세대, 그러니까 50년 또는 60년 정도 안정화될 수 있다면, 급속한 자본축적의 결과로 선진 자본주의국가의 생활수준이 엄청나게 상승할 수도 있다고 믿었다. 케인스는 자본의 한계 생산성이 제로가 되는 지점까지 자본축적이 진행되면, 이윤율과 이자율 역시 매우 낮아질 것이라고 생각했다. 이는 정치적 혁명 없는 자본가계급의 효과적인 소멸 — 케인스의 표현에 따르면 "금리생활자의 안락사" — 을 의미한다. 매우 높은 노동생산성과 낮은 이윤율 수준에서 임금은 거대한 양의 소득을 나타낼 것이며, 이에 따라 소득분배는 훨씬 더 평등할 것이다. 그다음 세대는 이런 막대한 부를 물질적 소비의 증가에는 좀 더 적게, 여가와 자기 발전에는 더욱 많이 지출할 수 있을 것이라 믿었다. 이는 한 사람이 오전에는 농부이거나 어부가 되고 오후에는 과학자나 시인이 될 수 있다는 마르크스의 비전을 예고하는 것이었다.

자본주의의 운명에 대한 케인스의 전망은 리카도의 정상상태와 매우 유사한 것이었다 — 이윤율이 제로로 하락한다는 것이 주목할 만한 사례다. 그와 동시에 결정적 차이도 존재한다. 케인스는 리카도의 지대론에서 이야기하는 자연 자원의 부족 또는 성장의 환경적인 한계에 대해서는 그리 걱정을 하지 않은 듯 보인다. 또한 케인스의 전망은 생산성의 거대한 상승에 기초한 마르크스의 사회주의에 대한 관점과도 매우 유사한 측면이 존재한다.

우리는 모두 케인스의 손자이며 증손자쯤 되는 세대다. 즉, 『일반 이론』이 세상에 나온 지 60년 이상이 지났다. 케인스의 예언 가운데 몇몇은 현실이 되었다. 제2차 세계대전 이후의 기간은 자본축적의 "황금시대"였고, 이는 케인스가 권고한 재정 및 금융 안정화 정책을 통해 가능했다. 노동생산성은 거대하게 증가했고, 선진 자본주의국가들의 생활수준 또한 향상되었다.

하지만 어떤 까닭인지 이런 긍정적인 발전은 케인스가 희망한 정도로 자본주의적 경제생활의 갈등과 긴장을 제거하지는 못했다. 이윤율은 제로로 떨어지지 않았고, 금리생활자들도 사라지지 않았다. 우리가 도달한 높은 수준의 생산성은 높은 정도의 자원 고갈과 환경 파괴를 수반했다. 불평등한 분배는 자본주의의 세계화 시대 전반에 걸쳐 감소하기보다는 증가했다. 이런 문제들은 자본이 본질적으로 사회적 관계라는 마르크스의 관찰의 중요성을 돋보이게 한다.

복잡성 대 집산주의

하이에크는 1930년대 대공황 기간에 벌어졌던 정부의 적극적인 개입 정책을 둘러싼 대결에서 케인스에게 일방적으로 패배했지만, 그의 영향력은

20세기 후반부에 증대하기 시작했고, 지금은 케인스의 영향을 능가하는 듯 보인다. 하이에크가 교육 받은 "오스트리아"학파의 경제 이론은 마르크스의 경제 및 사회적 이념을 반박하는 임무를 떠맡고 있었다. 오스트리아학파 경제학자들은 사적 소유와 경제적 자원의 분권화된 조절의 충실한 방어자였으며, 집산주의 및 사회주의적 열망에 대한 날카로운 비판자들이었다. 우리가 맬서스를 다룰 때 보았던 완전 가능주의에 대한 적개심이 오스트리아학파들 사이에서도 나타난다.

1930년대의 불황과 그 분위기로 말미암아, 오스트리아학파의 경제적 신념은 심각한 위협을 받고 있었다. 심지어 평범한 중도주의자들조차 자유방임이라는 경제적 이념에 대해 동요하고 있던 시절이었다. 사회는 모든 성원의 경제적 후생을 확보할 책임이 있다는 생각이 광범위하게 퍼져 나갔고, 사회복지 입법, 노동자의 단결권 보장, 소득분배, 산업에 대한 중앙 계획, 국가의 투자 감독, 총수요를 지탱하기 위한 의도적 적자 지출 등과 같은 "집산주의적" 정책이 주도권을 행사할 수 있는 분위기가 나타나고 있었다. 케인스는 이런 수단 가운데 일부를 강력하게 옹호했지만, 그의 사상의 요점은 시장의 주요한 결점을 시정하는 국가의 능동적 역할을 수용하는 것이었다. 그리고 그는 빅토리아식 자유방임론을 경멸적으로 거부했다. 동시에 유럽과 미국 정치 엘리트들의 주요 분파는 (그것에 대한 많이 알고 있었던 것은 아니지만) 소비에트연방이 자본주의에 대한 신뢰할 만한 대안을 건설하고 있다고 여겼다. 오스트리아학파 경제학자들이 (아담 스미스의 오류의 변종이라고 볼 수 있는) 유럽 자유주의의 귀중한 유산이라고 생각한 것들 대부분이 집산주의 및 사회주의적 환상들의 혼란스러운 수용 과정에서 현실적인 파산 위험에 직면했다.

하이에크는 용감하게 (그리고 야심차게) 이런 전장의 최전선에 섰다. 그는 오스트리아학파적 경기순환 이론을 발전시켜, 재정 정책과 이자율 정책에 대한 자유방임적 개념의 확장을 시도했고, 이를 통해 국가가 대공황과 거대한 실업에 대해 무엇인가를 해야 한다는 점증하는 정치적 압력을 막아 보려고 시도했다. 그는 또한 집중화된 사회주의적 메커니즘 ─ 소비에트연방에서 진화하고 있는 중앙 계획적 관료제와 같은 ─ 을 통해 분업을 조직화할 수 있는 가능성에 대한 오스트리아학파적 비판의 치명적 결함 역시 간파하고 있었다.

경기순환인가, 자본주의적 위기인가?

"거시 경제학"이라고 불리는, 즉 국민소득의 수준, 실업, 인플레이션, 이자율, 화폐 등과 같은 경제 전체의 현상을 연구하는 하이에크의 이론에 너무 많은 관심을 가질 필요는 없다. 그가 쓴 『가격과 생산』*Price and Production*은 읽기에 너무 어렵고 이후의 거시 경제적 정책에 대한 경제적 논의에도 그다지 큰 도움을 주지는 못했다.

하이에크의 개괄적 입장을 아담 스미스의 오류의 시들어 버린 곁가지로 고려할 만한 가치는 있다. 그는 경기순환 변동이 체계의 근본적 위기를 나타내는 징후가 아니라 합리적으로 설명할 수 있는 산업자본주의의 특징이라는 입장을 취했다. 하이에크는 이런 경기변동이 자유주의 원칙을 불완전하게 적용한 금융 시스템의 지배 구조 및 조직 때문에 발생한다고 주장했다. 이런 불철저한 적용이 경제적 호황기에는 "과잉투자"를, 그리고 뒤이은 침체기에는 실업으로 이어지는 "과소투자"를 용인하고 부추긴다. 이런 변동에 개입하려는 정부의 그 어떤 시도 ─ 사적 소유권, 상품 논리 그리고 시장 규율과 같은 일반적인 자유주의적 원칙을 금융시장과 제도에 확대하는 것을 제외한 — 도 사태를 더욱 악화시킬 뿐이다.

이런 일반적인 주장을 세부적이고 기술적인 경제 분석 속에서 구체화하려는 하이에크의 시도는, 일관적이고 투명한 분석 틀을 수립하는 데 실패했기 때문이기도 하지만, 그의 사고 속에 있는 어떤 비일관성 때문에 좌초하게 되었다. 그의 책에 대한 피에로 스라파Piero Sraffa(케인스의 동료였던)의 통렬한 비판으로 말미암아 하이에크의 영향력은 자취를 감췄으며, 이는 대공황에 대해 상당히 개입주의적 이념을 제시했던 케인스의 생각이 이 영역에서 성공적으로 발전해 나갈 수 있게 해주었다.

시장이 하는 일

또 다른 측면에서, 전통적인 자유주의적 정치경제학의 보루로서 오스트리아 경제학은 사회주의적인 중앙 계획 제도를 통한 경제 운영의 실행 가능성에 의문을 제기했다. 오스트리아 경제학자들은, 자신들이 믿고 있는 아담 스미스의 오류를 정당화하기 위해, 사회주의 개념이 해롭고 부적절할 뿐만 아니라 마치 자연법칙과 같은 경제법칙(상품 법칙)의 존재로 말미암아 파멸될 것이라고 주장하기에 이르렀다. 이런 주장에 따르면, 우리가 중력의 법칙을 폐기할 수 없듯이 사회주의적 경제도 건설할 수 없는 것이다.

이 주장을 액면 그대로 받아들이기는 어렵다. 먼저 자본주의는 정치적이고 규제적인 제도들과의 긴밀한 공생을 통해 존재했고 발전했다. 근대 초 유럽에서 나타난 민족국가는 다양한 경로 — 금융·기술·정치·사회적인 — 를 통해 신흥 자본주의경제로 도약할 수 있었다. 그 결과, 매우 다양한 정책과 제도를 통해 매우 다양한 정도로 정부가 개입하는 수많은 자본주의 "모델"들이 존재한다. 또한 자본주의는 끊임없이 진화하고 있다. 21

세기 자본주의는 아담 스미스 시절의 초기 산업자본주의와 (상품 교환, 시
장, 그리고 국제적 경쟁과 같은 근본적인 특징을 통해) 어떤 점에서는 연결되어
있다고 인식할 수 있지만, 초기와는 완전히 이질적인 특징(중앙은행, 강력한
정부, 시장규제, 사회 안전망)을 갖고 있기도 하다. 자본주의적 제도와 그 내
용의 이와 같은 역사적 변이를 감안한다면, 불변의 경제법칙이 존재한다
는 가정은 무모한 것으로 보인다.

게다가, 오스트리아학파 경제학자들이 중앙 계획은 불가능하다고 주
장한 이후에도, 소비에트연방은 60여 년 동안에 걸쳐 중앙 계획을 통해 생
산능력을 증대했고, 분업을 확대했으며, 인상적인 경제 발전을 이룩했다.
이처럼 사회주의의 실행 가능성을 부정하는 오스트리아학파의 주장 전체
가 명백한 결함을 갖고 있음에도 불구하고, 우리는 그들이 점화한 논쟁을
통해 자본주의적 시장이 실제로 어떻게 작동하는지에 대해 더욱 잘 이해
할 수 있게 되었다.

이 논쟁에서 오스트리아학파의 초기 전략은 자본주의적 시장이 ― 균
형가격 체계에 도달하는 과정에서 ― 파레토 배분에서 나타나는 유보 가
격들의 균등성을 설명하는 막대한 양의 수학적 조건들을 효과적으로 계산
한다는 관찰에 근거한 것이었다. 이는 어떤 중앙 계획적 관료제도, 그 수
학적 복잡성으로 말미암아, 이런 동일한 문제를 해결할 수 없다는 주장으
로 귀결된다. 아담 스미스의 오류에 대한 굳건한 신봉자로서, 오스트리아
학파가 잠재적인 경제적 잉여의 실현이 경제적 생활의 궁극적 목적이라고
주장한 이래로, 이는 사회주의적인 중앙 계획에 대한 반박할 수 없는 비판
인 것처럼 보였다.

이런 주장은 두 가지 지반에서 행해진 저항에 부딪혔다. 먼저 많은 사
람들이 잠재적인 경제적 잉여를 모든 부분에서 실현하는 데 실패함으로써

사회주의가 필연적으로 종말을 고할 것이라는 사실을 납득할 수가 없었다. 이론적인 균형가격 체계에 대한 충분하고도 정확한 지식 없이도 수행될 수 있었던 수많은 경제 발전 프로젝트 — 예를 들어 산업 설비와 그것을 뒷받침하는 인프라스트럭처 — 가 있었던 것으로도 보인다. 만약 중앙 계획 메커니즘이 이런 프로젝트에 자원을 효과적으로 동원하는 정치적이고 행정적인 수단(거의 틀림없이 그런 일을 수행하는 데 서툴고 신뢰할 수도 없는 러시아 자본가들보다 더욱 효과적으로)이었다면, 중앙 계획을 선택하지 않을 이유가 있을까?

이와 같은 주장은 1930년대에 걸쳐 많은 사람들에게 충분히 설득력이 있는 주장이었지만, 사회주의적 이념의 방어자들은 더욱 통렬한 방식의 논리를 통해 사회주의에 대한 오스트리아학파 비판을 그들에게 되돌려 주었다. 오스카르 랑게Oskar Lange와 아바 러너Abba Lerner는, 엔리코 바로네enrico Barone의 초기 관찰을 근거로, 사회주의경제 역시 자본주의경제와 마찬가지로 균형가격을 시장적 방법을 통해 효과적으로 찾지 못할 이유가 없다고 주장했다. 만약 사회주의적 관리자가 (국가가 생산수단을 소유하고 사적 이윤에 따라 행동하지 않더라도) 마치 자본가들인 것처럼 서로 경쟁하도록 교육받는다면, 그들은 동일한 자원과 기술 수준에서 자본주의경제와 동일한 시장가격에 도달할 수 있을 것이다. 이런 시장 사회주의 개념은 1930년대와 1940년대 경제학의 발전에 커다란 영향을 주었다.

하지만 이것은 단지 다른 방식으로 아담 스미스의 오류를 표현하고 있는 것에 다름 아니다! 시장 사회주의자들은, 시장과 아마도 소득분배를 지탱하는 형식적 법률 메커니즘을 제외한다면, 분업의 사회주의적 조직화와 자본주의적 조직화 사이에는 아무런 차이가 없다고 우리에게 말하고 있는 것으로 보인다. 만약 이것이 정말로 사실이라면, 자본주의와 사회주의 사이의 선택의 문제는 정치적 편의 또는 역사적 우연성으로밖에 설명되지 않을 것이다.

하이에크는 이런 에피소드 속에서 자유주의적 대의에 닥칠 수 있는 재난을 보았다. 그는 사회주의적 시장이 작동할 수 있을 정도로 사회주의의 관리자들이 자본주의적 기업가들을 모방할 수 있을 것이라고 믿지 않았다. 따라서 그는 이 논쟁의 초점을 어떤 심오하고, 결정적이며 생산적인 방향으로 이끌게 되었다. 그에 따르면, 시장 형태가 분업을 조직하는 데 결정적인 것은 아니다. 결정적인 것은 개인들 간의 이해 충돌(이를 통해 모든 일이 실제로 추동되는)이라는 시장의 내용이다. 이것은 순수하고 완전한 형태의 아담 스미스의 오류다. 적대적 시장 관계는 더 이상 푸줏간 주인이나 빵 가게 주인으로부터 우리의 식사(그리고 더 나은 것)를 얻기 위해 참아야 하는 필요악도 아니며, 잠재적인 경제적 잉여를 얻기 위해 행해야 하는 정교한 게임도 아니다. 하이에크에게 적대적 시장 관계는 인간 존재의 실존적 핵심이며, 모든 것이 나타나는 장소다.

하이에크가 완전히 이런 방식으로 자신의 입장을 제기한 것은 아니다. 그는 시장의 현실적 신진대사는 모든 사람들 — 이들이 원하든 원하지 않든 상관없이, 그리고 이들이 이윤을 추구하기 위해 열성적으로 시장에 참여하든 아니면 자신의 실존 조건을 방어하기 위해 마지못해 참여하든 상관없이 — 이 자신의 필요와 기술 그리고 자원들에 관한 사적 정보를 드러내도록 강제할 수 있는 능력에 의존한다고 주장했다. 우리는 시장이 사람들에게 시장 가격을 형성하는 실제 상품 교환 내에 참여해 "필요한 곳에 돈을 내도록" 강제한다는 관념 속에서 시장의 이런 측면을 보았다.

하이에크는 이런 시장의 정보[전달_옮긴이]적 측면을 자신의 사상의 중심에 놓았다. 자본주의 시장은 정보의 공개와 교환이라는 복잡계의 결정적 구성 요소가 된다. 사회주의적 관리자가 자본주의적 시장을 흉내 낼 수 없는 이유는 그들이 시장 교환을 주장하고 방어할 아무런 직접적인 실존적 이유가 없기 때문이다. 사회주의에서 경제적 생활은, 목적을 위한 수단이며, 인간 생활과 사회적 생활에 필요한 물질적 욕구를 채워 주는 방식이다. 사회주의는 이런 물질적 기초의 공급을 단지 필수적인 생산적 노동의 문제로만 보고 있다. 사실 하이에크의 사고방식을 따르면, 필수적인 생산적 노동이 실제로 무엇인지를 아는 것이 중요하다. 최상의 선의를 가지고 있으며, 자기 규율적인 사회주의적 노동자—시민일지라도 그들의 노동을 어느 곳에 지출할 것인지 또는 명백히 사회적 필요(강철 공장의 건철)처럼 보이는 것이 좋기는커녕 도리어 해로울 수도 있다는 것을 알 길이 없다

하이에크는 경제학의 영역에서 작업했지만, 신경 과학의 선구자이기도 했다. 제1차 세계대전 기간 동안 그는 뇌상을 입은 병사들과 함께 일했으며, 후에는 뇌기능에 대한 주요 저작을 쓰게 된다. 뇌는 전형적인 복잡계 사례다. 하이에크의 시장에 대한 관찰은 자본주의 경제를 복잡계와 유사한 것으로 간주하는 방향으로 나아갔다. 시장은 마치 의식이 뉴런 간의 상호 작용으로 나타나듯이 개별적 교환으로부터 출현한다.

이처럼 시장을 정보 전달적 관점에서 바라보는 것은 잠재적인 경제적 잉여 — 시장이 그것을 발견할 수도 있고 그렇지 못할 수도 있다 — 를 실현하는 것으로 시장을 "객관적"으로 개념화하려는 시도를 위협했다. 하이에크의 시장은 결정적으로 상호-주관적inter-subjective인 것이다. 즉, 그것은 오직 정보의 소통을 통해서만 지속될 수 있는 현실이다. 물론 잠재적 잉여의 실현이 생산과 소비라는 객관적 현상을 낳는다. 하지만 신체가 신경계 없이도 호흡과 소화 작용을 할 수 있는 것처럼, 이런 신진대사적 사회과정이 시장을 통한 끊임없는 정보의 산출과 파급 없이도 지속될 수 있다고 생각

할 수는 없다(하이에크의 관점에서, 사회주의적 실험은 신진대사적으로 기능하지만 뇌사로 말미암아 식물 상태에 있는 인간과 비교할 수 있는 것이다).

사회주의 경제의 생존 불가능성에 대한 하이에크의 고찰은 대체로 사회주의 경제에서는 무시되었다. 그러나 사회주의 경제는 종말을 맞이할 공룡과 같은 운명에 처해 있었고, 하이에크의 발견 이후 50년이 지난 뒤에야 마침내 자신의 운명을 깨닫게 되었다. 주류 경제학은 하이에크의 통찰을 인정했지만, 자신들의 근본적인 교육·연구 프로그램에 이를 통합하지는 않았다. 오스트리아학파 경제학자들은 마르크스주의자들만큼 사실상 주변화되었던 것이다.

자유주의의 부활

하이에크는 실패할 운명이라고 여겼던 중앙 계획에 대한 실험보다는 케인스로부터 비롯된 — 그가 보기에 — 제2차 세계대전 이후 등장한 혼합경제에 더욱 큰 관심을 보이게 되었다.

하이에크는 『노예로의 길』*Road to Serfdom*이라는 다소 과격한 정치적 소책자를 썼는데, 여기서 그는 자본주의경제를 안정화시키고 규제하기 위해 정부가 개입하는 것은, 전체주의적 독재만큼이나 개인의 자유와 존엄성에 위협적이라는 다소 받아들이기 어려운 주장을 했다. 하이에크가 보기에, 케인스의 (비일관적임에도 불구하고) 실용적인 투자 안정화와 금융시장 규제, 사회 안전망 제공이라는 정부 프로그램은 집산주의로 가는 평계에 불과했다. 사람들이 정부가 자신들의 실질적 욕구를 만족시키기 위해 어떤 일이라도 할 수 있다는 잘못된 신념을 갖게 되면, 시장의 자율적 질서는 타락하고 파괴될 것이며, 집산주의적 괴물*collective leviathan*에 예속될 것이라 주장했다.

이런 관점에서 보면 하이에크는 시장에서 이루어지는 자연발생적인 분업의 조직화를 과장하는 경향이 있다. 경제의 역사는 재산권을 수립하고, 그것을 집행하는 과정이 얼마나 힘들고 불확실했는지를 보여 주며, 중앙 집중적인 정치권력이 이 과정에서 어떤 역할을 했는지 잘 보여 준다. 시장의 발전은 생산력과 분업의 발전을 통해서만이 아니라 다른 방식으로도 이루어졌다. 실제로 생산성과 정치적 조직화 없이 진행되는 시장의 조직화는 부가 아니라 정체를 산출하는 경향이 있다. 이와 같은 하이에크의 시각은 한편으로는 생산적 기회와 관련된 사적 정보를 도출하고 결합시키는 시장의 힘을 인식하고 있지만, 다른 한편으로는, 정보가 사회적으로 조직되는 다른 모든 형태 — 정부 관료제에서부터 법률 체계와 정치적 삶 그 자체에 이르는 — 에 대해서는 폄하한다.

하이에크는 집합적인 정치적 행위로부터 나오는 긍정적인 경제적 힘에 대해서는 관심을 갖고 있지 않았던 것으로 보인다. 정부는 생산을 조직하고 부를 창출하며, 전쟁과 자연재해 같은 극단적 상황에서 이를 구호하는 사회적 행동을 조직할 수 있다. 평온한 시기에도 정부는 민간 기업이 다룰 수 없는 금융적이며 재분배적인 목표들을 달성할 수 있다. 자본주의의 정치사를 보면 민간 기업이 정부에게 지속적으로 규제를 요구해 왔음을 볼 수 있다.

하이에크가 받아들였던 극단적이고 받아들이기 힘든 형태의 아담 스미스의 오류에도 불구하고, 1970년대 이후에 경제학의 이데올로기적 논쟁 속에서 그의 관점은 점점 더 많이 등장하게 되었다. 하이에크는 영리하게도 이를 위해 스스로 무대를 만들었다. 그는 실행 가능한 신자유주의적 정치 프로그램을 정교화하고, 몽페를랭학회[4]와 시카고대학교 경제학과를 포함하는 기관들에 그 이념을 보급하는 데 많은 힘을 기울였다. 열정적인 자본주의적 후원자들로부터 자금을 지원받는 싱크 탱크^{Think Tank}들을 통해 보급된 하이에크의 신자유주의적 비전의 판본들이 미국 경제학계의 논쟁에 넘쳐 나게 되었다. 이를 통해 하이에크는 대공황의 암울한 시기에 케인스에게 당했던 이론적 패배로부터 벗어나, 자본주의사회의 이데올로기적 우위를 다시 점하게 되었다.

기술의 예언자

케인스와 하이에크가 20세기 자본주의의 정신과 육체를 둘러싸고 논쟁을 벌인 반면, 슘페터는 그것의 신진대사와 해부학적 구조를 자신의 연구 대상으로 삼았다. 오스트리아에서 태어났지만 오스트리아 경제학자들의 영향 아래에 있지 않았던 슘페터는 제1차 세계대전의 직접적인 여파 속에서 오스트리아 재무장관의 역할을 제대로 수행할 수 없었으며, 아담 스미스의 오류의 서툰 측면을 몸소 체험했다. 냉소주의에 가까운 세속적 현실주의를 통해 자본주의에 접근했던 슘페터는 상당히 수사적이며 분석적인 능력을 발휘하면서 마르크스의 기술 변화 이론을 한계주의 틀 속에 도입해 균형에 대한 신고전파의 물신숭배를 바로 잡고자 했다.

---

4 옮긴이_몽페를랭학회(Mont Pelerin Society)는 케인스주의 및 사회주의의 집산주의적 시도에 반대하여 고전적 자유주의(자유시장 원리, 표현의 자유, 개방사회)를 옹호하는 다양한 학자들의 국제적 조직이다. 하이에크는 물론이고, 루트비히 폰 미제스, 칼 포퍼, 밀턴 프리드먼, 조지 스티글러 등이 이 조직의 성원이었다.

슈페터가 보기에 발라스의 균형 이론은 우수한 지적 성과이기는 했지만, 현실 경제와 절대로 일치할 수 없다는 점에서 불완전한 실패작이었다. 발라스의 균형 속에서, 자본은 기대가 고려된 균일한 정상 이윤율을 영유한다. 이런 조정을 통해 선호와 기술이 주어진 가운데서 이용 가능한 모든 경제적 잉여를 뽑아내는 데에는 성공하지만, 발전이라는 관점에서 보면 그것은 혁신의 부족이며 따라서 자본주의의 내적 기질을 표현하는 데에는 실패한 것이었다.

슈페터가 보기에, 새로운 생산물과 기술 그리고 새로운 생산적 조직 형태를 도입함으로써 발라스적 균형Walras's equilibrium을 파열disrupt시키는 사람들은 바로 이런 내적 기질을 담지하고 있는 혁신적 기업가들이다. 리카도 및 마르크스를 따라, 슈페터는 성공적인 혁신가가 획득하는 정상 이윤율 이상의 초과이윤을 동기로 하여 부단한 기업가적 활동이 나타난다고 보았다. 이런 초과이윤은, 비록 반복적으로 발생하기는 하지만, 일시적으로 나타나는 자본주의적 현실의 특징이다. 그것은 파레토의 한계적 균형을 파열시키기 때문에 균형과도 조화를 이루지 못한다. 혁신은 자본주의라는 수레를 계속해서 뒤흔들어 균형과 균형가격을 파괴한다.

베블런의 장인적 본능과 마르크스의 세계를 변화시키는 충동을 겸비한 혁신적 기업가는 공산주의적 인민 위원들 못지않게 혁명적이다(우리가 소비에트 공산주의의 결과에서 훨씬 명확하게 볼 수 있는 것처럼, 인민 위원이 구체적인 역사적 상황 아래에서 일종의 기업가로 진화하는 것이 가능했다). 슈페터는 정치적 인민 위원들보다 혁명적인 변화를 야기하는 훨씬 매력적인 행위자로 기업가를 보았지만, 사회가 그들의 파괴적인 행위들을 견뎌 낼 수 있을지에 대해서는 의구심을 품었다.

슈페터는 기업가적 혁신을 "창조적 파괴"라고 불렀는데, 그것을 자본주의의 현실 역사적 전화에 있어 결정적인 순간으로 이해했다. 슘페터는 창조적 파괴를 중심으로, 자본주의의 불안정성에 대한 자신의 설명을 발전시켰는데, 이는 케인스 및 하이에크의 관점과 강하게 공명하는 요소들을 갖고 있었다. 슘페터는 일반적으로 은행과 금융이 혁신에 자금을 공급하는 역할을 한다고 보았다. 호황을 부추기는 신용의 확장은 혁신적인 기업가들의 투자에 기초한다. 궁극적으로는, 덜 혁신적인 자본들이 중도에 실패해, 실업과 금융 재난을 만들어 냄에 따라 혁신의 파괴적 단계가 지배적이게 되지만, 이런 [초과이윤에 대한_옮긴이] 기대의 끊임없는 추구와 좌절은 물질적인 생활수준의 증대 및 생산성의 향상이라는 황금알을 낳는 거위다.

슘페터는 자본주의적 생산양식이 체계적으로 기술 변화를 발생시키는 경향이 있다는 마르크스의 이론을 경유해, 분업의 확대를 통한 물질적 부의 획득이라는 아담 스미스의 오류의 근본 원리로 되돌아왔다. 슘페터는 혁신과 생산성 증대에 과도하게 사로잡혀 있던 21세기의 예언자였다. [1980년대와 1990년대에_옮긴이] 갑작스럽게 출현한 경제성장에 대한 기술적 문헌들 대부분은 이런 슘페터의 생각의 소산이었다.

슘페터는 자본주의적 사회제도의 장기적 생존 가능성에 대해 비관적이었다. 그는 잠재적으로 성공적인 혁신을 이끄는 새로운 아이디어가 끊임없이 공급될 것을 의심치 않았지만, 자본주의로 말미암아 발생하는 대량 실업, 부의 불평등, 경제적 불안전성 등을 (슘페터가 살던 기간 동안 여전히 사고의 중심이었던) 서구 문명이 감내하기는 힘들 것이라 보았다. 슘페터는 (잘 편집되지는 못했지만) 매우 격조 높은 것으로 인식되고 있는 『자본주의, 사회주의, 민주주의』*Capitalism, Socialism, and Democracy*라는 책에서 아담 스미스의 오류 문제를 직접적으로 제기했다. 그는 케인스처럼(어떤 재미있는 측면에서는 마르크스처럼) 자본주의가 스스로 자신의 역사적 과업으로부터 벗어날 것이라 생각했다. 물질적 후생 수준이 증가하고 생산력이 모두에게 높은 생활수준을 제공하는 것이 가능하게 됨에 따라 사람들은 아담 스미스의 오류를 더 이상 지지하지 않고, 시장의 독창적 무정부성을 대체하는 어떤 유형의 합리적 사회주의를 건설할 것이었다. 슘페터는 하이에크가 두려워했던 이데올로기적 조류를 인식했던 것이었다. 하지만 그는 그것이 혁신적 자본주의를 사라지게 할 저항할 수 없는 역사적 경향이라고 보았다.

하지만 몇 가지 점에서 베블런이 슘페터에게 교훈을 줄 수도 있겠다. 쇼핑몰은 집산주의에 대한 강력한 자본주의적 면역제다. 슘페터의 예언은 특히 베블런의 사회심리학을 통해 보충될 때 21세기 자본주의의 신진대사를 훌륭히 조명할 수 있다. 과시적 소비의 새로운 경계를 창조하는 새로운 기술적 모험의 화려한 전망으로 말미암아 자본주의가 세계적 규모로 낳고 있는 사회적 분열과 빈곤, 불평등에 대해 사람들이 상당히 무관심해질 수 있다. 아담 스미스의 오류는 첨단 기술과 소비자의 과시주의가 결합된 물질적 형태를 취한다.

6장

거대한 환상

우리 모두에게 더 나은 미래를 제시할 수 있는 방식을 설득력 있게 종합하면서 이 책을 끝맺을 수 있다면 좋을 것이다. 지금쯤이면 독자들도 내가 이런 중대한 문제들에 대해서 어떻게 생각하고 있는지 궁금할 것이다. 하지만 정치경제학이라는 덤불 속에서 나 자신이 행한 여정에도 불구하고, 나는 종합이 가능할까 의심하고 있고, 어떤 한 측면만을 결론으로 제시하는 것도 썩 내키지 않는다. 이런 논쟁들의 모든 측면이 자본주의가 창조해 낸 사회 세계의 논리적이고 제한된 기능 양식에 관한 교육에서 중요한 교훈을 주고 있다.

디어드리 맥클로스키Deirdre McCloskey가 지적했듯이, 정치경제학은 일종의 설득이라고 할 수 있는 수사학의 한 종류다. 모든 위대한 경제학자들은 [자신들이 가진_옮긴이] 구체적인 신념과 공약들에 우호적인 방식으로 문제를 제기하려는 동기를 가지고 있다. 이와 같은 강력한 수사학에 대한 유일한 해독제는, 이들이 제시하는 주장의 핵심과 그 한계를 이해하고, 또한 자본주의적 사회관계의 복잡성과 그것이 발생시킨 도덕적 양가성을 검토하는 다양한 방법을 살펴보는 것이다. 결국 도덕은 체계나 제도가 아니라 구체적이고 개별적인 삶의 선택들과 관련된 것이다. 만약 이 책을 통해 독자들에게 이 복잡한 세계와 대면할 수 있는 어떤 통찰력과 도구를 제공할 수 있다면 나는 그것으로 만족한다.

거울보기

정치경제학(그리고 현대적 후계자인 경제학)은 두 가지 유형의 질문을 제기한다. 한편으로, 정치경제학자들은 시장 자본주의의 복잡한 현상들 배후에 있는 논리에 대한 설명을 제시한다. 가격은 무엇이고, 어떻게 결정되는가? 부는 어디서부터 나오는가? 기술 변화 또는 외국과의 경쟁으로 일자리를 잃은 노동자들에게는 어떤 일이 일어나는가? 화폐란 무엇인가? 은행과 금융 체계는 어떻게 작동하는가? 자본주의가 위기와 호황에 빠지는 이유는 무엇인가? [자본주의적 경제_옮긴이] 체계는 자신이 창조한 부를 어떻게 분배하는가? 왜 빈곤은 좀처럼 사라지지 않을까? 하지만 다른 한편으로, 정치경제학자들은 우리가 자본주의사회에 대해 어떻게 느끼고 있는지에 대한 질문과 씨름하고 있다. 자본축적은 좋은 것인가 나쁜 것인가? 시장은 무엇을 생산할지, 누가 생산된 것에 접근할 것인지를 결정하는, 도덕적으로 승인할 만한 방법인가? 우리가 행한 노력의 성공과 실패가 시장에서 판정되는 것을 어떻게 봐야 하는가? 우리는 체계의 요구 조건에 우리의 야망과 인격을 얼마나 적응시켜야 하는 것일까? 이 수준에서, 정치경제학은 우리 자신을 판단하고 인식하기 위해 거울을 들여다보는 문제를 제기한다.

경제학자들은 이런 두 수준의 논의가 서로 뒤얽히면서 문제를 만들어 낸다는 것을 알고 있다. 만약 자본주의의 작동에 관한 스미스의 분석 가운데 일부분(예를 들어 세의 법칙과 같은)에 결함이 있다면, 시장에서의 사적인 이해의 추구가 공적인 선으로 이어질 것이라는 그의 낙관적 전망에 얼마나 악영향을 미칠 것인가? 경제적 효율성 개념 — 이들이 "과학적"이라고 가정하는 — 에 대한 한계주의 경제학자들의 집착은, 시장 자본주의에서 발생하는 결과들을 합리화하려는 열망과 관계있는 것이 아닐까? 이와 같은 상황을 마땅치 않게 생각하던 경제학자들은, 일반적으로 타당한 경제적 분석 결과들로만 이루어진 "실증 경제학"을 가치판단 및 목적을 명확히 담고 있는 "규범 경제학"으로부터 분리하려고 했다. 경제문제에 대한 "가치중립적인" 과학적 분석(만약 중앙은행이 은행 준비금의 공급을 제한다면 이자율은 어떻게 되는가?)과 "정책 분석"(지금 이 순간 올바른 화폐 정책은 무엇이며, 그리고 그것은 어느 정도의 가격 안정성 또는 고용수준을 달성할 수 있는가?) 사이의 구분 역시 이와 비슷한 문제를 다루고 있다.

내가 정치경제학의 주요 흐름을 검토하며 내린 한 가지 결론은, 정치경제학을 이처럼 두 수준으로 구분하려는 시도는 부질없는 일이라는 것이다. 자본주의와 그 사회적 논리에 대한 위대한 정치경제학자들의 태도는 자본주의의 작동 방식에 대한 그들의 분석과 분리될 수 없다. 슘페터가 말한 경제학의 "비전" ― 이는 반드시 가치판단을 포함해야만 한다 ― 은 우리가 체계로서의 경제에 대해 생각하고, 그 체계 안에서 작동하는 개인들의 행위 질서에 관해 사고할 것을 요구한다.[1] 그뿐만 아니라 모든 비전은 양가적이라는 것이 인간 사회의 본성이다. 이 책에서 재현된 각각의 비전은 어떤 일관된 틀 속에서 자본주의사회의 긍정적이고 부정적인 측면들을 조화시키려고 애쓰고 있다.

이는 인간 사회에서 발생하는 나쁜 일들과 신의 전지전능함을 화해시키기 위해 노력하는 종교 신학의 오랜 문제와 비슷하다. 이런 종교 신학의

---

1 옮긴이_슘페터는 경제사상의 곤란한 지점들을 돌파하기 위해 "이론 이후의 비전"이 아니라 "이론 이전의 비전"이 관건이라고 말한다. 즉, 새로운 이론을 제시할 수 있는 새로운 전망의 제시를 말한다. "비전"이라고 옮긴 부분은 이런 "새로운 전망"을 이야기한다. 이에 대한 좀 더 자세한 설명은 로버트 하일브로너·윌리엄 밀버그, 『비전을 상실한 경제학』, 박만섭 옮김, 필맥, 2007을 참조.

중심에는, 악의 문제와 신이 왜 그 악에 대해 아무런 조처도 취하지 않는가라는 문제가 있다. 정치경제학은 자본주의와 같은 창조적이고, 생산적이며, 매혹적인 사회·역사적 과정이 어떻게 해서 다루기 힘들고 추악한 문제들(그리고 이런 문제들에 대해 우리가 무엇을 할 수 있는지)을 양산하는지에 관한 질문과 씨름하고 있다.

두 개의 팔을 가진 경제학

스미스는 인간 사회를 인간이 가진 특성(또는 사회적 규범)의 반영으로 보았으며, 이런 일반적 관점 속에 경제 제도를 포함시켰다. 시장은 "물물교환"이라는 인간이 가진 특징적 성향의 반영이라는 것이다. 18세기만 해도, 상위 계급은 상업 활동을 불신하고 역겨운 것으로 보았다. 신사다운 생활은 이윤이 아니라 지대에 물질적 기초를 갖고, 기업가적 생활이 아니라 정치에 사회적 영향력을 끼치는 것이었다. 하지만 스미스의 경제 신학은 상업과 산업을 격상시키고 찬양했다. 그것은 확실히 산업과 상업 활동에 대한 참여가 불러일으킨 도덕적 관점을 승인한다. 이는 자본주의사회의 물질적 풍요가, 창의력과 노력의 결과라기보다는, 사회적 규범의 직접적인 결과라는 관점과 별반 다르지 않다.

아담 스미스는 분업과 노동생산성, 시장 확대의 선순환에 대한 설명을 통해 자본주의의 긍정적 측면을 전면적으로 제기하는 재주를 갖고 있다. 이런 비전은 시장에 잠재해 있는 적대가 물질적 부의 보고라는 약속을 담고 있다. 거기까지는 좋았지만, 스미스가 자신의 논의를 계속 이어감에 따라, 이런 밝은 전망은 수정되고, 복잡해진다. 시장은 사적 소유권, 특히 강한 국가에 의해서만 보증될 수 있는 재산을 자유롭게 처분할 수 있는 권리에 의존한다. 고전적 자유주의의 비전을 명확히 진술하는 가운데, 스미스는 이런 국가가 강한 국가이길 바랬지만, 그 권력 또는 그 권력의 사용은 제한되길 원했다. 하지만 이제 이런 강한 국가가 (적어도 그 국가가 섬나라라면) 함대를 요구했고, 그런 함대의 존속을 위해서 자생적 축적과 자유방임이라는 순수한 원칙들과의 다양한 타협이 필요했다. 스미스는 이런 그림을 독자들에게 능수능란하게 제시하는데, 그가 묘사하는 사회적 과정의 어떤 계기(자본축적)에 대해서는 우선적인 것으로, 또 다른 계기(강한 국가 조직)에 대해서는 필수적 타협으로 보이게 만든다. 하지만 역사적으로 영국이라는 국가와 영국의 자본주의는 동시에 발전했다. 결국 스미스는 선순환을 강조하는 것만큼, 잠재적인 초과적 자본축적을 매개하고, 형성하며, 통제하는 외적 정치제도의 필요성 역시 강조하게 되었다.

영국의 산업화 및 도시화의 초기 국면에서 발생한 인간 파괴는 급속하게 확대되던 중간계급의 반발로 이어졌다. 현실주의적 영국 급진파들(대체로 여성들)은 실제 생산자들의 고통을 수수방관하지 않고, 일정한 대책을 마련하고자 했으며, 정치를 전화시키고자 했다. 기질적으로 보수주의자였던 맬서스는 영국 노동자들의 고통을 설명할 수 있는, 또는 이를 합리화할 수 있는 방법을 찾으려고 했다. 그의 인구론은 노동자들의 과잉 출산이 빈곤의 원인이라고 주장하면서 희생자들을 비난하는 대표적인 사례다. 그는 심지어 가장 전투적인 사회 개혁가들조차도 [영국 노동자들이 겪는_옮긴이] 고통의 불가피성을 받아들이도록 만들기 위해 노력했다. 하지만 자신의 인구학적 숙명론과 더불어, 그는 자본축적이 가난한 사람들에게 미치는 압력을 완화하기 위한 구체적인 대책을 옹호하기도 했다. 그는 지주계급의 쇠퇴에 대해서 열광하지 않았다. 그가 보기에 그 계급은 농업 노동자들에게 일자리와 기초적인 사회 안전망을 제공하는 세력이었다. 그럼에도 불구하고, 우리가 산업화와 자본축적을 멈추거나, 그 속도를 현저히 늦추기 위해 실제적으로 노력해야 하는지에 대해 맬서스가 시사하는 바는 없다.

리카도 시대의 정치는 전통적인 지주 귀족 출신이자 이들을 대표하고 있는 영국의 지배 엘리트와 대면하고 있었다. 이들은 새로운 자본주의 시대의 책무를 달가워하지는 않았지만, 피할 수도 없었다. 이런 압력은 나폴레옹전쟁이라는 정치적 격변기에 절정에 이르게 되었다. 나폴레옹을 격퇴한 이후, 영국은 18세기 체계를 산업자본주의에 적응시켜야 하는 장기적이고 고통스러운 미완의 정치적 과업 — 정치 및 교육개혁, 노동 기준과 무역 및 화폐 정책의 개혁과 관련된 — 에 직면하고 있었다. 리카도는 그 시대 정치인들이 가졌던 불안감을 솜씨 있게 이용했다. 그들은 영국 사회를 현대화하는 데 실질적으로 아무런 관심이 없었지만, 산업자본주의에 적응하는 데 실패한다면 자신들의 권력과 명성이 위협받지 않을까 걱정하고 있었다. 리카도의 자본주의는 자신의 존재를 연장하기 위해 기술 변화와 자유무역이라는 강력한 치료제를 필요로 하는 연약하며 자기 제한적인 현상이었다. 리카도의 비전에서, 자본축적은 전체적으로 보면 장기적인 사회적 관점에서는 그다지 많은 역할을 하는 것은 아니지만, 그의 담론 이면에서는 영국의 세계 지배의 물질적 기초를 제공하는 데 필수 불가결한 역할을 하는 것이었다. 리카도는 이와 같은 비전을 구축하는 과정에서, 누구나 상상할 수 있는, 계급 분할 사회와 그 사회에서 나타나는 적대에 대한 적나라한 그림을 그리게 되었다.

마르크스는 자본주의의 역사를 설명하면서 자본주의에 대해 갖고 있는 양가적인 감정을 표현했다. 한편으로, 자본주의는 역사적으로 한계를 지난다. 그 잘못된 측면이 무엇이건 간에 결국에는 다른 생산양식의 출현에 의해 지양된다. 다른 한편으로, 자본주의는 긍정적인 역사적 과업이다. 그 것은 문명화되고 진실로 인간적인 사회주의와 공산주의를 가능케 하는 지 점까지 생산력을 발전시킨다. 따라서 자본주의의 어떤 측면이 잘못되어 있든 간에 그것은 자본주의의 좋은 면 — 인간의 잠재적 발전의 개시 — 의 대가다. 이런 자본주의에 대한 이중적인 윤리적 태도가 『공산주의자 선언』의 구조인데, 여기서 그는 한편으로는 자본주의를 찬양하고(구체제의 봉건적 잔존물을 소멸시키는 역할), 다른 한편으로는 자본주의를 비난(계급 착 취라는 원죄)한다. 자본주의에 대한 마르크스의 불명확한 태도는, 역사적으 로 멘셰비키의 다음과 같은 주장으로 나타났다. 즉, 사회주의자들은 공산 주의로의 신속한 이행을 위해 자본주의의 발전을 뒷받침해야 한다.

이와 유사한 혼란스러운 이중성은 도덕성에 대한 마르크스 자신의 태 도에서도 명시적으로 드러난다. 마르크스의 독자들은 모두 거의 『구약성 서』*Old Testament*적인 마르크스의 도덕적 열정을 강하게 느끼게 된다. 이를 통해 독자들은 그가 가지고 있는 부르주아들에 대한 경멸 — 그들의 위선 과 노동자 착취를 통한 자기만족적 삶, 부의 추구를 위해 약자들에게 저지 르는 범죄, 부르주아 문화의 궁극적 공허함 — 을 자신의 마음속에 깊이 새기게 된다. 하지만 마르크스는 역사 유물론을 통해 도덕을 특정 시대 지 배계급의 세계관으로 구성했다. 따라서 도덕은 생산양식의 변화로 말미암 아 완전히 다른 것으로 변화한다. 노예 사회에서 종교를 통해 허용되던 노 예제는 자유로운 자본주의적 노동시장의 출현과 더불어 혐오스러운 것이 되어 버렸다. 봉건 영주가 유럽을 지배하던 시기만 해도 커다란 죄악으로 간주되었던 대부 행위(이자를 받고 돈을 빌려 주는 것)는 산업자본주의의 출 현과 더불어 금융 기업의 미덕이 되었다. 권리 — 방목을 위해, 그리고 장작을 구하고 꼴을 베기 위해 공유지에 접근할 수 있는 권리와 같은 ― 역시 자본주의가 인클로저를 통해 토지에 대한 사적 소유권을 요구함에 따라 재정의되었다. 그렇다면 자본주의에 대한 마르크스의 도덕적 비난의 확고한 지반은 어디에서 찾을 수 있는 것인가?

나는 마르크스가 자본주의에 대해 갖고 있는 양가적 감정이 훨씬 뿌리 깊은 것이며, 사회주의사회는 어떠해야만 하는지에 대한 그의 생각에도 영향을 끼쳤다고 주장해 왔다. 역사 유물론적 계급 이론과 착취 이론은 자본주의의 핵심에 존재하고 있는 착취를 재발견하기 위해 자본주의적 사회관계를 과거 사회들에 역사적으로 투영한다. 나아가 자본주의의 기능적 형태는 마르크스의 사회주의에 대한 비전에서도 반토된다. 사회주의사회는, 착취(사회적 목적을 위한 사회적 생산물 일부의 영유), 축적(확대재생산을 위한 잉여의 투자), 그리고 법칙에 따른 분배(예를 들어, 노고에 따른 분배) 등과 같은 자본주의의 모든 경제적 기능 ― 자본주의의 원리라 할 수 있는 모든 ― 을 수행해야만 한다는 것이다. 마르크스는 자본주의적 사고 범주에 붙들린 채 [과거와 미래를_옮긴이] 상상하도록 끌어당기는 자본주의를 열정적으로 연구한 첫 지성도 마지막 연구자도 아니었다.

한계주의(와 신고전파) 경제학은 부르주아 자본주의의 상업적 가치에 대한 깊은 혐오감을 표현하며, 사회공학의 측면에서 그것에 대한 비판적 전망을 발견하고 싶어 했다. 자본주의에는 결함이 있지만 우리가 시장의 내적 논리를 이해하고, 효과적으로 개선하는 방법을 배운다면, 그 결함을 고칠 수 있다는 것이다.

이와 같은 신고전파적 태도는 의식적인 국가 개입을 통해 자본주의와 시장을 전반적으로 재건하려는 오스카르 랑게 및 아바 러너의 시장 사회주의에 대한 옹호로부터, 문제가 어떤 것이든 정치적 개입에 의지하지 않고 자본주의의 문제가 스스로 해결되도록 놓아두는 것을 선호하는 밀턴 프리드먼의 회의론에 이르는 양 극단에 걸쳐져 있다. 따라서 신고전파적 관점에 따르면 규제와 탈규제의 정치[학_옮긴이] — 이는 경제 부문들 사이에서 경제적 잉여의 재분배를 중심으로 이루어진다 — 는 본질적으로 동일한 것임을 알 수 있다. 신고전파 경제학은 매우 세련된 형태의 실용주의적 관점을 바탕으로 윤리 문제를 다루었다. 즉, 자본주의적 제도들은 우리가 과거로부터 물려받은 것이며, 우리는 그것들을 최고의 형태로 만들어야만 한다는 것이다. 이는 과거의 제도적 형태 속에서 자라나지만 언제나 그것을 뛰어 넘으며 성장하는 자본주의에 걸맞은 관점이라 할 수 있다. [자본주의는 이런 과정을 충분히 거쳐 왔기 때문에_옮긴이] 경제적 행위의 궁극적인 목적 및 자본주의 발전의 역사적 동역학 — 인간들과 공동체, 문화에 대한 효과 — 과 관련된 질문은 신고전파에게는 보이지도 않고 이해할 수도 없는 질문이 되어 버린다. 이와 같은 신고전파의 관점에서 보면, 시장을 통해서든 또는 조세나 규제를 통해서든, 경제적 잉여를 재편하는 일만 남아 있으며, 앞으로도 그럴 것이다.

얼핏 보면, 베블런에게서도 자본주의사회에 대한 양가적 감정이 나타난다고 말하기는 어려운 것처럼 보인다. 즉, 그는 자본주의사회를 좋아하지도 존경하지도 않았다. 그럼에도 불구하고, 자본주의는 존재하고 있으며, 인간 사회의 특유한 결점들에 대한 독립적인 관찰자로 자신을 바라보았던 베블런은 자본주의를 동역학적인 진화적 스펙터클로 보았다. 베블런은 자본주의가 갖고 있는 과시적 소비와 금전적 낭비의 과잉이라는 경박스런 미학에도 불구하고, 장인적 본능의 매개물이라는 점에 대해서는 높게 평가했다. 베블런은 자본주의적 발전에 대해 비판적이었거나, 이를 변화시키려 했거나, 이를 칭송했던, 대부분의 경제학자들만큼 자본주의의 발전에 관심이 크지 않았다. 그는 스스로 자신이 진화를 연구하는 과학자라고 생각했으며, 자신이 연구하고 있는 [자본주의의 진화_옮긴이] 과정에 대한 [실천적_옮긴이] 개입에 대해서는 회의적이었다. 이로 인해 그는 신랄한 사회 비판자였지만, 결국 자본주의 발전의 현실적 과정에 수동적으로 순응하게 되었다.

케인스는 자본주의에 대한 양가적 감정을 신고전파적 전통과 많은 정도로 공유하고 있다. 그는 특히 미개한 빅토리아적 외관을 가진 자본주의는 결점으로 가득 차 있으며, 그런 상태가 지속된다면 결국 잘못된 금융 및 재정 정책으로 말미암아 20세기에는 사라질 것이라 보았다. 그는 자본주의가 가진 본질적 이점을 계속 유지하기 위해서는, 거시 경제적 틀을 바로잡는 천재적 전문가들(사실 케인스 자신과 같은 사람들)의 재량적이고 창의적인 개입이 필요하다고 보았다. 케인스는 자유방임 경제가 지속적인 지도guidance 없이는 실행 가능한 발전 경로를 찾는 것이 매우 불가능함을 강조했는데, 이는 아담 스미스의 오류에 대한 수정된 그리고 조건부 형태의 관점이었다. 그는 또한 수세대 내에 발생할 것으로 예상되는 제로 수익성과 풍요 사회를 전망하며, 현재의 자본주의가 풀어야만 하는 역사적 한계를 논하기도 했다.

하이에크가 자본주의적 실천과 이데올로기에 변함없는 충성심을 보였다는 점은 의심할 바 없는 사실이지만, 그의 비전 또한 양가적인 요소를 가지고 있다. 하이에크에게 문제는 현존하는 자본주의가 항상 그가 지나칠 정도로 숭배한, 사회질서의 자생적 출현이라는 이상적 과정에 미달하고 불완전한 근사치였다는 것이다. 다른 말로 하면, 자본주의가 인류에게 약속한 것을 실현할 만큼 충분히 자본주의적이지 않다는 것이 문제였다. 결국 하이에크는 자본주의가 언제나 집산주의를 추종하는 무지몽매한 무리에 포위당해 있으며, 그로 인해 취약하다고 보았다.

하이에크 또한 기묘한 방식으로 역사에 의지한다. 그는 1930년대와 1940년대에 걸쳐 나타난 자본주의의 곤경 ― 이런 곤경은 하이에크의 독창적인 작업을 고무했다 ― 은 과거의 좀 더 강건한 개인주의적 자본주의로부터 퇴보했기 때문에 나타난 것이라고 보았다(불행한 현재는 영광스러웠던 과거의 타락한 모습이라는 생각만큼 인간의 사고 속에 더 잘 자리 잡고 있는 것은 없다). 하지만 그 문제를 면밀히 들여다보면, 정확히 언제 그리고 얼마나 오랫동안 순수한 형태의 자본주의가 실제로 자신의 자생적인 마법spontaneous magic을 실제로 작동시켰는지 파악하기 어렵다는 것을 알 수 있다. 산업자본주의는 현기증 날 정도로 급속도로 형태를 변화했던 1930년대 이전 120년 동안만 존재했을 뿐이다. 이런 양가성으로 말미암아 하이에크의 수사적으로 보수적인 경제학은 끊임없이 [현실의 그 어떤 자본주의 경제에 대해서도_옮긴이] 혁명적인 불만을 제기할 수밖에 없다. 하이에크는 자본축적 및 시장의 힘과 사회 사이에서 이루어질 수 있는 그 어떤 제도적 절충에 대해서도 불만족스러워했다. 이와 같은 "보수적" 혁명의 핵심은 과거의 자유로운 자생적 경제로의 복귀를 의미하는 것일까? 아니면 시장이라는 이름으로 모든 사회적 유대를 끊임없이 전복하려는 좀 더 부단하고 야심찬 의제를 숨기고 있는 것은 아닐까?

슘페터의 양가성은 헤겔이 찬양한 바 있는 과거 유럽의 부정적 비판주의 전통 속에 있다. 슘페터는 자본주의의 여러 측면들 중에서도 신기술에 대한 끊임없는 탐색·발견·배치와 관련된 부분에 큰 관심을 가졌던 것으로 보인다. 슘페터는, 이와 같은 과정을 지탱하기 위해서는 사회의 분열, 공동체 상실, 실업 그리고 불평등과 같은 막대한 비용이 당연히 들어갈 것이라고 생각했다. 슘페터는 자본주의가 자신을 패자라고 여기는 사람들에게 얼마나 억압적인지를, 또한 자본주의가 자신에게 적대적인 사회적 힘[세력들_옮긴이]이 성장하는 것을 막는 데 얼마나 무력한지를 볼 수 있을 만큼 상상력이 풍부했다. 수십 년 동안의 자본주의의 역사적 경험으로 말미암아 슘페터의 전망은 마르크스의 것보다 어두웠다.

슘페터는 마르크스의 주제들 가운데 가장 강력한 부분을 소생시켜, 아담 스미스의 오류가 가지고 있는 몇 가지 함정에서 벗어났다. 마르크스와 슘페터는 모두 과학과 기술의 구체적이고 누적적인 진보와 발견을 통해 인간의 생산적 노동력이 엄청나게 증대할 것이라고 생각했다. 지난 300여 년 동안, 이와 같은 발전은 자본주의적 축적의 맥락에서, 그리고 개별 기업가와 자본가들에 의한 이윤의 추구라는, 사회 전반에 퍼져 있는 양식 속에서 발생했다. 하지만 기술혁신과 생산성의 증진을 자본주의의 사회적 관계 및 시장의 적대적 법칙과 동일시하는 것은 오류다. 이런 관점으로 말미암아, 마르크스가 개척했던 경로 주위를 맴돌고 있던 슘페터는 사회적 삶과 생산을 조직하는 양식으로서의 자본주의가 갖는 우월성의 역사적 한계를 볼 수 있었다. 그는 민주적으로 지배되는, 아마도 온화한 형태의, 관료적 생산 조직화 — 마르크스의 혁명적인 사회주의적 전망의 좀 더 부드러운(좀 더 구체적인 것은 아니지만) 판본 — 의 진화를 인식하고 있었다.

하지만 슘페터는 아담 스미스의 오류가 기반하고 있는 가정들을 완전히 넘어설 수는 없었다(심지어 마르크스조차 그러했다). 그는, 마르크스가 어떤 축적 형태도 없는 문명을 상상할 수 없었던 것과 마찬가지로, 자본주의적 기업가가 없는 혁신적 사회를 납득할 만하게 그려내지 못했다.

아담의 오류에서 탈출하기

아담 스미스의 오류가 제시하는 위안의 환상에서 벗어난다면, 우리는 주류적인 경제적 관점을 통해서는 이해할 수 없는 우리 시대의 세계화된 세계에 관한 불편한 진실을 마주할 수 있다. 하지만 이와 같은 재검토는 경제학자들이 가진 사고방식이 모두 오류인 것은 아니라는 인식과 함께 출발해야 한다.

현대 산업자본주의는 물질적 부를 창조하는 성공적인 시스템이다. 그것은 값싼 노동력과 자연 자원 또는 새로운 기술적 아이디어의 고갈에 대한 어떤 현실적 징후도 보여 주고 있지는 않다. 세계 대부분의 지역 그리고 그곳에 살고 있는 사람들은 서구 유럽, 북미 그리고 일본이 개척한 길, 즉 산업화, 도시화 그리고 낮은 생산성을 갖는 전통적인 농업 고용의 형태로부터 높은 생산성을 갖는 산업적이고 포스트산업적인 생산으로의 이동이라는 길을 뒤따를 것이다. 산업자본주의는 유연하고 적응력이 높다. 어린이의 영양 조건과 기본적 의료 혜택의 개선으로 나타난 인구의 폭발적 성장은 인구학적 전환을 통해 통제되어 왔다.[2] 글로벌 산업자본주의는 자연 자원의 사용과 그것이 환경에 미치는 영향과 같은 심각한 문제를 안고 있지만, 이미 그런 충격과 환경적 파국을 완화하기 위해 시장적 논리 및 규제를 활용하는 쪽으로 움직이고 있다.

하지만 아담 스미스의 오류는 몇 가지 측면에서 이런 과정을 이해하는

---

2 옮긴이_낮은 실질임금에 상응하는 높은 출생률과 사망률을 가리키는 맬서스적 균형으로부터 낮은 출생률과 사망률, 그리고 높은 실질임금을 나타내는 스미스적 균형으로의 이행을 말한다. 이에 대해서는 이 책의 부록을 참고하라.

데 걸림돌이 된다. 그중에서 가장 근본적인 오류는 자본축적과 그에 수반되는 기술 및 사회적 혁명을 "인간 본성"의 고유한 표현으로 나타나는 자동적이고도 자생적인 과정으로 보여 준다는 점이다. 반면, 자본주의와 정치경제학의 역사는 사회가 실행 가능하고 안정적인 자본주의적 제도를 발전시키는 것이 얼마나 어려우며, 이런 제도들이 얼마나 취약하고 우발적인 것인지를 분명히 보여 준다. 우리는 또한 자본주의적 성장에 필요한 안정적이고 실행 가능한 제도들을 확립하기 위해서는 정치적 주도권, 전통적인 제도들을 시장에 적응시키는 데 필요한 풍부한 [지적이고 물질적인_옮긴이] 자원, 인내심, 불굴의 노력은 물론 어느 정도의 운도 필요하다는 사실을 알고 있다. 실행 가능한 자본주의적 제도들은, 시장으로부터 정치적 개입이라는 유산이 제거되고 난 뒤에나 명시적으로 나타날, 자생적으로 발생하는 사회현상이 아니다. "인간 본성"은, 그것이 진보적 자본주의를 창조하는 것만큼이나, 잘 변화하지 않고 약육강식적인 권력 위계를 창출한 것으로 보인다.

따라서 우리는 자본주의 그 자체의 확장을 통해 빈곤과 불평등이 해결되리라 기대할 수 없다. 자본축적은 물질적 부를 증가시킬 것이지만, 그런 부를 불균등하게 분배할 것이다. 사실 자본축적은 현존하는 부와 공동체의 자원을 파괴함으로써 새로운 삶의 방식과 부의 원천을 창조한다. 자본축적 그 자체는 우리가 경험하고 있는 거대한 규모의 빈곤이 지배하는 대립적이고 갈등적인 세계를 앞으로도 계속 재생산할 것이지만, 인간관계에서는 그 어떤 질적 차이[도약_옮긴이]도 만들어 내지 못할 것이다.

아담 스미스의 오류의 과장된 주장과는 달리, 시장 자본주의는 안정적이고, 자기 조절적인 체계가 아니다. 그것이 기능하는 데 필수적인 제도를 육성하기 위해 의식적이고 정치적인 노력이 필요한 것처럼, 이기심의 추구가 궤도를 이탈하지 않게 하기 위해서는 정치적이고 규제적인 개입이 끊임없이 요구된다. 이것이 케인스의 경제적 비전이 담고 있는 주요 주제다. 하지만 우리가 지금까지 살펴본 것처럼 아담 스미스로부터 한계주의자들에 이르기까지 이는 정치경제학의 하위 주제에 지나지 않았다. 이런 규제의 형태와 내용에 관한 논쟁의 질은 창조적인 것에서부터 진부한 것에 이르기까지 폭넓게 진동할 수 있다. 역사적으로 최선의 결과들은 대체로 중앙은행, 사회보장제도, 반독점 당국(좀 더 구체적인 문제들을 다루는)과 같은 제도들을 만들려는 온건하면서도 제한적인 노력으로부터 나온 것으로 보인다. 실용주의적인 문제 해결에 의한 것이 아니라, 이데올로기적 비전에 의해 추동되어 체계를 혁명적으로 변화시키려는 시도는 대체로 더욱 나쁜 결과를 가져왔다. 세계적 규모의 자본축적은 새로운 규제 기관의 창설, 그리고 경쟁과 총수요, 환경적 영향에 대한 통제뿐만 아니라 현존하는 규제 제도를 새로운 맥락에 적용시키려는 끊임없는 노력을 요구한다.

우리가 아담 스미스의 오류를 버린다면, 자연법칙에 필적할 만한 특정한 경제법칙이 있다는 자만 역시 버릴 수 있다. 확실히 자본주의는 예측 가능한 방식으로 사람들의 삶과 행위를 형성하며 경제 데이터로 측정 가능한 질서를 발생시킨다. 하지만 이런 통계적 현상을 보편적 원칙으로 격상시킬 수 있다는 생각은 경제학자들의 어리석은 환상에 불과하다. 우리가 이 책에서 살펴본 위대한 사상가들은 시장 자본주의 질서가 특수한 제도적 맥락 속에서 인간 행위를 반영하는 방식에 대해 놀라울 정도로 잘 설명하고 있다. 수렵·채집 사회에서는 이윤율의 균등화가 발생하지 않으며, 중세 사회에서는 비용 삭감형 기술혁신의 체계적 추구가 이루어지지 않는다. 신고전파 경제학이 매번 상기시키는 것처럼 분업의 확대는 잠재적 경제 잉여를 창조하며 그 잉여를 실현시킬 시장 교환의 가능성을 열어 놓을 것이다. 하지만 이런 현상은 "인간 본성" 또는 인간 삶 그 자체의 보편적이고 불가피한 표현이 아니다. 마르크스가 주장한 것처럼, 이런 제도들을 만들어 내는 것은 바로 인간들이며, 만약 그들이 원하고 그런 제도들을 충분히 이해하고 있다면, 변화시킬 수도 있다.

자본축적은 그 자체의 논리 — 구체적인 역사·사회적 환경 속에서 이윤 획득 기회를 이용하고 발견하는 — 를 갖고 있다. 이런 환경들은 그 자체로 끊임없이 변화하는데, 이는 부분적으로는 이윤 획득의 결과다. 자본축적과 더불어 살아가고 있다는 점에서, 우리가 그 논리를 이해하고 실천하는 것은 현명한 일이다. 우리가 이해하고 실천한다는 것은 대부분 위대한 사상가들 및 그 추종자들이 행한 지적 노동의 결과다. 하지만 자본축적의 논리를 이해한다는 것이 개인으로서나 정치적 행위자로서 시장에 대한 도덕적 판단을 포기해야 한다는 것을 의미하지는 않는다. 어떤 이윤 획득 기회를 활용한다는 것은 일부는 좋기도 하고 위험하기도 한 일련의 결과들을 수반한다. 각각의 경우에서, 좋은 결과와 나쁜 결과를 평가하는 것은 그런 행위가 도덕적으로 적절한지에 대한 물음으로부터 자유로울 수 없다. 이와 같은 평가 과정을 피해 갈 수 있는, 보편적 원칙들이 존재한다는 사고가 아담의 오류 한복판에 놓여 있다. 예를 들어 어떤 나라는 가장 빈곤한 사람들의 기본적인 생활수준을 보호하기 위해 주식으로 삼고 있는 곡물, 식용유 등과 같은 필수재에 대한 보조를 통해 시장 규칙을 위반하기도 한다. 이런 보조금은 비효율적이다. 그것들은 경제적 잉여의 실현 및 이윤율 균등화를 방해하며, 자본축적을 둔화시킨다. 이런 보조금으로부터 발생하는 부작용이 중요하며, 그것들이 적절한지, 그리고 어떤 교훈을 주는지에 대해서도 고려해야만 한다. 하지만 이와 같은 부작용을 가지고 시비를 가릴 수는 없다.

자본주의가 부를 통제하고 있는 상황에서는, 이윤 획득 기회 — 심지어 도덕적으로 매우 의심스러운 기회라 할지라도 — 의 이용을 옹호하는 사람이 부족하지는 않을[당연히 많을_옮긴이] 것이다. 아담 스미스의 오류가 가진 가장 나쁜 효과는 복잡한 상황의 한 측면[예컨대, 그와 같은 기회를 활용했을 때의 장점_옮긴이]만을 승인할 위험이 있다는 것이다. 중요한 것은, 우리가 이[아담 스미스의 오류_옮긴이]를 이데올로기라 부를지, 신학이라 부를지 아니면 단순히 소박한 편의주의[기회주의_옮긴이]라 부를지가 아니라, 이와 같은 오류가 발생할 때 이를 인식하고 그것에 저항하는 것이다.

아담의 저주에 맞서기

20세기에 발생한 하이에크와 케인스 사이의 거대한 대결 속에서, 우리는 아담 스미스의 오류가 제기한 딜레마의 중심에 이르게 된다. 오늘날 우리는 우리의 물질적 필요를 상품의 생산과 교환에 더욱 의존하게 되었다. 분업은 거의 모든 사람들이 그들 자신이 갖고 있는 자원만으로는 생존할 수 없는 수준으로 발전했다. 상품 논리가 인간 생활의 더욱 많은 영역을 포괄함에 따라, 그로부터 발생하는 모순적 효과 역시 더욱 보편적인 것이 되었으며, 더욱 벗어나기 어렵게 되었다. 선진 자본주의사회에서 나타나는 의료 부문의 만성적인 "위기"는 인간 사회가 갖고 있는 아담 스미스의 오류다. 삶과 죽음의 문제에 점점 더 큰 가격표가 붙여지게 될 때, 무자비한 화폐와 상품 논리로 말미암아 고통 받고 있는 사람들과 어떤 식으로 도덕적 공감이나 연대감을 획득할 수 있을 것인가? 하이에크의 원칙에 의거한 혁명적 자유주의나 케인스의 적당한 정도의 실용주의 사이의 어느 것도 이런 딜레마의 최종적인 해답을 제공할 수 없을 것이다.

아담 스미스의 오류의 중심에 있는 문제들이 앞으로 오게 될 수십 년의 세계사를 지배하게 될 것이다. 세계 곳곳에서 다양한 형태로 퍼져 나갈 자본주의적 발전의 돌풍은 막대한 [이윤 획득의_옮긴이] 기회를 가져올 뿐만 아니라 엄청난 규모의 사회적이며 도덕적인 압력을 만들어 낼 것이다. 세계 자본주의의 사회적 분업과 관련된 성공과 실패가 사회와 개인의 운명을 결정지을 것이다. 정치경제학은 이런 문제들을 해결할 수 있는 마법 공식을 가지고 있지는 않지만, 정치경제학의 역사를 통해 세계화 시대에 유효한 두 가지 교훈을 끌어낼 수 있을 것이다.

첫 번째, 자본주의적 경제 발전과 더불어 도덕적이고 사회적인 대립이 발생한다는 점이다. 자본주의적 기획을 채택한 사회는 구래의 사회·정치·종교적인 타협들을 불가피하게 전복하는 방식으로 전통적 삶의 방식을 변형시킬 것이다. 글로벌 자본주의를 받아들여야만 이런 변화에 대처할 수 있다는 관점은 피상적이며 자기 파멸적인 것이다. 이런 고통스러운 변화를 경험하고 있는 사회는 자신들의 문제를 구체적으로 제기하고, 인식해야만 한다. 자본주의적 발전이 전통적인 빈곤 상태로부터 많은 사람들을 구해 낼 것이라는 모호한 설교 — 기껏해야 절반 정도만 진실일 — 로부터는 얻을 것이 없다.

두 번째, 아담 스미스의 오류의 역사는 발전된 자본주의경제가 현재의 발전 단계에 도달하기까지 취했던 현실적 경로의 다양성을 보여 준다. 자본주의 발전의 유일한 경로는 없고, 불균등한 번영의 출현을 재촉하거나 이에 수반되는 사회적 재난들을 경감시키는 마법 공식 역시 없다. 선진 자본주의사회들은 자본주의가 전 지구적 규모에서 작동하는 "세계 질서"를 창조한다는 명분 아래에서 빈곤한 사회들에게 길을 열어 주었기보다는 길을 막는 경우가 있었다. 우리가 자본주의적 발전이 가져오는 복잡한 문제들과 충격을 어느 정도 인식한다면, 각 사회 스스로 아담 스미스의 오류의 딜레마를 헤쳐 나갈 수 있는 그들 자신의 경로를 찾을 수 있도록 잘 충고할 수도 있을 것이다. 모든 사회는 이른바 시장 법칙과의 특정한 타협을 형성한다. 결국 내가 이 책에서 보여 주려고 했던 것처럼 자본주의의 물질적 부는 인간의 창의성과 근면, 노력으로부터 발생하는 것이지 시장 법칙에 대한 고결한 충성으로부터 나오는 것은 아니다.

이런 역사적 도전에 직면해 우리는 위대한 정치경제학자들이 만들어 놓은 다수의 지식들을 자원으로 보유하고 있다. 이런 지식은 과학적인 것만큼이나 신학적이고, 가치 의존적인 것이며 풀리지 않는 양가성으로 가득 차있기는 하지만, 여전히 우리의 지식이다. 정치경제학에 대한 비판적이고 회의적인 이해를 통해서만 우리는 산업자본주의가 풀어 놓은 물질적 풍요에 대한 약속이 현대사회의 고질적 문제들과 얼마나 깊이 연관되어 있는지 알 수 있을 것이다. 이런 과정에서 정치경제학은 [우리가 직면하고 있는_옮긴이] 어려운 문제들에 대해 [세계화 시대에 제시하였던_옮긴이] 태평스러운(실제로는 가혹한) 해답만을 내놓을 수는 없을 것이다. 하지만 그것은 무비판적으로 승인된 단순화의 그물망을 제거할 수 있고, 생각해 볼 필요가 있는 복잡한 문제들을 조명해 줄 수 있다.

위 대한 고전 경제학자들에 대한 나의 견해가 그들의 삶과 성격, 그들이 말해야만 하는 것들에 대한 호기심(또는 그들의 사상에 대한 나의 해석을 믿을 수 없다면)을 자극했다면, 그들의 저서와 전기, 정치경제학에 관한 논문들을 읽어 보고 싶을 것이다. 그들이 제기한 문제들 가운데 일부는 전문적이고 심지어는 극소수의 사람들만이 이해할 수 있을 정도로 정교한 연구 문헌들과 비판을 양산했지만, 공식적인 경제학적 또는 수학적 훈련을 요구하지 않는 저술 역시 이 가운데 많이 있다.

아담 스미스의 저작들은 일관되게 이해하기 어렵기는 하지만, 읽기는 쉽다. 에드윈 캐넌^{Edwin Cannan}이 편집하고 시카고대학교 출판부에서 출판한 『국부론』[김수행 옮김, 비봉출판사, 2007]이 표준적이지만, 그 외에도 좋은 판본들이 많이 있다. 브루스 매즐리쉬^{Bruce Mazlish}는 도버^{Dover}출판사에서 유용한 축약본을 내놓았으며, 로렌스 딕키^{Laurance Dickey}가 해켓^{Hackett}출판사에서 출판한 해설이 달린 축약본도 있다. 아담 스미스의 작업에 대한 수많은 비판적 연구들에서 나타나는 최대의 결함은 아담 스미스의 오류의 최신 판본, 특히 한계주의자와 신고전파 경제학의 정식화를 통해 그를 읽게 만드는 유혹이다. 물론 스미스는 이런 방식으로 재정식화할 수 있는 여지를 남기지 않았다.

맬서스의 『인구론』 또한 유명할 뿐만 아니라 자주 재출간되고 있다. 초판본은 이후의 개정본과 다르기 때문에 초판본이 함께 들어 있는 판본[1]을 갖고 있는 것이 도움이 된다. 테일러 앤 프랜시스Taylor and Francis출판사에 출간한 『진보와 빈곤, 그리고 인구 : 콩도르세, 고드윈, 맬서스에 대한 재독해』Progress, Poverty, and PopulatioOn: Re-Reading Condorcet, Godwin, and Malthus에서 존 에이버리John Avery는 내가 이 책에서 보여 주려고 했던 프랑스대혁명에서 촉발된 이데올로기·정치적 맥락에서 맬서스를 해석하고 있다.

리카도의 가장 중요한 저작은 『정치경제학과 조세에 대한 원리』인데, 편집이 잘 되어 있고, 그리 비싸지도 않은 많은 판본이 있다. 리카도는 영향력 있는 사상가이자 저술가였지만 그의 사상이 갖고 있는 엄격함과 추상성으로 말미암아 읽기가 쉬운 편은 아니다.

스미스, 맬서스, 그리고 리카도의 전기들은 축약된 전기적 에세이의 형태를 취하고 있는 경우가 많다. 로버트 하일브로너의 『세속의 철학자들』[장상환 옮김, 이마고, 2005]에서 출발하는 게 좋다. 칼 폴라니Karl Polanyi는 『거대한 전환』The Great Transformation : The Political and Economic Origins of Our Times[홍기빈 옮김, 길, 2009]에서 고전학파 정치경제학이 발전했던 광범위한 역사적 맥락

---

1 옮긴이_『인구론』 초판은 1798년에 출간되었는데, 일종의 팸플릿 형태였다. 이후 상당한 수정과 보완을 통해 1803년에 재출간되었으며, 이 과정에서 부제 역시 수정되었다.

을 매우 훌륭하게 요약하고 있다.

마르크스는 엄청난 양의 저술을 남겼지만, 실제로 출판된 것은 일부에 불과하다. 『공산주의자 선언』[『공산당 선언』, 강유원 옮김, 이론과실천, 2008]은 한 세기 반이 지난 오늘날에도 여전히 그 힘과 영향력을 유지하고 있으며, 마르크스의 입장을 단호하게 말해 주고 있다. 마르크스 그 자신이 실제로 출간한 『자본』 제1권[강신준 옮김, 길, 2008]을 통해 접근하는 것이 논리적인 것으로 보인다. 나머지 두 권은 엥겔스가 마르크스의 미출간 노트를 편집해 출간한 것이다(영어권 독자들 사이에서는 펭귄^{Penguin}출판사에서 출간한 벤 포크 ^{Ben Fowkes}의 번역본이 표준판이 되었다[『자본론』, 김수행 옮김, 비봉출판사, 1989]). 『자본』 제1권의 첫 세 장은 해석과 이해가 어려운 것으로 유명한데, 마르크스의 전체적 비전을 이해하기 위해 초보적 독해를 하는 과정에서는 읽지 않고 넘어가도 무방하다. 『자본』 1권의 첫 세 장에 나오는 많은 부분이 모리스 돕^{Maurice Dobb}이 편집하고 인터내셔널출판사에서 출간된 『정치경제학 비판을 위하여』^{Contribution to the Critique of Political Economy}[김호균 옮김, 중원문화, 2007]에서 설명되고 있다. 또한 이 판본은 마르크스가 원본에서 빼버린 중요한 방법론적 서문을 포함하고 있다. 불행하게도, 마르크스는 자신의 생각을 이런 두 판본으로 표현하고 있는데, 이런 과정에서 몇몇 기술적 용어가 바뀌었다. 『자본』 배후에 있는 정치경제학에 대한 자신의 사상을 명확히 하기 위해 저술한 광범위한 노트인 『요강』[『정치경제학 비판 요강』, 김호균 옮김, 그린비, 2007]이 있다. 호기심과 시간이 충분하다면 『요강』에서 마르크스 후기 사상을 이해할 수 있는 매우 유용한 관점을 얻을 수 있을 것이다.

마르크스 전기 가운데 추천할 만한 것은 없다. 수많은 전기가 있지만, 마르크스의 삶에 대한 기본적 윤곽만을 비슷하게 말하고 있을 뿐이다. 내가 추천을 꺼리는 한 가지 이유는, 마르크스가 이미 자신이 살던 시대에 그의 반대자 및 지지자들 모두에게 강력한 정치·이데올로기적인 상징이 되었기 때문이다. 전기 작가들은 마르크스와 마르크스의 저작들에 주어진 긍정적이거나 부정적인 편견들로부터 자유롭기 어려웠다. 마르크스의 언어(그리고 어떤 측면에서는 사상)는 오늘날의 시각에서 보기에는 그 당시 (유럽의) 인종주의적이고 성차별주의적인 가정을 포함하고 있다. 그러나 그것들은 전기를 어떻게 해석할 것인지와 연관된 또 다른 해석적 논쟁들을 필요로 한다.

엥겔스와 마르크스의 딸인 엘리노어Eleanor처럼 그의 주변에 있었던 사람들을 통해 그에게 접근하는 것이 좋을 것 같다. 스티븐 마커스Steven Marcus가 노턴Norton에서 출간한 『엥겔스, 맨체스터, 그리고 노동자계급』Engels, Manchester, and the Working Class은 마르크스와 엥겔스의 열정적인 정치경제학이 발전할 수 있었던 사회적 전환기를 선명하게 그려 내고 있다.

한계주의자들과 신고전파 경제학의 창시자들은 명확하게 글을 썼지만(이들 중 대부분이 적어도 부분적으로는 수학자로서 교육을 받은 사람들이다), 경제학사에 대한 전문적인 관심을 가지지 않은 사람들에게 추천하기에는 곤란하다. 존 베이츠 클라크의 『부의 분배 : 임금·이자·이윤에 대한 이론』Distribution of Wealth : A Theory of Wages, Interest, and Profits은 그들의 다른 모든 작업들과 마찬가지로 분석적 논리와 독단적 이데올로기의 혼합물이다. 당대의 사회·정치·과학의 지적 발전과 한계주의자 운동 사이의 관계에 대한 이야기를 살펴보는 것도 매우 재미있다. 필립 미로우스키Philip Mirowski가 케임브리지대학교 출판부에서 출간한 『빛보다 더 뜨겁게』More Heat that Light : Economics as Social Physics, Physics as Nature's Economics는 이런 문제에 대해 매우 명석하게 지적하고 있다.

소스타인 베블런을 읽고 있노라면 시간 가는 줄 모를 것이다. 도버출판사에 출간한 『유한계급론』*Theory of the Leisure Class*[김성균 옮김, 우물이있는집, 2005]은 몇 해 전 내가 가르쳤던 대학원 1학년생 세미나에서 기대하지 않았던 반응을 얻었다. 베블런은 그 장엄한 과학적 산문을 통해 풍자적 정밀성으로 목표를 후려치는 하나의 캐릭터(다소 우울하고 화를 잘 내지만, "객관적인" 사회적 관찰자인 베블런 그 자신)를 창조해 냈다. 내가 좋아하는 다른 책은 『미국의 고등교육』*The Higher Learning in America : A memorandum(Kessinger)*이다. 『현대 문명과 과학의 장소』*The Place of Science in Modern Civilization and Other Essays*는 베블런의 비판적인 사회·경제적 연구 논문을 모은 선집인데, 그것은 논란의 여지가 없이 사회과학적 교리의 기원이 된 매우 귀중한 자료다. 조셉 도프먼*Joseph Dorfman*의 『소스타인 베블런과 미국』*Thorstein Veblen and His America*은 미국 사회와 미국 대학, 베블런 사이의 매우 재밌고도 소란스러운 관계를 잘 묘사하고 있다.

케인스의 가장 영향력 있는 책은 하코트*Harcourt*출판사에서 출간한 『고용·이자·화폐의 일반 이론』[이주명 옮김, 필맥, 2010]이다. 매우 명석한 그리고 많이 인용되곤 하는 문장들이 있기는 하지만 읽기는 어렵다. 케인스는 충분히 명확한 비전을 가지고 있었지만 몇몇 조력자들과 함께 책을 서둘러서 완성한 편이었고, 결과적으로 기술적으로나 논리적으로 모호한 결말을 내놓게 되었다. 노턴출판사에서 나온 『설득을 위한 에세이』*Essays in Persuasion*[『설득의 경제학』, 정명진 옮김, 부글북스, 2009]와 같은 그의 세계관이 담긴 에세이들로부터 접근하는 것이 훨씬 쉽다. 케인스의 삶은 전기 작가들이 탐낼 만한 매우 좋은 소재다. 도널드 모그리지*Donald Moggridge*의 『메이너드 케인스』*Maynard Keynes : An Economist's Biography*(Taylor and Francis)와 세 권으로 이루어진 로버트 스키델스키*Robert Skidelsky*의 『존 메이너드 케인스』*John Maynard*

Keynes[고세훈 옮김, 후마니타스, 2009]는 흥미진진하다.

하이에크의 작업을 살펴볼 수 있는 방법은 다양하다. 내가 생각하기에는 그의 에세이를 모아 놓은 『개인주의와 경제주의』*Individualism and Economic Order*가 그의 사상을 보는 데에는 제일 좋다. 하이에크의 비판적이면서 심지어는 혁명적인 사상을 지나친 수사적 표현 없이도 이 저서를 통해 명확하게 볼 수가 있다.

슘페터의 작업을 살펴보는 데에는 『자본주의, 사회주의, 그리고 민주주의』*Capitalism, Socialism, and Democracy*가 제일 좋다. 이런 중량감 있는 작업에도 불구하고 이 작업 자체는 통찰력 있고 뛰어난 문장들이 유사한 아이디어들의 반복 속에 산재되어 있을 뿐만 아니라, 그 자체로 불균등하며, 편집도 불균등하다. 슘페터는 자신의 광범위한 독서와 깊은 학식을 보여 줌과 동시에 과학으로서의 경제학 발전에 대한 색다른 해석을 제시하는 『경제 분석의 역사』*History of Economic Analysis*를 쓰기도 했다.

인구학적 균형

(이 책의 77-78쪽, 81-84쪽을 참조)

맬서스가 자신의 논의(그 수학적 성격으로 인해 방정식 형태로 나타낼 수 있었음에도 불구하고)를 그래프로 나타낸 것은 아니지만, 우리는 그래프를 통해 그의 논의를 훨씬 잘 이해할 수 있다.

〈그림 1〉의 수평축은 "실질임금" — 기본적으로 노동자들이 식탁이 올려놓을 수 있는 음식의 양 — 을 나타낸다. 수직축은 출생률과 사망률(살아 있는 사람 천 명당 출생과 사망의 수)을 표시한다. 맬서스가 제안한 인구와 식량 공급의 법칙은 각 생활수준에 따른 출생률을 보여 주는 출생률 곡선과 사망률을 보여 주는 사망률 곡선을 나타내는 그림으로 요약될 수 있다.

출생률 곡선은 더 높은 실질임금으로 말미암아 발생하는 조기 결혼과 태아의 더 나은 영양 상태를 반영해 상승하는 형태로 그려져 있다. 사망률은 높은 수준에서 출발해 균형 실질임금 수준에 가까이 오면 급격하게 떨

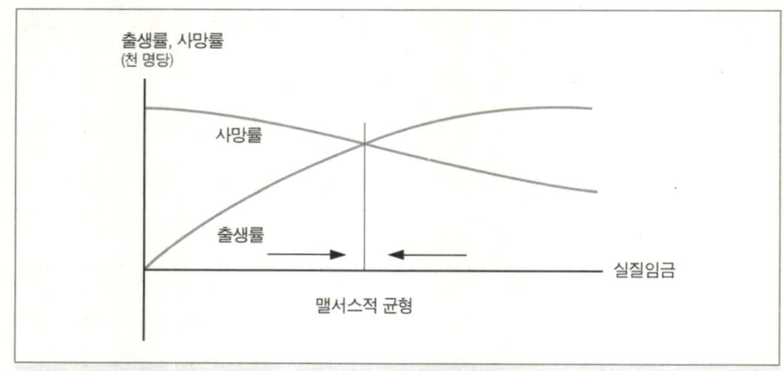

그림 1 | 맬서스의 인구 모형은 수직축의 출생률 및 사망률과 수평축의 실질임금으로 측정되는 생활수준을 연결하고 있다. 출생률 곡선은 생활수준에 따라 출생률이 천천히 상승함을 보여 주고 있다. 사망률 곡선은 실질임금의 상승에 따라서 사망률, 특히 유아 사망률이 급격히 떨어짐을 나타내고 있다. 두 개의 곡선 사이의 교차점에서 자연 임금률이 결정되고, 여기에서 인구는 안정화된다. 만약 제한된 토지 자원에서 기인하는 고용에 따라 수확체감이 존재한다면, 실질임금의 상승으로 말미암아 나중에 실질임금의 하락 압력을 일으킬 인구 증가를 촉진하기 때문에 이런 균형은 안정적이다.

어지는 모습을 보인다. 이런 모양은 유아 사망률이 다소 낮은 수준의 실질임금에 매우 민감하게 반응한다는 맬서스의 생각을 표현하기 위한 것이다. 이런 생존 실질임금은 생물학적으로만 규정되는 것이 아니라, 부분적으로는 문화적이며 사회적으로 결정된다. 이는 주어진 사회와 시대에서, 정상적 재생산이 쇠퇴하기 시작하는 생활수준을 나타낸다.

출생률과 사망률이 교차하는 지점이 균형인데, 여기에서 인구의 변동은 없으며, 사망률과 출생률이 같아진다. 맬서스는 이용 가능한 토지가 제한되어 있고, 인구에 대한 수확체감이 존재한다는 가정 아래에서 이런 균형은 안정적이라고 가정했다. 왜냐하면 사망률이 출생률 아래로 떨어질 때 나타나는 인구 증가는 식량 가격을 높이고, 실질임금을 낮추는 경향이 있기 때문이다(좀 더 장기적으로 보면, 증가된 인구로 노동 공급이 증가할 것이며, 이는 임금률을 낮추는 경향이 있다). 대칭적으로 실질임금이 균형 수준 아래

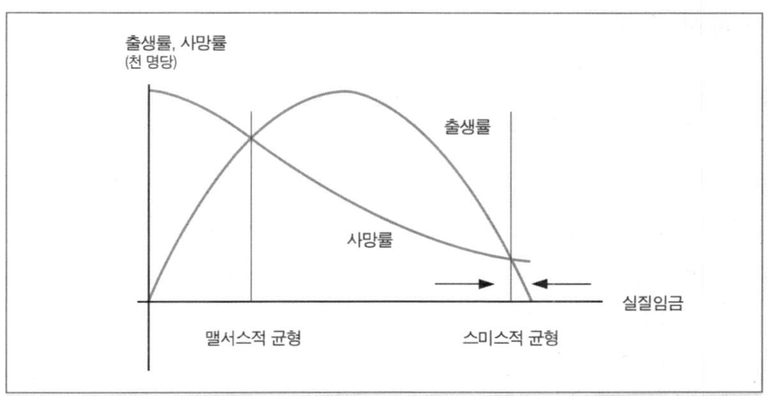

그림 2 | 경제가 산업화됨에 따라 경험할 수 있는 인구학적 이행은 실질임금이 증가함에 따라 처음에는 증가하지만 나중에는 하락하는 출생률 곡선을 통한 맬서스 모형의 확장 속에 관찰될 수 있다. 이를 통해 두 개의 균형, 즉 높은 사망률과 출생률 수준의 낮은 실질임금을 나타내는 맬서스적 균형과 낮은 사망률과 출생률 수준의 높은 실질임금을 나타내는 스미스적 균형이 나타난다. 스미스적 균형은 분업에 의한 인구에 대한 수확 증가가 존재하기 때문에 안정적이다.

있을 때 나타나는 유아 사망률의 증가는 식량 공급에 대한 압력을 경감시키고 식량 가격을 낮추며, 실질임금을 상승시킨다.

만약 더 큰 스케일 위에 맬서스의 모형을 나타내는 그래프를 그릴 수 있다면 〈그림 2〉와 같은 인구학적 전환의 이론적 의미를 인식할 수 있다. 이 그림에는 맬서스의 모형과는 다른 균형이 존재할 가능성이 있다. 첫 번째 균형은 높은 사망률과 출생률을 동반하는 낮은 실질임금에서 나타난다. 이것이 맬서스가 묘사한 균형이다. 만약 수확 감소로 인해 임금이 인구 증가에 따라 감소한다면 이 균형은 안정적이다. 하지만 또 다른 균형이 존재할 수 있는데, 이는 낮은 출생률과 사망률을 동반하는 높은 실질임금 수준에서 나타난다. 만약 분업의 효과로 말미암아 인구 증가와 더불어 임금이 상승한다면 스미스적 균형은 안정적이다. 경제적으로 발전된 국가들이 이런 균형에 접근하는 징후를 나타내고 있다.

화폐와 물가에 대한 이론

리카도의 물가에 대한 화폐 수량 이론

(이 책의 92-94쪽을 참조)

가격지수 P로 측정되는 상품의 금 가격과 어떤 나라에서 어느 한 해에 팔린 상품량 Q는 한 해의 총유통 가치 PQ를 의미한다. 이런 유통을 달성하는 데 필요한 금 화폐 스톡 G는 화폐의 유통 속도 V라고 불리는 한 해 거래에 금 조각들이 참가할 수 있는 횟수에 달려 있다. 화폐 경제 내에서 이런 두 값은 일치해야만 한다[$PQ = GV$_옮긴이]. 현대 경제학에서는 이런 관계를 교환방정식이라고 부르고 있으며, 다음과 같이 쓸 수 있다.

$$P = \frac{GV}{Q}$$

리카도는 물가에 대한 화폐 수량 이론의 교환방정식을 통해 상품의 금 가격 P가 경제 내에서 유통되고 있는 금 수량 G와 유통되고 있는 상품량 Q, 그리고 화폐 유통 속도 V를 토대로 규정된다고 보고 있다. 만약 유통 속도와 유통되고 있는 상품량이 일정한 상태에서 금의 양이 증가한다면, 상품의 금 가격은 증가할 것이다. 20세기 통화주의 경제학자들은 가격 인플레이션과 디플레이션이 어떤 나라의 화폐량과 관계가 있으며, 항상 화폐량의 성장을 관리함으로써 통제할 수 있다는 리카도의 물가에 대한 화폐 수량 이론을 채택했다.

마르크스의 화폐 수량 가격 이론

(이 책의 136-137쪽을 참조)

마르크스는 자신의 금 가치에 대한 분석과는 완전히 다른 원칙을 기초로 경제 내의 상품을 유통시키는 데 필요한 금량을 분석했다. 가격지수 P로 측정되는 상품의 금 가격과 수량 지수 Q로 측정되는 한 해에 유통되고 있는 상품량은 한 해의 **총유통** PQ를 결정한다. 이런 유통을 달성하는 데 필요한 금 화폐 스톡 G는 한 해 금 조각이 거래에 참가할 수 있는 횟수, 즉 화폐의 유통 속도 V에 달려 있다. 마르크스가 말로 설명한 것은 바로 교환방정식이지만, 그 형태가 다르다.

$$G = \frac{PQ}{V}$$

상품유통을 위해 필요한 금 스톡은 총유통 PQ과 정관계에 있으며, 화폐의 유통 속도 V와는 역관계에 있다. 마르크스의 이론에서 교환방정식은 상품의 금 가격 P, 유통되고 있는 상품량 Q, 그리고 화폐의 유통 속도 V를 기초로 경제 내에서 유통되고 있는 금의 양을 규정한다. 따라서 교환방정식에 대한 마르크스의 해석은 리카도와 정확히 반대다. 마르크스가 보기에 상품의 금 가격 변화는 유통 중에 있는 금 화폐 수량에 영향을 준다. 리카도는 이를 정반대로 보고 있었다.

리카도의 지대 이론과 축적

(이 책의 98-107쪽을 참조)

한 나라 전체 농업 경제를 가시적으로 보기 위해 〈그림 3〉은 한 노동자에 의해 경작될 수 있는 각 토지의 표준적 구획을 수평축의 비옥도 순서를 따라 배치했다. 수평축 위에 있는 모든 지점은 특정한 작은 토지 구획을 나타낸다. 각 토지 구획은 한 명의 노동자와 고정된 "1회분"의 자본을 사용할 수 있기 때문에, 수평축에 나타나는 원점으로부터의 거리는 농업에 사용된 자본과 주어진 비옥도 수준까지의 토지에 사용된 농업 노동자의 수를 나타낸다.

리카도의 추상 모델에서 산업 노동자는 농업 노동자(와 산업 노동자)에 필요한 옷, 연장, 가구 등을 생산하는 데 고용되기 때문에, 산업 부문의 규모는 농업 고용량에 의해 결정된다. 따라서 기술 및 소비와 다양한 부문의 노동생산성의 양상이 주어진 가운데, 고용된 노동력의 규모와 전체 인구 사이에는 1 대 1의 관계가 있다. 이런 가정 아래서 수평축은 또한 그 나라의 전체 인구를 나타낸다.

〈그림 3〉의 수직축은 토지 구획당 곡물 생산을 나타내고 있다. 노동의 한계 생산물 표는 비옥도가 더 낮은 토지가 경작됨에 따라 한계적으로 노동자당 산출이 하락함을 보여 주고 있다. 한계 생산물 표는 매우 얇은 직사각형들로 이루어져 있으며, 각각은 하나의 토지 구획을 나타낸다. 우하향하는 한계 생산물 표는 비옥한 토지의 이용 가능성의 제한으로 말미암아 발생하는 자본과 노동의 수확체감을 나타낸다.

그 나라의 총곡물 생산은 경작되고 있는 모든 토지 구획들의 산출의 총합이기 때문에 사실상 경작되고 있는 가장 낮은 비옥도의 토지("한계 토

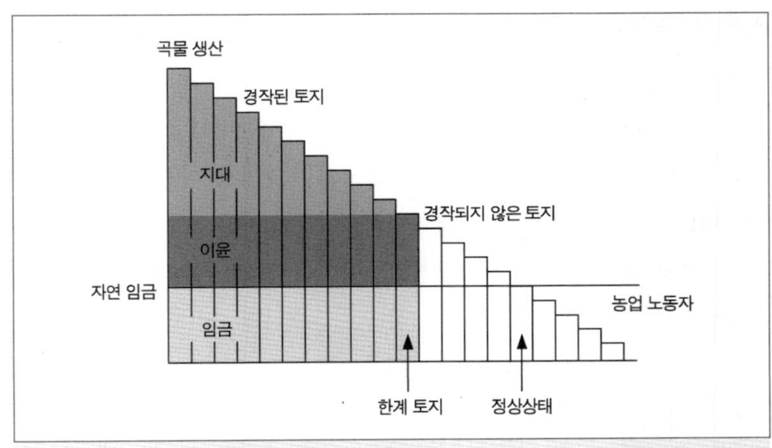

그림 3 | 리카도의 분배와 축적 이론. 수평축은 비옥도에 따라 경작 중에 있는 토지를 나타낸다. 토지 척도의 단위는 노동자가 한 해에 경작할 수 있는 양이므로, 수평축은 농업인구 및 총인구를 나타내기도 한다. 수직축은 토지의 비옥도를 나타낸다. 토지는 비옥도의 순서에 따라 경작된다. 한계 토지의 산출물은 이윤과 임금으로 분할된다. 가장 비옥한 토지가 지대를 결정한다. 경제의 총지대는 한계 토지의 산출 위에 있는 삼각지역이다. 총이윤은 자연 임금 위에 있는 직사각형이다. 정상상태는 인구가 너무 많아서 경작 중인 한계 토지가 단지 자연 임금을 지불할 만큼만의 곡물을 생산할 때 발생한다.

지")까지에 각각 대응하는 한계 생산물들의 합으로 측정된다.

이런 식으로 그래프를 그린 것은 노동자들이 점점 더 나쁜 토지를 경작해야만 하기 때문에 총인구 증가에 따른 노동자당 산출의 하락을 의미한다. 그래프는 고용에 대한 수확체감을 보여 준다.

〈그림 3〉에서 경작되고 있는 모든 토지 구획의 기대 수준은 그 구획의 곡물 생산과 한계 토지의 곡물 생산 사이의 차이가 될 것이다[즉, 지대는 경작되고 있는 토지와 한계 토지의 비옥도 차이로 인해 발생한다_옮긴이]. 총지대는 한계 구획의 왼쪽에서 한계 생산물 표에 의해 형성되는 삼각형 지역이다.

리카도의 축적 이론

곡물로 측정된 사회의 총이윤은 〈그림 3〉에서 자연 임금 위에 있는 직사각형으로 나타나고 있으며, 바깥 한계 토지로 제한되어 있다. 만약 이런 모든 이윤이 축적된다면, 다음 해에는 노동 수요가 증대할 것이며, 인구 및 농업 노동력은 증대할 것이다. 그러면 도표의 가장 바깥쪽 끄트머리는 오른쪽으로 옮겨진다. 이는 리카도의 사고에 따르는 자본축적의 기본적 동역학이다.

자본축적의 효과로 말미암아 인구, 식량 생산 및 농업 노동력이 증가하지만, 수확체감으로 말미암아 한계 토지의 잉여가 감소함에 따라 이윤율이 하락한다는 것을 도표를 통해 쉽게 확인할 수 있다. 이윤의 총량은 자본량이 이윤율의 하락보다 빠르게 증가하고 있기 때문에 자본축적의 초기 단계에는 증가할는지 모른다. 하지만 결국 이윤량 또한 하락해야만 한다. 만약 노동과 자본의 한계 생산물 — 즉, 토지 구획의 비옥도를 나타내는 직사각형 — 이 변화하지 않는다면 이윤율과 이윤량은 0에 가까워져야만 한다.

결국, 이윤율은 0으로 떨어지게 되고, 축적은 중지된다. 리카도는 이런 상황을 "정상상태"라고 불렀다. 그림이 보여 주고 있는 바와 같이 정상상태에서 경작 중인 한계 토지는 실질임금[자연 임금_옮긴이]을 지불할 만큼의 곡물만을 생산하고 있을 뿐이다.

제한된 토지의 수확체감에 직면하고 있는 자본주의경제가 정상상태에 도달하는 이유는 〈그림 3〉에서 명확한데, 결국 인구의 증대로 말미암아 한계 토지는 자연 임금을 지불할 만큼의 비옥도를 가지고 있을 뿐이며, 잉여생산물을 전혀 생산하지 못하고 있기 때문에, 따라서 이윤은 없다. 물론 자연 임금 위의 삼각형으로 나타나는 매우 많은 총곡물 잉여가 존재하고 있지만, 리카도의 가정에 따르면 이는 모두 지대 형태를 취하며 축적되지 않고, 소비된다.

상품 가치의 분해

(이 책의 149-150쪽을 참조)

노동 가치론의 관점에서 보면 자본가가 원료와 그 밖의 비노동 투입물에 지출하는 화폐는 생산된 상품을 판매할 때 자본가들에게 어떤 추가적인 수익도 창출하지 않는다. 그로 인해 마르크스는 비노동 구성 요소에 대한 자본 지출을 ("비확장 자본"이라는 더 나은 용어가 있음에도 불구하고) "불변자본"이라고 불렀다. 그것을 c라는 수학적 변수로 나타낼 수 있다. 다른 한편으로 자본가들이 임금에 지출하는 화폐는 수학적 변수 s로 표시되는 잉여가치와 더불어 회수되게 된다. 마르크스는 자본의 임금 구성 요소 부분을 "가변자본"("확장 자본"이라는 말로 더 정확히 표현할 수 있다)이라고 불렀고, v로 표시할 수 있다. $c+v$는 상품의 총비용을 나타내고, 상품의 판매 가격은 잉여가치를 포함하며, 그러므로 평균 상품의 총가치는 $c+v+s$이다. 부가가치는 $v+s$이며, 어떤 기간 동안 상품을 생산하는 데 지출된 산노동을 나타낸다.

마르크스의 자본주의 생산 분석에서 이런 구성 요소들 사이의 몇 가지 비율은 중요한 역할을 하고 있다. 비용에 대한 마크업 q는 총비용에 대한 잉여가치의 비율이다.

$$q = \frac{s}{c+v}$$

자본가들은 그들의 자본 투자가 얼마나 빨리 확장하고 있는지에 관심이 있다. 그것은 이윤율 r로 표시되는데, 특정 시기에 투자된 자본 스톡 K와 잉여가치 s의 비율이다.

$$r = \frac{s}{K}$$

총비용은 특정 시기 생산과정에 들어가는 자본 플로우로 측정된다. 비용 플로우 $c+v$와 자본 스톡 K의 비율을 자본의 회전 시간^{turnover time} T[1]라고 부른다.

$$T = \frac{K}{c+v}$$

회전 시간을 고려하면, 우리는 이윤율을 다음과 같이 쓸 수 있다.

$$r = \frac{s}{K} = \frac{s}{c+v}\,\frac{c+v}{K} = \frac{q}{T}$$

회전 시간을 명확하게 고려하려면 분석은 복잡해지므로, 마르크스와 마르크스적 전통에서 많은 경제학자들은 대체로 $T = 1$, 즉 모든 자본이 생산 기간마다 회수된다고 가정한다. 이런 경우 이윤율과 마크업은 동일하다.

---

1 옮긴이_폴리가 나타내고 있는 식에서 보다시피 고정자본의 비중의 클수록 자본의 회전 시간은 증대한다. 즉, 마르크스적 표현에 따르면 자본의 회전율(turnover rate)은 줄어드는 것이다. 경제학에서는 분석의 편의상 $T = 1$인 경우를 다루기도 하는데, 이렇게 되면 마크업과 이윤율은 동일한 의미를 지니게 된다. 이를 유동자본 모형(a model of circulating capital)이라고 부르기도 한다.

잉여가치의 사회적 원천으로 노동의 지출이 유일하다는 것을 알고 있지 못한 자본가들은 이윤을 자본 투자 덕분이라고 생각한다. 경제의 서로 다른 부문들의 이윤율을 균등화하여 이윤이 노동으토부터가 아니라 자본에서 기인하는 것으로 보이도록 하는 자본들 사이의 경쟁의 경향으로 말미암아 이런 인식은 더욱 강화된다. 마르크스는 사회적 관점에서 가장 중요한 비율이 가변자본 플로우 대비 잉여가치의 비율이라고 주장했다. 그 이유는 그런 비율을 통해 노동자의 재생산과 자본가들에 의해 영유되는 잉여가치 사이의 산노동 시간의 분할이 나타나기 때문이었다. 그는 이런 비율을 잉여가치율 또는 착취율 $e = s/v$이라고 불렀다. 하지만 마크업과 이윤율도 가변비용으로 표시되는 총비용의 비율, 마르크스가 가변자본 대비 불변자본의 비율 c/v로 나타내고, 자본의 유기적 구성이라고 부른 것에 의존하고 있다.

만약 우리가 노동 가치론의 관점에 따라 정확하기 이윤의 원천을 이해하고자 한다면 우리는 다음과 같이 마크업을 분해해야만 한다.

$$q = \frac{s}{c+v} = \frac{s/v}{(c/v)+1}$$

마르크스적 표기 방식을 통해 이윤율을 나타내면 다음과 같다.

$$r = \frac{q}{T} = \frac{s}{K} = \frac{\dfrac{s}{v}}{(\dfrac{c}{v}+1)\,T}$$

노동일

(이 책의 151-154쪽을 참조)

마르크스는 사회의 전체 노동시간을 단일한 거대 노동일로서 상상할 수 있는 사회적 노동일에 대해 암시하고 있다(〈그림 4〉). 노동 가치론은 이런 노동일이 노동이 상품에 추가한 가치에 비례한다고 주장한다. 마르크스는 여기서 암묵적으로 모든 생산이 시장을 통해 교환되고 상품 형태를 취한다고 가정했다.

임금노동시간, 즉 노동력이 상품으로 판매되어 사회에서 행해지는 노동의 분할이 노동일의 이미지를 통해 나타난다. 하지만 현실적으로 사회적 노동시간은 집안일과 아이 돌보기 같은 비임금노동시간을 포함하고 있다. 따라서 전체 사회적 노동시간은 임금노동시간 또는 부가가치보다 크고, 사회를 재생산하는 데 필요한 노동시간은 임금노동자의 지불 노동시간보다 더 크다. 〈그림 5〉는 상품 경계의 이동을 통한 비임금 필요노동시간의 임금 필요노동시간으로의 전환을 보여 주고 있다.

절대적 잉여가치와 상대적 잉여가치

마르크스는 〈그림 6〉에서 묘사되고 있는 노동자의 재생산에 필요한 노동시간을 포함하는 노동일의 연장을 절대적 잉여가치라고 불렀다.

마르크스는 기술 변화를 통한 노동자의 재생산에 필요한 노동시간의 축소를 상대적 잉여가치라고 불렀는데, 그것은 〈그림 7〉에 묘사되어 있다.

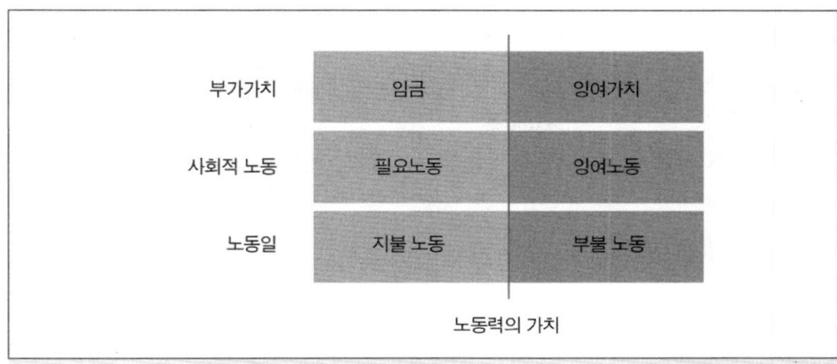

그림 4 ǀ 노동 가치론에 따르면, 노동력의 가치는 부가가치를 잉여가치와 임금으로 분할하는데, 이는 필요노동과 잉여노동 사이의 사회적 노동의 분할과 지불 노동과 부불 노동 사이의 노동일의 분할에 상응한다.

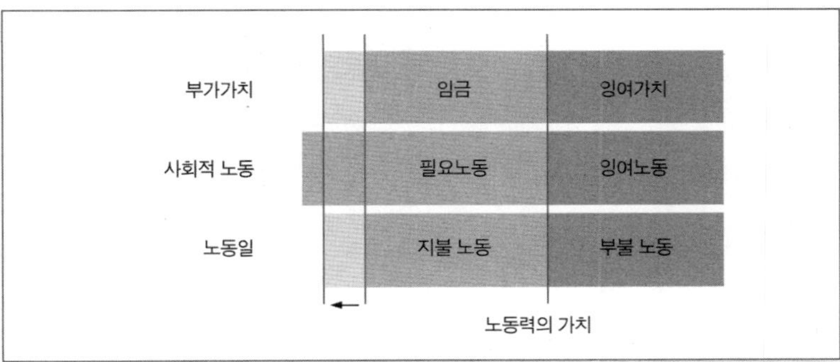

그림 5 ǀ 전체 노동일은 임노동 체계 외부에서 지출되는 필요노동시간을 포함하고 있다. 상품 체계 외부에서 수행되는 사회적 필요노동의 임금노동으로의 전환은 임금 노동일을 확장한다. 이는 상품 경계를 변화시키고, 사회적 임금노동시간을 증가시킨다.

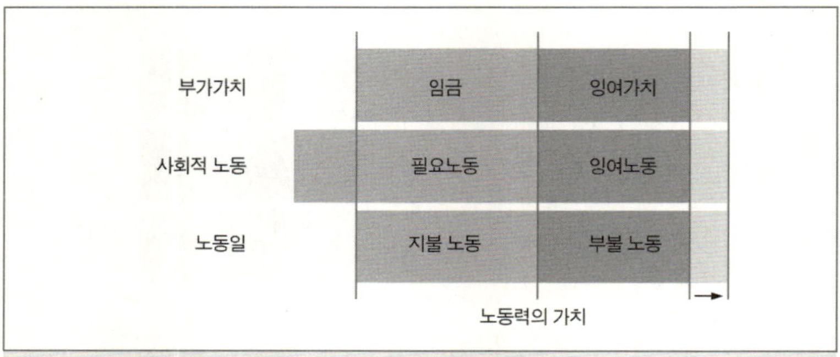

그림 6 | 절대적 잉여가치는 노동력 가치의 증가 없이 노동일을 연장한 결과다.

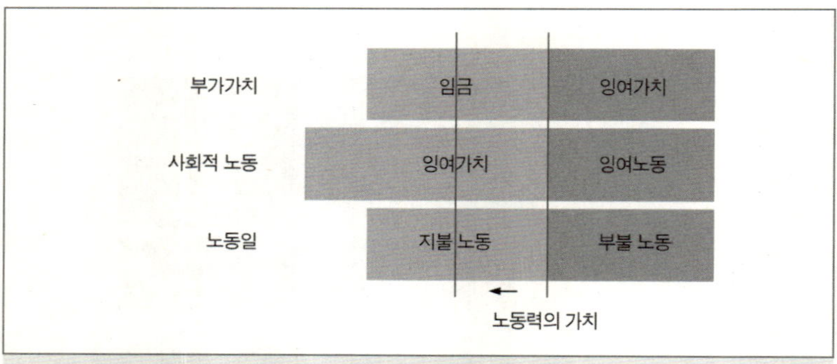

그림 7 | 상대적 잉여가치는 노동일의 연장 없이 노동력 가치를 축소시킨 결과다.

이 책은 미국의 경제학자 던컨 폴리가 쓴 *Adam's Fallacy : A Guide to Economic Theology*(2006)의 완역본이다. 2009년에 시작된 번역이 근 2년 만에 완료되어 세상에 내놓게 되었다. 옮긴이들은 여러 대학에서 시간강사로 재직하고 있는데, 대체로 시간강사들은 대학의 개론 또는 원론 과목을 맡게 된다. 옮긴이들은 이런 방식이 약간 왜곡되어 있다고 생각하지만, 이미 한국의 사정에서 그건 별로 중요하지 않다.[1] 그런 개론 또는 원론 수업에서 학생들은 경제학에 접근할 수 있는 교과서 이외의 다른 "쉬운" 책을 권해 달라는 요청을 하기도 한다. 그럴 때마다 옮긴이들은 대체로 그냥 교과서에 집중하기를 권유하는데, 이는 교과서보다 더 "쉬운" 책이라는 말

---

1 특히 경제학 과목에서 이런 "개론"과 "원론" 과목들이 갖는 의미와 차이에 대해서는 윤소영, 『현대 경제학 비판』, 공감, 2011을 참고하라.

의 함정 때문이다.

"주류 경제학" 교과서를 차분히 읽다 보면, 다른 어떤 통로를 통해서보다 쉽게 경제학적 사고방식을 익혀 나갈 수 있다. 다시 말하자면 그보다 더 쉬운 책을 어디선가 찾게 되었다면, 그 쉬움이 갖고 있는 모호한 범위와 틀로 인해 학생들은 경제학에 대한 올바른 이해로부터 더 멀어질지도 모른다(이는 주류 경제학이든 마르크스주의 경제학이든 마찬가지다). 그럼에도 불구하고 학생들은 경제학 교과서에서 나오고 있는 사고방식은 물론이고, 인간의 상호 작용을 모형화하는 과정에 대해 매우 어려워한다. 물론 이는 대체로 경제학을 처음 접하는 학생들의 경우에 해당한다. 이렇게 어려워하던 학생들도 세월이 지나 졸업할 때에 이르면 "선택과 기회비용"이라는 개념을 통해 농담을 만들어 낼 정도의 "경제학적 인간"으로 발돋움한다.

우리가 이 책을 한글로 옮긴 첫 번째 이유는 이런 "경제학적 인간"으로 가는 과정에 일정 정도 개입하기 위해서였다. "경제학적 인간"으로 만들어지는 과정에서, 이 책의 저자인 던컨 폴리가 말하는 "아담 스미스의 오류"가 작동한다. 그것은 경제학을 정치적 대립이나 여타 다른 사회적 과정과 분리하려는 사고다. 사실 이 사고에서 낙오하는 무리들은 비합리적이고 순진한 이들로 평가받는다. 적어도 경제학적 인간들의 세계에서는 말이다. 우리는 경제학의 세계 속에서 경제를 여타 다른 사회적 과정과는 다른 자신만의 독특한 조직 원리를 갖는 독자적 체계로 파악해야만 한다고 믿게 된다. 이에 대해 아무 의심 없이 받아들여야만 할까? 이 책이 결코 "쉽지"는 않지만, 명확하고 일관된 틀을 통해 경제학과 경제학이 만들어 내는 인간들에 대해 성찰할 수 있는 기회를 제공하리라 믿는다.

경제학계 내에서는 서로를 "바보" 취급하는 게 일상화되어 있다. (마르크스를 포함한) 비주류 경제학계는 주류 경제학계를 "바보" 취급한다. 비주류 경제학을 전공하는 이들은 주류 경제학을 택한 사람들에 대해 수학적 모델의 구축과 해석에만 매몰되어 있는 "바보" 기술자들로 폄훼하기 일쑤다. 반대로 주류 경제학을 연구하는 이들은 비주류 경제학자들을 "바보" 취급한다. 주류 경제학의 언어인 수학을 못하고, 수학을 통해 도출되는 엄밀한 과정이 싫어서 비주류 경제학을 한다고 생각하기 때문이다. 비주류 경제학에서 수학적 과정에 대한 어떤 일관적인 배제가 실제로 존재하는 것이 아님에도 말이다. 이런 경제학계의 상황은 서로 간에 존재할 수 있는 이데올로기적 상황을 지양할 수 없게 하는 커다란 장애물이다.

이 책의 저자인 던컨 폴리는 바로 이런 장애물을 그 자신이 넘어섰고, 또 넘어서게 할 수 있는 몇 안 되는 인물 가운데 하나다. 이것이 우리가 이 책을 한글로 옮긴 두 번째 이유다. 옮긴이들이 많은 이들과 던컨 폴리라는 학자의 이야기를 하다 보면, 주류 경제학을 전공하는 사람들은 그를 재정학이나 화폐·금융 이론가로 알고 있고, 마르크스주의자들은 그를 신해석을 바탕으로 한 새로운 노동 가치론의 주창자로 인식하고 있으며, 최근에는 그가 복잡계 이론을 경제학에 도입하려는 인물이 아니냐고 묻는 사람들도 있다. 이런 인식의 차이는 그의 이론적 변천과 삶 그 자체의 역정에서 비롯된다. 1960년대 예일대학교에서 학위를 받았을 때 그는 주류 경제학의 입장에 있었고, 1970년대와 80년대에는 마르크스와 관련된 연구(노동 가치론 및 화폐, 그리고 성장과 경기변동)를 진행했으며, 최근에는 복잡계 이론(비선형 동역학 및 행위 기반 모형)에 대한 연구를 주로 하고 있기 때문이다.

이런 면에서 폴리야말로 서로를 "바보" 취급하는 경제학계의 관행이 헛된 일이라는 것을 알려 줄 수 있는 인물이다. 조롱, 멸시와는 다른 비판적 과정과 그 비판이 지니는 힘을 독자들이 이 책을 통해 느낄 수 있을 것이라 믿는다. 서로 다른 이론적 관점이 지적 능력의 차이에서 비롯되는 것은 아니다. 이런 차이는 오히려 정치·사회적 과정과 맞물려 있다. 독자들은 특히 주류 경제학이 순수경제학을 지향하는 경향이 있으며, 왜 정치·사회적 과정을 배제하려고 하는지에 대해 이 책을 통해 느낄 수 있을 것이다. 반대로 지금까지 비주류 경제학이 왜 다시 주류 경제학과 별반 다름없는 담론적 구조로 회귀하는 경향이 있는지에 대해서도 읽어 낼 수 있기 바란다.

이 책을 한글로 옮기게 된 세 번째 계기는 던컨 폴리의 『자본의 이해』[2]라는 또 다른 저서를 대신하기 위해서다. 옮긴이들은 마르크스주의에 관심 있는 일반인들이나 학생들로부터 『자본의 이해』를 한국에 번역 소개해 주길 요청받은 적이 많다. 폴리의 『자본의 이해』는 여러 면에서 마르크스의 『자본』을 설명하는 혁신적 교과서 가운데 하나다. 언어적 측면에서도 우리가 지금 내놓는 이 책보다 훨씬 간결하고 쉬운 말로 표현되어 있다. 그럼에도 불구하고 우리는 오히려 이 책을 통해 일반 독자들과 학생들이 폴리의 마르크스에 대한 관점에 훨씬 쉽게 접근할 수 있으리라 생각했다. 책을 펼쳐 보면 알겠지만 여타 다른 경제학사 책과는 달리 마르크스 부분이 무려 이 책의 4분의 1 정도 차지하고 있다. 그리고 다른 책들에서 마르크스를 조롱하고 심지어는 악마화하기도 하며, 설령 다루더라도 중요한 문제 제기를 "했던" 역사 속의 한 인물로 다루는 데 반해, 이 책에서 다루는 마르크스는 살아 숨쉬는 마르크스다. 그렇다고 이 책에서 다뤄지는 마르크스가 일부 "정통" 마르크스주의자들이 주장하는 것처럼 "무오류"의 마르크스는 절대 아니다. 마르크스는 경제학에 대한 "가장 엄격한 비판자"

---

2 D. Foley, *Understanding Capital, Marx's Economic Theory*, Harvard University Press, 1986.

이지만 그조차 넘어서지 못한 장애물이 있었다. 폴리는 마르크스를 살아 숨쉬게 하는 동시에 그 한계를 분명하게 평가하고 있다. 마르크스를 다른 경제학자들 또는 경제학적 담론들과 병렬적으로 서술함으로써, 살아 숨쉬는 마르크스는 빛을 더욱 발할 수 있게 된다.

옮긴이 가운데 김덕민은 대학원 과정 내내 던컨 폴리로부터 많은 도움을 받았다. 던컨 폴리를 알게 된 건 한신대학교에 재직 중인 윤소영 선생님과 프랑스의 제라르 뒤메닐 선생님의 작업을 통해서였다. 당시 옮긴이는 대학원에 입학해 마르크스의 거시 동역학^{macrodynamics}(이윤율 저하와 그와 관련된 기술 및 분배 동역학 이론 및 경기변동론)에 대한 관심이 많았는데, 딱히 어떤 식으로 공부해야 하는지 알 수도 없었고, 가르쳐 주는 사람도 없었다. 그때 용기를 내어 던컨 폴리 선생에게 메일을 보냈는데, 그는 아주 성실하게 답해 주었고 격려를 잊지 않았다. 이와 더불어, 폴리 선생은 자신의 논의를 담고 있는 다른 논문들을 소개해 주었고, 덧붙여 제라르 뒤메닐과 도미니크 레비의 작업을 소개해 주었다. 결국 이런 자료를 기초로 경제학과 내에서 세미나를 진행하고 석사 학위 논문을 작성할 수 있었으며, 박사 학위 논문도 관련된 주제로 준비 중이다. 나중에 알게 된 사실이지만 뒤메닐 선생과 폴리 선생은 뒤메닐이 미국을 방문할 때마다 폴리의 집에 묵을 정도로 굉장히 가까운 사이였다. 그분들의 논의를 이 책을 통해 소개할 수 있게 되어 매우 기쁘다. 하지만 폴리 선생이 현재 여러 가지 다른 일들로 과부하가 걸려 있는 상태라 한국어판 서문을 직접 작성해 주지 못하게 된 점은 매우 아쉽게 생각한다.

　이 번역은 고려대학교에서 같이 공부하고 있는 법학과의 유승익 및 서양사학과의 김동혁과의 세미나에서 비롯된 것이다. 우리는 윤소영 선생님의 일반화된 마르크스주의 작업에 영향을 받았지만, 그와는 독립적으로 경제학 및 신자유주의 비판, 마르크스주의적 정치에 대해 근 몇 년간 함께 연구했다. 그린비출판사에서 번역 출간한 『네오리버럴리즘』(알프레도 사드-필류·데버러 존스턴, 2009)과 『현대 마르크스주의 경제학』(도미니크 레비·제라르 뒤메닐, 2009)은 바로 이런 과정의 산물이다. 우리는 이를 통해 신자유주의 비판과 현대적 의미의 경제학 비판을 소개하려 했다. 이번에 소개하는 이 책은 이런 현대적 비판에 접근하기 위한 전 단계로서 마련되었다. 이 책을 통해 신자유주의와 현대적 의미의 경제학 비판에 접근하는 것이 더욱 용이해질 것이라 믿는다. 앞으로 우리는 제라르 뒤메닐과 도미니크 레비가 2011년 발간한 『신자유주의의 위기』[3]를 소개함으로써 현재 진행되고 있는 구조적 위기에 대한 논의를 심화할 것이며, 자크 비데와 제라르 뒤메닐의 『대안 마르크스주의』[4]를 통해 긍정적 대안과 윤리를 제시하는 또 다른 마르크스주의를 소개할 예정이다. 또한 우리는 이들의 작업(주로 제라르 뒤메닐, 도미니크 레비, 자크 비데) 이외에도 (언어적 장벽이나 여타 다른 이유에서 소개되지 못한) 또 다른 세계를 위한 대안적 마르크스주의에 바탕이 되는 현실 사회주의의 동역학 및 20세기 자본주의에 대한 새로운 관점을 제시하는 더욱 많은 글들을 소개하려고 노력 중이다.

　　마지막으로 번역 원고를 꼼꼼히 검토하여 초기의 거친 원고를 지금의 모습이 될 수 있게 큰 힘을 보태 준 후마니타스의 안중철 편집장 및 편집진에게 큰 감사의 인사를 드리고, 최종 원고의 부족한 부분을 다시 한 번

---

3 G. Duménil and D. Lévy, *The Crisis of Neoliberalism*, Harvard University Press, 2011.

4 J. Bidet et G. Duménil, *Altermarxisme. Un autre marxisme pour un autre monde*, PUF, 2007.

걸러 내주고 개념상의 오류들을 지적해 주신 부산대학교 사회학과의 안정옥 선생님께 감사드린다. 물론 여전히 남아 있을지 모르는 오류와 오역은 전적으로 옮긴이들의 책임이다. 이후의 여러 조언들은 쇄가 거듭된다면, 계속 반영할 예정이다.

우리를 도와주신 모든 분들과 앞으로 만나게 될 또 다른 사람들에게 이 책이 또 다른 하나의 계기를 마련해 주기를 바란다. 그리고 던컨 폴리 선생으로부터 도움을 받은 세미나에 함께 참여하면서 마르크스주의적 동역학을 함께 연구했고, 옮긴이들에게 큰 영향을 준 고 최임철 군에게 이 작은 번역서를 바친다. 그와 함께 한 작업이 없었다면 현재의 우리도 없었을 것이다.

2011년 4월 18일
김덕민, 김민수

찾아보기

ㄱ

가변자본 150, 295, 297

경매인 211

경제 신학 12, 19, 65, 265

경제적 잉여 207~210, 218, 222, 250, 252, 253, 257, 270, 277

경제적 지대 102

계급 대립 125, 126, 152, 215

계급사회 123, 125, 129, 130, 145, 149, 187

계급투쟁 130, 173, 176, 178

고드윈, 윌리엄(William Godwin) 70, 72, 76, 81, 144, 282

『고용·화폐·이자에 대한 일반 이론』 225, 227, 232, 240, 246, 285

고전학파 17, 36~39, 126, 130, 131, 170, 171, 176, 194, 195, 197, 201, 207, 213, 215, 216, 228~ 230, 232, 244, 282

고정 설비 비용 24

고정자본 35, 44, 48, 49, 53, 233, 296

『고타강령 비판』 118, 187

곡물법 107

공리주의 194, 209, 214

『공산주의자 선언』 117, 127, 186, 189, 268, 283

공산주의 71, 117, 127, 129, 166, 169, 184, 186, 189, 227, 257, 268, 283

과시적 소비 217, 218, 259, 270

과잉생산 위기 174

과잉투자 248

교환가치 132, 133, 135~140, 146, 147, 195, 218

교환방정식 92, 93, 137, 290, 291

구성 가치론 36, 39, 47, 64, 65, 88

구체 노동 138

국내총생산(GDP) 20, 35, 140, 243

국내총생산(GDP) 디플레이터 20

국민소득 55~57, 177, 248

『국부론』 10, 11, 16, 36, 46, 47, 64, 66, 170, 281

규범 경제학 264

그랜트, 던컨(Duncan Grant) 223

금리생활자의 안락사 245

금융 체계 263

금융시장 237, 238, 243, 248, 254

기독교 69, 120, 126

기술 변화 10, 22, 27, 28, 61, 107~109, 112, 125, 128, 155, 156, 158, 159, 179, 190, 256, 258, 263, 267, 298

기술혁신 112, 154, 156, 157, 220, 273, 276

기업가 239, 240, 252, 257, 258, 265, 273

기회비용 91, 302

ㄴ

나이트, 프랭크(Frank Knight) 237

노동 가치론 30~33, 36, 47, 64, 88~91, 94~97, 110, 131, 137, 139~141, 145~147, 149~151, 195, 212, 295, 297~299, 303

노동 예비군 159~161, 171, 178, 179, 189, 190

노동 절약적 기술 변화 179

노동력 100, 102, 105, 131, 132, 145, 147~149, 152~156, 158~160, 177, 179, 203, 207, 208, 228, 236, 273, 274, 292, 294, 298~300

노동생산성 20~22, 24, 27, 28, 30, 39, 52, 65, 70, 71, 75, 82~84, 110, 144, 154, 159, 168~172, 176, 177, 179, 180, 189, 190, 245, 246, 265, 292

노동시간 20, 30, 33, 34, 36, 47, 89, 98, 125, 130, 140, 141, 147, 149, 151~153, 165, 174, 175, 195, 196, 203, 298, 299

노동시장 38, 39, 153, 159, 160, 228, 232, 233, 235, 236, 268

노동의 화폐적 표현 151

노동일 20, 151~154, 298~300
『노예로의 길』 254
노예제 124, 125, 128~130, 148, 187, 268

ㄷ

다윈, 찰스(Charles Darwin) 76
단기적 균형 240, 241
단기적 기대 239~241
단순노동 139
독점 45, 59, 213, 228, 276
디즈레일리, 벤저민(Benjamin Disraeli) 172
디킨스, 찰스(Charles Dickens) 78
디플레이션 226, 234, 290

ㄹ

라살, 페르디난트(Ferdinand Lassalle) 188
러너, 아바(Abba Lerner) 251, 269
러시아 공산주의 182, 183
로빈슨, 조운(Joan Robinson) 205, 206
리카도, 데이비드(David Ricardo) 9, 17, 36, 43, 45,
    47, 68, 69, 77, 87~113, 119, 122, 131, 136,
    137, 139, 141, 146~148, 156, 157, 165, 171,
    174, 177, 180, 188, 194~196, 202, 205, 213,
    227, 229, 245, 257, 267, 282, 290~295

ㅁ

마르크스, 예니 폰 베스트팔렌(Jenny von
    Westphalen Marx) 118
마르크스, 칼(Karl Marx) 9, 13, 17, 19, 36, 70, 81,
    88, 103, 112, 116~153, 155~184, 186~190,
    196, 217, 223, 229, 245~247, 254, 256~259,
    267~269, 273, 277, 283, 284, 291, 295~298,
    302~307
마르크스주의 경제학 302, 306
마셜, 알프레드(Alfred Marshall) 196

맥클로스키, 디어드리(Deirdre McCloskey) 262
맬서스, 토머스(Thomas Malthus) 9, 17, 68, 69, 70,
    72~87, 98, 100, 103, 106, 108, 110, 111, 113,
    122, 148, 171, 177, 247, 266, 267, 274, 282,
    287~289
멩거, 칼(Carl Menger) 9, 196, 202
명목 가격 29~31, 226
몽페를랭학회 255
물과 다이아몬드의 역설 196
물질주의 121, 144
미래 시장(선물 시장) 242, 243
미적분 199
민영화 185
민족국가 116, 249

ㅂ

바로네, 엔리코(Enrico Barone) 251
발라스, 레옹(Léon Walras) 196, 211, 257
베블런, 소스타인(Thorstein Veblen) 9, 196,
    217~219, 257, 259, 270, 285
벨, 바네사(Vanessa Bell) 223
변증법 119, 180
보이지 않는 손 11, 13, 53
복잡계 244, 252, 253, 303
복잡성 87, 122, 200, 220, 246, 250, 262
본능적 충동 242, 244
부르주아 경제학 126
부불 노동 299
『부의 분배 : 임금·0 자·이윤에 대한 이론』 284
분업 20~27, 38, 52, 58, 59, 65, 82~84, 89, 92, 100,
    113, 120, 124, 133, 134, 139, 142, 144, 155,
    156, 158, 170, 172, 180, 189, 190, 207, 209,
    248, 250~252, 255, 258, 265, 276, 278, 279,
    289
불균형 85, 233
불변의 가치 표준 96, 141
불변자본 150, 295, 297

불황 222, 226, 241~243, 247

브레턴우즈 225

블룸즈버리 서클 223

비교 우위 88, 90~93

빈곤 38, 70, 75, 79, 80, 87, 111, 113, 118, 143,
189, 259, 263, 266, 275, 277, 279, 280, 282

ㅅ

사용가치 132~135, 137~139, 163, 195, 218

사회적 노동 151, 152, 165, 174, 298, 299

사회주의 71, 118, 128~130, 162, 163, 165~169,
173~176, 180, 182~188, 190, 227, 246~254,
256, 258, 259, 268, 269, 273, 286, 306

상대적 잉여가치 153, 154, 157, 158, 298, 300

상품 경계 298, 299

상품 교환 113, 114, 132, 136, 145, 208~212, 229,
250, 252

상품 물신주의 141, 143, 144

상품 생산 29~32, 34, 35, 36, 91, 134, 136~138,
152, 166, 188, 190

상품 체계 113, 142, 145, 299

새뮤얼슨, 폴(Paul Samuelson) 205, 231

생산력 45, 71, 81, 85, 124, 125, 127, 129, 143,
163, 166, 173, 189, 222, 255, 259, 268

생산수단 22, 34, 90, 124, 137, 140, 145, 148, 149,
152, 157, 161~164, 168, 251

『설득을 위한 에세이』 285

세계은행 225

세의 법칙 27~29, 57, 69, 93, 202, 227, 229~232,
242, 263

셸리, 메리(Mary Shelley) 70

소비 기금 48~50, 53, 165

소외 21, 134, 141, 142

솔로, 로버트(Robert Solow) 205

수요곡선 203, 233, 240

수요와 공급 228

수출 보조금 53, 59

슘페터, 조지프(Joseph Schumpeter) 9, 222,
256~259, 264, 272, 273, 286

스라파, 피에로(Piero Sraffa) 249

스미스, 아담(Adam Smith) 9~12, 16~22, 24, 26~
66, 68, 69, 82~84, 87, 88, 90, 93~95, 100,
102~104, 106, 111, 113, 114, 119, 122, 133,
144, 147, 155, 156, 158, 170, 171, 196, 197,
204, 209, 210, 212, 213, 216, 217, 219, 220,
222, 223, 232, 247~252, 255, 256, 258, 259,
263, 265, 266, 271, 273~276, 278~282, 289,
302

스탈린주의 182

스트레이치, 리턴(Lytton Strachey) 223

스티글러, 조지(George Stigler) 95, 256

시간 할당 198

시장 사회주의 251, 269

식량 생산 72~74, 85, 86, 109, 294

신고전파 43, 102, 201, 206, 211, 213~217, 232,
235, 237, 240~242, 256, 269~271

신고전파 경제학 43, 88, 104, 194, 200, 204, 205,
208, 210~216, 220, 222, 229, 237, 243, 269,
270, 276, 282, 284

신고전파 종합 231

실증 경제학 264

실질임금 42, 43, 76~79, 84, 155, 169~171, 176,
177, 179, 203, 228, 233~236, 274, 287~289,
294

ㅇ

아담의 오류 10~12, 18, 19, 28, 52, 64, 69, 113,
114, 144, 155, 196, 197, 204, 209~211, 217,
219, 220, 222, 223, 232, 247~252, 255, 256,
258, 259, 271, 273~280, 282, 302

아동노동 153

아리스토텔레스(Aristotle) 211

엥겔스, 프리드리히(Friedrich Engels) 117~119,
127~130, 189, 283, 284

역사 법칙 129

『영국 노동자계급의 상태』 117

예산 제약 215

완전고용 201, 231, 244

외부성 52, 213, 230

요소 가격 202~204, 228

울스턴크래프트, 메리(Mary Wollstonecraft) 70

울프, 버지니아(Virginia Woolf) 223

유동자본 44, 48, 49, 53, 296

유물론 117, 120~123, 127, 129~131, 145, 149,
　　　161, 189, 268, 269

유보 가격 207, 208, 210, 250

이기심 10, 11, 16, 18, 64, 65, 144, 219, 275

이윤율 36, 40~44, 46, 55~58, 63, 64, 94~98, 100~
　　　103, 105~109, 112, 113, 150, 155~159, 170,
　　　179, 180, 205, 206, 213, 245, 246, 257, 277,
　　　294, 296, 297, 305

이윤율 저하 156~158, 305

이윤율의 균등화 41, 95, 276

이윤폭 40

인구 억제책 73

인구과잉 68

인구법칙 70

인구학적 균형 77, 78, 83, 84, 171, 287

인구학적 전환 82~84, 86, 189, 274, 289

인플레이션 61, 63, 226, 241, 248, 290

일반 균형 이론 206, 211

일반적 등가 136

임금 계약 178

임금 협상 39, 234

잉여가치율 150, 154, 156, 170~172, 180, 297

잉여노동 125, 126, 128, 130, 149, 151, 185

ㅈ

『자본』 118, 130, 132, 140~142, 145, 148, 161,
　　　170, 176, 283, 304

자본순환 131, 132, 145, 156

『자본주의, 사회주의, 민주주의』 258

자본주의적 경쟁 64, 154

자본주의적 사회관계 52, 64, 65, 113, 155, 175,
　　　183, 188, 196, 197, 209, 217, 232, 262, 269

자본주의적 착취 145, 149

자본축적 19, 38, 43, 47, 52, 53, 59, 65, 97, 103~
　　　109, 156, 158, 159, 161, 168, 171, 172, 177,
　　　179, 182, 189, 190, 212, 213, 215, 245, 246,
　　　263, 266, 267, 272, 275~277, 294

자산 시장 237, 238

자연 임금 36, 46, 64, 98, 101~103, 105, 106, 288,
　　　293, 294

자연가격 32, 36, 37, 46, 88, 89, 201, 216

자원 할당(배분) 59, 200, 213, 214, 220

자유무역 54, 65, 87, 91, 93, 107, 213, 230, 267

자유방임 11, 40, 41, 55, 57~60, 62~65, 68, 69, 87,
　　　93, 213, 226, 227, 230, 231, 239, 247, 248,
　　　266, 271

장기적 기대 241~243

재분배 141, 174, 214, 255, 270

재정 정책 231, 248, 271

저축 51, 83, 97, 103, 104, 213, 228, 241~243

전형 문제 141

절대 우위 91

절대적 잉여가치 152, 153, 298, 300

『정치경제학 비판을 위하여』 283

『정치경제학과 조세에 대한 원리』 88, 95, 110, 282

제로 가격 201

제번스, 윌리엄 스탠리(William Stanley Jevons) 9,
　　　196~199

주류 경제학 254, 302~304

준지대 205, 206

중국 공산주의 183

중앙 계획 227, 247~251, 254

중앙은행 63, 174, 225, 227, 231, 235, 242, 250,
　　　264, 276

지배 노동 30, 90, 95

지배계급 70, 129, 173, 174, 268

지불 노동 152, 298, 299
지불 수단 136
집산주의 246, 247, 254, 256, 259, 271

ㅊ

착취율 128, 150, 170, 172, 173, 179, 180, 297
창조적 파괴 257, 258
처칠, 윈스턴(Winston Churchill) 224
초과이윤 46, 112, 154, 155, 257, 258
총공급 239, 240
총공급가격 239
총수요 172, 239~243, 245, 247, 276
최저임금 228
추상 노동 138

ㅋ

칼라일, 토머스(Thomas Carlyle) 172
케인스, 존 네빌(John Neville Keynes) 223
케인스, 존 메이너드(John Maynard Keynes) 9, 28,
    63, 201, 222~227, 229, 231~247, 249, 254,
    256, 258, 271, 276, 278, 279, 285
케임브리지 자본 논쟁 205
클라크, 존 베이츠(John Bates Clark) 9, 196,
    203~206, 284

ㅌ

토대와 상부구조 126
통화주의 63, 93, 231, 290
투하 노동 30, 90, 94~97

ㅍ

파레토 개선 214
파레토 배분 208, 209, 210, 214, 250
파레토 최적 208, 211

페미니즘 119, 153
평균 이윤율 41, 42, 55, 56, 58, 100, 101, 155, 205
평균임금 140, 147, 151
『평화의 경제적 귀결』 224
포드, 헨리(Henry Ford) 24
프랑스대혁명 70, 116, 126, 127, 148, 167, 282
프롤레타리아혁명 118, 169, 172, 181, 183, 189
프루동, 피에르 조제프 (Pierre-Joseph Proudhon) 188
프리드먼, 밀턴(Milton Friedman) 63, 256, 270
피셔, 어빙(Irving Fisher) 196
필요노동 152, 299
필요노동시간 125, 151~153, 298, 299

ㅎ

하이에크, 프리드리히 폰(Friedrich von Hayek) 9,
    190, 222, 246~249, 252~256, 258, 259, 271,
    272, 278, 286
하일브로너, 로버트(Robert Heilbroner) 8, 264, 282
한계 생산물 108, 204~206, 232, 233, 292~294
한계주의 17, 194, 195, 197, 198, 200~203, 205~
    207, 211~213, 215, 218, 220, 228, 229, 232,
    233, 235, 236, 256, 269, 276, 282, 284
한계주의 경제학 194, 200, 209, 214, 217, 230, 263
한계효용 197~200, 202, 214, 215, 232, 233
해외무역 107~110
헤겔, 게오르크 빌헬름 프리드리히(Georg Wilhelm
    Friedrich Hegel) 116, 121, 124, 131, 197, 272
혼합경제 254
화폐 공급 63, 235
화폐 수량 가격 이론 63, 291
화폐(의) 유통 속도 61, 92, 93, 136, 137, 229, 290,
    291
확대재생산 158, 269
환어음 62
효율성 22, 28, 194, 209, 210, 212, 213, 217, 220,
    263